THOMAS WIECZOREK

DIE VOLKSVERBLÖDER

Wie Politiker uns
belügen und betrügen

KNAUR ✱

Besuchen Sie uns im Internet:
www.knaur.de

Originalausgabe August 2013
Knaur Taschenbuch
© 2013 Knaur Taschenbuch
Ein Unternehmen der Droemerschen Verlagsanstalt
Th. Knaur Nachf. GmbH & Co. KG, München
Alle Rechte vorbehalten. Das Werk darf – auch teilweise –
nur mit Genehmigung des Verlags wiedergegeben werden.
Redaktion: Ulrike Strerath-Bolz
Umschlaggestaltung: ZERO Werbeagentur, München
Umschlagabbildung: FinePic®, München
Satz: Adobe InDesign im Verlag
Druck und Bindung: CPI – Clausen & Bosse, Leck
Printed in Germany
ISBN 978-3-426-78615-4

5 4 3 2 1

Über den Autor:
Thomas Wieczorek, Jahrgang 1953, ist Journalist und Parteienforscher. Nach dem Volkswirtschaftsstudium an der Freien Universität Berlin war er bei der dpa Volontär, politischer Redakteur und Chef vom Dienst und anschließend Leiter des Baden-Württemberg-Büros von Reuters. Als freier Autor arbeitete er u. a. für die *Frankfurter Rundschau,* Deutschlandfunk und den Südwestfunk, seit 1989 auch für das Satiremagazin *Eulenspiegel.* Am Berliner Otto-Suhr-Institut promovierte er über »Die Normalität der politischen Korruption«. Das Spektrum seiner Radio- und Fernsehauftritte reicht von RBB bis Sat1. Thomas Wieczorek hat bereits mehrere Bestseller geschrieben, u. a. *Die verblödete Republik* und *Die geplünderte Republik.*

This land is your land, this land is my land –
this land is made for you and me.
Heimliche US-Nationalhymne, von Woody Guthrie

Die Sängerlegende Bruce Springsteen fügte in seiner
Interpretation hinzu:
Ich sah aber auch bitterarme Leute, die sich fragen:
Ist dieses Land auch für uns gemacht?
Auf Deutsch:
WIR sind das Volk. Aber: Sind wir das noch?

INHALT

Die Welt wird von ganz anderen Persönlichkeiten regiert,
als diejenigen glauben,
die nicht hinter die Kulissen blicken!

Benjamin Disraeli,
britischer Premierminister 1868 und 1874 bis 1880[1]

EINLEITUNG: EIGENNUTZ ALS GRUND-PRINZIP DER POLITIK

Auf die Frage, was sein Sohn Roland denn gerade so treibe, pflegte Vater Karl-Heinz Koch stets zu antworten: »Der studiert auf Bundeskanzler.«[2] Damit traf Papa den Nagel auf den Kopf, und zwar nicht nur für den späteren hessischen Schwarzgeld-Ministerpräsidenten, sondern für einen Großteil der politischen Klasse insgesamt. Gerade unter den jüngeren Politikern denkt kaum einer auch nur im Traum daran, einen ehrlichen Beruf zu ergreifen. Und die Mär vom selbstlosen, um das Gemeinwohl besorgten Staatsmann ist spätestens seit dem Mega-Reibach des Peer Steinbrück nur noch eine Lachnummer. Aber das Volk ist nicht ganz so blöde, wie es sich die politische Klasse erhofft:

»Politiker sind so unbeliebt wie nie zuvor«, ergab eine Untersuchung des Marktforschungsunternehmens GfK. Das Vertrauen der Deutschen in ihre Politiker ist auf einen historischen Tiefpunkt gesunken. In einer Umfrage landen Politiker abgeschlagen auf dem letzten Platz. Nur noch 9 Prozent vertrauen ihnen: Im Vorjahr waren es 14 Prozent. Manager, Werbefachleute und Journalisten schneiden ebenfalls schlecht ab.[3] Unsere Volksvertreter als arbeitsscheues, geld- und ruhmgeiles Gesocks, das zur Not sogar Doktorarbeiten fälscht?

> Politik: Eine Hand wäscht die andere,
> und wenn's mit Schmierseife ist.
>
> *Ekkehard Fritsch*

Rund 45 Millionen Deutsche sind zwischen 25 und 64 Jahre alt,[4] also im regierungsfähigen Alter. Ließen sich unter dieser ungeheuren Masse keine 50 Leute finden, die es in Sachen Intelligenz locker mit unserer Bundesregierung aufnehmen können und die vor allem integer sind? Menschen also, um die sich nicht permanent Gerüchte von Korruption und Plagiat, fachlicher Überforderung und Verlogenheit ranken?

Sollten wir tatsächlich keine Besseren haben als die Hanseln in der Regierung, so wäre das die größtmögliche Blamage und Bankrotterklärung unseres Volkes.

»Wer Visionen hat, soll zum Arzt gehen«, hatte der damalige Bundeskanzler Helmut Schmidt im Wahlkampf 1980 gelästert.[5] Offenbar haben sich viele (angehende) Politiker seine Worte zu Herzen genommen, denn tatsächlich hatte das Land selten eine derart allumfassende Perspektivlosigkeit wie heute. Schon allein das Grundgesetz mit seinen »ewigen Werten« wie *Menschenwürde* und *Streben nach Glück* wirkt angesichts der Wirklichkeit und der Aussagen der meisten Politiker wie der Wunschkalender naiver Zwölfjähriger.

Längst geht es nicht mehr um Ideen oder Pläne für eine *bessere Welt,* sondern nur um die Verhinderung des Schlimmsten. Arbeitnehmer denken nicht einmal mehr an Verkürzung der Arbeitszeit oder höhere Reallöhne; der bloße Arbeitsplatz gilt als Privileg. Senioren sind schon zufrieden, wenn sie der Altersarmut entgehen, Patienten, wenn sie im Krankenhaus aus Kostengründen nicht draufgehen, und Jungakademiker, wenn sie ein unbezahltes Praktikum erhaschen. Auf der anderen Seite verdoppelt sich das Vermögen der Steinreichen – nur 10 Prozent der hundert reichsten Deutschen haben ihr Vermögen *nicht* erheiratet oder ererbt, sondern durch ehrliche Arbeit erworben. Sogar dann, wenn sie für zehn Jahre im Koma liegen, werden sie reicher und reicher: Fast scheint es, als habe sich die Evolution umgekehrt, und wir würden in einigen tausend Jahren wieder auf den Bäumen leben – angesichts unseres Systems womöglich noch früher.

Und selbst für den gutwilligsten Demokraten führt die Suche nach den Ursachen der Katastrophe und den Schuldigen zur Wirtschaft. Längst lautet die Frage nicht mehr, *ob,* sondern wie *lange* unsere Marktwirtschaft und ihr System der parlamentarischen Demokratie noch überleben.

Schwarz-Gelb, Rot-Grün, Linkspartei und jetzt auch noch die Piraten: Wenn das grundgesetzlich garantierte Recht der Bürger auf Stimmabgabe für die Partei ihrer Wahl zur »Unregierbarkeit« führt, dann passen Grundgesetz und unsere parlamentarische Demokratie offenbar nicht zusammen. Und nicht wenige aus dem Volk – damals der Dichter und Denker, heute der Duckmäuser und Denunzianten – wünschen sich einen starken Mann. 1933 lässt grüßen.

Dabei kann die politische Klasse nicht sagen, man habe sie nicht frühzeitig gewarnt. Schon im Juli 2008 meldeten sich zwei der brillantesten politischen Vordenker zu Wort.

So beschrieb Ex-Richter Heribert Prantl in der *Süddeutschen Zeitung* »Das letzte Gefecht der Volksparteien«,[6] und der Göttinger Politikprofessor Franz Walter analysierte in *Spiegel Online* die Folgen, »Wenn Volksparteien zur Allerweltspartei werden«.[7] Denn die Logik der Parteien entspricht exakt dem neoliberalen Credo. Die Volksparteien haben längst keine Überzeugungen mehr, um andere dafür zu gewinnen, sondern sie suchen nach Marktlücken für Wählerfang.

Politik: die Führung öffentlicher Angelegenheiten
zu privatem Vorteil, ein Streit der Interessen,
der sich als Wettstreit der Prinzipien ausgibt.

Ambrose Bierce

»Die alten Bindungskräfte dieser Parteien haben stark nach-
gelassen, sie sind den Menschen nicht mehr, wie früher, eine
politische Heimat, sondern eine Art Hotel: die Leute kommen
und gehen – und bleiben immer öfter ganz weg. Sie finden
dort nicht mehr, was sie jahrzehntelang gefunden haben:
Grundorientierung. Das liegt nicht nur, aber auch an diesen
Parteien.«[8]

Oder mit anderen Worten: »Gefordert und versprochen
wird, was die meisten Stimmen verspricht: Nur keinen vor
den Kopf stoßen: Immer stärker biedern sich die großen
Parteien der sogenannten Mitte an und verzichten auf klare Wertvorstellungen. Die Beliebigkeit löst Loyalitäten
und Machtgefüge auf, Populisten wittern ihre Chance. Ist
die bürgerliche Industriegesellschaft dem Untergang ge-
weiht?«[9]

Prantl bringt dies unmittelbar mit der sozialen Gerechtigkeit
in Verbindung:

»… spektakulär ist die Bedeutung dieser Wahlen: Es handelt
sich für SPD und CDU, für die ehemals großen Volksparteien,
um das letzte Gefecht in dieser Rolle. Beide Parteien waren
Volksparteien, und sie sind es immer weniger … Wie viel
Volk braucht eine Volkspartei? Wenn 73 Prozent der deutschen Wahlbevölkerung die Verhältnisse in Deutschland als
ungerecht betrachten und zugleich eine große Mehrheit
glaubt, dass es ihr in zehn Jahren nicht besser, sondern

schlechter gehen wird, dann ist das eine gewaltige Misstrauenskundgebung gegen die Volksparteien.«

Und dieses Misstrauen ist statistisch belegt: »Die Armuts- und Reichtumsberichte der Bundesregierung geben eine Vorahnung von den Spaltungslinien der Gesellschaft: die Ungleichheit verschärft sich; die beispiellose Zunahme an Gleichheit, die Deutschland wie alle westlichen Länder im interkulturellen Vergleich seit dem 19. Jahrhundert erlebt hat, ist gestoppt; die soziale Dynamik der fünfziger Jahre, als in der Nachkriegsgesellschaft Millionen Menschen bei null anfangen mussten, hat sich längst erschöpft; die Bildungsoffensive der siebziger Jahre, als die Kinder kleiner Handwerker und strebsamer Facharbeiter zu Hunderttausenden auf der Strickleiter, die ihnen das BAföG geknüpft hatte, nach oben kletterten, gibt es nicht mehr.«

Und weiter: »Das Projekt sozialer Aufstieg ist beendet. Chancen für alle, Wohlstand für alle: Es waren dies die strahlenden Großunternehmungen der beiden Volksparteien. Neue Großprojekte der Befriedung, der Integration und der politischen Leidenschaft haben sie bisher nicht bieten können; die Desintegration nach Hartz IV hält an … Die politische Zukunft der bisherigen Großparteien wird … davon abhängen, ob ihnen ein glaubwürdiger Kurs gelingt, der Anschluss an die gesellschaftspolitischen Grundstimmungen findet.«[10]

Aber wie soll das gehen – vor allem bei diesem Personal? Wie kann es sein, dass im Jahr 2012 der 93-jährige Ex-Kanzler Schmidt als der beliebteste deutsche Politiker galt, nur knapp gefolgt vom 92-jährigen Altbundespräsidenten Richard von Weizsäcker?

Unabhängig von der allgemeinen Zweifelhaftigkeit von Beliebtheitsumfragen: Allein die Frage nach einem Fanclub für die Merkels, Pofallas und Seehofers, Gabriels, Steinbrücks und Nahles, Roths, Trittins und Kippings würde bei der Bevölkerung Hohngelächter auslösen.

Dabei wäre es zu einfach, unsere Politiker pauschal als inkompetente Stümper einzuschätzen. Einige sind vielleicht gar nicht so dumm und unfähig.

Der Politik ist eine bestimmte Form der Lüge fast zwangsläufig zugeordnet: das Ausgeben des für eine Partei Nützlichen als das Gerechte.

Carl Friedrich von Weizsäcker

Warum wohl wurde die 2004 von Deutschland unterzeichnete UN-Konvention, die Korruption umfassend und nicht nur beim Abstimmen unter Strafe stellt, vom Bundestag noch immer nicht umgesetzt?
Warum wohl gibt es bis heute kein Gesetz zur »Straftat Geldverbrennung« (Heribert Prantl), so dass die Verantwortlichen und Gewinner der Finanzkrise sich auf Kosten des Steuerzahlers weiterhin einen vergoldeten Lenz machen können? Die meisten Bankster und Börsenbetrüger verzeichnen teilweise nicht einmal geringste Abstriche, sondern sogar einen Zuwachs ihrer irrwitzigen Einkünfte. Auch hier gilt: Bankraub war gestern, heute geht es um Investmentbanking und Spekulation.
Und die Politik verhindert dies nicht, sondern unterstützt es. Warum wohl? Aber was erwarten wir: dass sich unsere Volksvertreter einen Zettel »käuflich« an die Stirn heften?
Dabei sind diese Figuren selbst nur Produkte des Systems der freien Marktwirtschaft. Und dieses System erlebt seit Beginn

der Finanzkrise einen unaufhaltbaren Abstieg, einen Tod auf Raten. »Nach langer schwerer Krankheit verstorben«, wird es irgendwann heißen.

Und das zu Recht: Eben noch wurden staatlicher Einfluss und soziale Marktwirtschaft als »DDR ohne Mauer« verhöhnt, kurz darauf erpressen dieselben Marktradikalen insgesamt billionenschwere Hilfspakete von ebendiesem verhassten Staat.

Der Philosoph Robert Misik schreibt dazu: »Der Neoliberalismus hat der Welt das größte globale Desaster seit Hitler und Stalin beschert. Tolle Bilanz.«[11]

Tatsächlich hat derselbe Staat, der weder dem Nachwuchs ein Minimum an Bildung zu sichern noch den Armen ein menschenwürdiges Existenzminimum zu garantieren beabsichtigt, Abermilliarden für die Zocker und Bankster übrig. »Selbstheilungskräfte des Marktes« sehen anders aus. Auch Altkanzler Helmut Schmidt konstatierte »eine unerhörte Fahrlässigkeit der politischen Klasse insgesamt, die sich leichtfertig auf die Illusion einer selbsttätigen Heilungskraft der Finanzmärkte verlassen hat, statt rechtzeitig einzugreifen«.[12]

Eigentlich soll die Wirtschaft ja den Menschen dienen, aber als zum Beispiel das Bundesverfassungsgericht am 11. September 2012 den Euro-Rettungsschirm ESM genehmigte,[13] da sprach niemand über die Bedeutung für Europas Bevölkerung, stattdessen fast jeder über das »Vertrauen der Märkte«:

»Die Börsen feiern das Urteil des Bundesverfassungsgerichts in Karlsruhe zugunsten des Euro-Rettungsschirms ESM. Christian von Engelbrechten, Fondsmanager des Fidelity Germany Fund, glaubt, dass das Vertrauen der Märkte und Unternehmen dadurch nachhaltig gestärkt wird.«[14]

Heribert Prantl schreibt dazu in der *Süddeutschen Zeitung:*
»Die Euro-Rettung geschieht nicht in Solidarität mit den Nicht-Betuchten. Sie ist eine ver-rückte Rettung. Mit der Rettungssemantik wird suggeriert, es ginge um die Menschen. Gerettet werden aber Schuldverhältnisse, Finanzbeziehungen, Machtgefüge, Wirtschaftssysteme; sie sollen überleben. Ob und wie Menschen dabei überleben, ist sekundär.«[15]

Zwangsläufig springen dabei auch die letzten Reste des demokratisch-parlamentarischen Systems über die Klinge. So forderte Wolfgang Schäuble im Oktober 2012 für die EU einen Super-Sparkommissar *(Spiegel),* »der ganz allein die Macht hat, nationale Haushalte abzulehnen – auch nachdem sie schon von einem nationalen Parlament beschlossen wurden. Um den Vorwurf des Demokratiedefizits zu entkräften, sollen flankierend auch die Europa-Parlamentarier mehr mitreden dürfen, allerdings nur die Abgeordneten aus den Euro-Ländern.«[16]

Wie unverschämt unsere Politiker und die sie schmierenden Reichen und Mächtigen andererseits mit unserem Geld umgehen, bewies Anfang 2013 der Bundesrechnungshof. Was den Ärmsten fehlt, fließt als Edelchampagner in die Badewannen der steinreichen Parasiten.[17]

Übrigens: Es ist zu Recht verboten, »klammheimliche Freude« über einen Terroranschlag zu äußern. Aber ist es auch verboten, mit Schampus anzustoßen, wenn ein Kotzbrocken auf einem Stück Seife ausrutscht? »Taktlos«, werden die katholischen Kinderschänder zum Beispiel vom Berliner Canisius-Kolleg sagen. Aber strafbar ist es nicht.

> Es kann nicht alles ganz richtig sein in der Welt, weil die
> Menschen noch mit Betrügereien regiert werden müssen.
>
> *Georg Christoph Lichtenberg*

»Alle Gewalt geht vom Volke aus«, heißt es vielversprechend im Grundgesetz, und: »Die Würde des Menschen ist unantastbar.« Aber die Wirklichkeit sieht anders aus. Mit der Wahlstimme geben die Bürger auch gleich fast jeden Einfluss auf »ihren« Staat ab; die Volksgewalt verschwindet in allen möglichen dubiosen, teil kriminellen und korrupten Kanälen. Und *Menschenwürde* ist für unsere Politeliten zumeist ein unbekannteres Fremdwort als *Shareholder Value:* Mit wenigen Ausnahmen bedeutet das Grundgesetz für die politische Klasse weniger als eine abgelaufene Bahncard.

»Alle Gewalt geht vom Markt aus«, lautet das kaum noch heimliche Gesetz unserer Volksvertreter. Kaum noch ein Gesetz oder Beschluss wird danach beurteilt, ob es der Bevölkerung nutzt: ihrem Recht auf Bildung, Absicherung in Krankheit und Alter, der Erhaltung von Natur und Umwelt. Oder ob es dem »Streben nach Glück« nicht eher schadet.

Gradmesser ist allein die Zufriedenheit der ebenso allgegenwärtigen und allmächtigen wie undurchschaubaren *Märkte.* Und diese ominösen und nebulösen *Märkte* sind nichts anderes als das giergesteuerte Treiben der »Anleger« und »Investoren« nebst ihren »Börsianern« und Spekulanten – einer ehrenwerten Gesellschaft also, die sich ohne jede *produktive* Leistung ausschließlich durch Zockerglück, zwielichtige Manipulationen und Bauerntricks mehr oder minder legal irrwitzige Reichtümer ergaunert und astronomisch vermehrt.[18]

»Der allmächtige Markt« hat für die Reichen und Mächtigen

samt dem von ihnen ausgehaltenen Hofstaat aus Politik und Medien den »lieben Gott« längst abgelöst. An die Stelle der Kreuzzüge sind Eroberungskriege wie gegen Afghanistan und Irak getreten, an die Stelle der sadoperversen Inquisition und Hexenverbrennung nicht minder abartige Lager wie Guantanamo und Abu Ghraib.

Die naheliegende Frage ist: Wenn der Markt sowieso »alternativlose Sachzwänge« diktiert, wie viel an Entscheidungsspiel, Eigenverantwortung und Gestaltungsmöglichkeit bleiben dann überhaupt noch den Volksvertretern? Eine weitere Frage folgt auf dem Fuß: *Wollen* die Politiker überhaupt all ihre Kraft zum Wohle des Volkes einsetzen? Sehen sie ihr Amt oder Mandat nicht vorwiegend als Mittel, möglichst »reich, mächtig und berühmt« zu werden und in Steinzeitmanier an »Weibchen« heranzukommen, die ihre Enkelinnen sein könnten? Kurzum: Welches Minimum an Kompetenz und Integrität benötigen und besitzen unsere Spitzenpolitiker überhaupt? Und: Was wissen wir eigentlich über unsere Volksvertreter, über Lebenslauf, Ausbildung, beruflichen und politischen Werdegang und ihre fachliche und moralische Qualifikation? Selbst über unseren höchsten Mann im Staate erfuhren wir ja 90 Prozent des unbedingt Wissenswerten erst lange nach seiner Inthronisation.

Eines jedenfalls kann man schon zu Beginn dieses Buches feststellen: Die Tatsache, dass die Deutschen mit überwältigender Mehrheit auf die Frage nach den glaubwürdigsten, kompetentesten und integersten Politikern den über 90 Jahre alten Ex-Kanzler Helmut Schmidt nennen, ist nicht nur eine Verbeugung vor diesem großen Politiker der deutschen Geschichte. Vor allem ist es eine erstklassige Blamage, ja geradezu eine Schande für die meisten heute im Politbusiness Tätigen.

Aber wen hätten die Bürger auch sonst nennen sollen? Vielleicht Westerwelle oder Wulff, Guttenberg oder Gabriel, Steinbrück oder Seehofer, Koch oder Künast, Merkel oder Mißfelder, am Ende womöglich Anne Will oder Günther Jauch?

Während jedoch das Ansehen der Spitzenpolitiker rapide abnimmt, lässt sich feststellen, dass Frust und Desinteresse offenbar hauptsächlich den Akteuren gelten, keineswegs der Politik selbst. Während die Wahlbeteiligung in Bund, Ländern und Kommunen galoppierend sinkt, engagieren sich immer mehr Menschen in NGOs, Bürgerinitiativen und Aktionsbündnissen zu konkreten Fragen vom Fluglärm bis zum Schulgebäudeverfall.

Um der Gefahr noch größerer bürgerlicher Gegenwehr bis hin zu sozialen Unruhen zu begegnen, lassen die Reichen und Mächtigen ihre Politiker seit geraumer Zeit eine an Horrorschinken und Verfolgungswahn grenzende Hysterie schüren. Die unverschämtesten Umverteilungen von Arm nach Reich, die dreistesten Amputationen von Herzstücken des Sozial- und Rechtsstaats werden »begründet« mit der Drohung, andernfalls breche das gesamte System zusammen, und das Land samt EU und womöglich der gesamten industrialisierten Welt werde zurückfallen auf unterstes Steinzeitniveau. Es sind niederste und mieseste Terroristenmethoden: »Wenn ihr nicht so und so viel Milliarden zahlt, dann werfen wir über eurem Land Atombomben ab.«

Was macht ein trotziges Gör, um seinen Willen zu erzwingen? Es droht. Nicht anders die Politik.

Die angebliche Eurozusammenbruchsgefahr soll die Menschen derart in Panik versetzen, dass sie nicht mehr klar denken können und – ähnlich wie die Eltern eines entführten Kindes – buchstäblich jeden Preis zahlen. Die Bevölkerung soll psychisch sturmreif geschossen werden für eine weitere Absenkung ihres Lebensstandards zugunsten des steinreichen Parasitengesindels: Es verlieren ja nicht alle – vielmehr gibt's eine »Krötenwanderung« von den Normalbürgern und Armen hin zu den nur von Kapitaleinkünften und nicht von ehrlicher Arbeit lebenden Eiterbeulen am Gesäß der Gesellschaft.

Damit ist der Rahmen abgesteckt, in dem sich dieses Buch bewegt. Es untersucht nicht mehr und nicht weniger als die Rolle unserer politischen Hauptakteure: ihre fachliche Kompetenz und moralische Eignung ebenso wie ihre Spielräume, Abhängigkeiten und wahren Ziele. Wollen wir doch mal sehen …

DIE GLORREICHEN SIEBEN: PEST, CHOLERA ODER DIESMAL MALARIA?

Häufig wird es als Stärke der parlamentarischen Demokratie herausgestellt, dass fast jede Partei mit jeder anderen Partei eine Koalition bilden kann: Schwarz-Gelb oder Rot-Grün, Schwarz-Rot oder Rot-Gelb-Grün (»Ampel«), Schwarz-Grün oder Rot-Gelb, sogar Rot-Rot. Dies ist aber keinesfalls ein Plus unseres Systems. Vielmehr zeigt es, dass die Parteien sich zunehmend zum Verwechseln ähnlich werden.

Und das ist keineswegs ein Zufall, sondern ein zwangsläufiges Kennzeichen einer marktwirtschaftlichen Demokratie. Wie schon Anthony Downs, der Mitbegründer der neoliberalen *Neuen Politischen Ökonomie,* erkannte, haben Parteien »als Hauptmotiv den Wunsch, sich die mit dem Regierungsamt verbundenen Vorteile zu verschaffen; daher streben sie nicht die Regierung an, um vorgefasste politische Konzepte zu verwirklichen, sondern formulieren politische Konzepte, um an die Regierung zu kommen«.[19] Folglich ist »das Hauptmotiv der Regierung Maximierung der Stimmen, nicht des Nutzens oder der Wohlfahrt«.[20]

Dies gehört zwar zum System, war aber keineswegs immer schon so augenfällig wie heute. In der »guten alten Zeit« der Weimarer Republik gaben in der Regel die »Christen« dem Zentrum ihre Stimme, die »Arbeiterklasse« der SPD und KPD, dann (fast) alle gemeinsam der NSDAP und in der jungen Bundesrepublik die (meist katholischen) Christen dem Zentrumserben CDU/CSU und die Arbeiter wieder der SPD. »Deutsche Arbeiter! Die SPD will euch eure Villen im Tessin wegnehmen«, lautete der Text des legendären Plakats des ebenso legendären Künstlers Klaus Staeck als Wahlkämpfer für den Friedenspolitiker Willy Brandt gegen die Kalten Krieger und Faschisten, die noch immer die »Ostgebiete« zurückhaben und ein Deutschland in den Grenzen von 1937 wollten (»Dreigeteilt niemals«). Schwarz-Rot wäre damals undenkbar gewesen.

Aus verschiedenen Gründen – man denke nur an die Verwandlung der SPD in eine Volkspartei durch das Godesberger Programm von 1959 sowie den unaufhaltsamen Rückgang des Industrieproletariats – wurden aus Interessenvertretern gesellschaftlicher Gruppen machtbesessene Parteien. Rot-Grün wurde zur asozialsten Bundesregierung aller Zeiten und schlug beim Sozialabbau und der Umverteilung von unten nach oben die Union um Längen, und die wiederum schwang sich mit diversen Änderungsforderungen an der Agenda 2010 zur Anwältin der »kleinen Leute« auf. Die Folge: Die Bindungskräfte der Parteien schwinden, die Beliebigkeit steigt.

Diese Beliebigkeit führt seit einiger Zeit zu einem Gewinn der kleinen zu Lasten der beiden großen Parteien. Nicht auszuschließen, dass sich am Ende ein »System der mittelgroßen Parteien« etabliert.

Nach Meinung des Göttinger Politikprofessors Franz Walter verlieren die Parteien durch die Aufgabe von Prinzipien und Visionen aber auch »an innerer Kraft, die aber unverzichtbar ist, um nach außen anziehend zu wirken, um kluge und ehrgeizige Mitglieder zu gewinnen, auch um Kraft- und Führungsnaturen zu rekrutieren«.[21] Was übrig bleibt, sind die Dilettanten: »Allerweltsparteien fehlen gesellschaftliche Wurzeln, intellektuelle Ambitionen; die Choreographie von Möglichkeiten jenseits dessen, was gerade ist.« Walter fragt mit Recht: »Aber wozu braucht man Parteien dieses Charakters eigentlich noch?«[22]

CDU – ZWISCHEN DORFDEPPEN UND GROSSSTÄDTERN

Bislang galt als Hauptproblem der CDU ihr Charakter als reiner, inhaltsloser Kanzlerin-Wahlverein. Doch nun zeigt sich eine langfristig viel größere Schwierigkeit:

Ironisch schreibt *stern.de:* »Es wäre eine gute Frage für Jauchs Millionärsquiz … Es gibt 20 deutsche Städte mit mehr als 300 000 Einwohnern. In wie vielen davon stellt die CDU den Oberbürgermeister? A: 12? B: 9? C: 6? D: 3? Die für die Christdemokraten niederschmetternde korrekte Antwort lautet: D: 3. In Worten: DREI! Sie heißen Dresden, Düsseldorf und Wuppertal. Ja, Wuppertal! Ansonsten: Fehlanzeige.«[23]

Tatsache ist: Nicht nur Stuttgart, Tübingen und Freiburg, auch in Karlsruhe konnte die CDU ihre Bastion nicht verteidigen. Einmal mehr zeigt sich, dass sie in Großstädten derzeit keine Chance hat. Doch auch auf dem Land könnte es für sie bald schlecht aussehen. Denn es handelt sich um ein strukturelles Problem, das die meisten Bürger längst kennen und selbst erlebt haben: Die ländlichen Gebiete sind den Großstädten wesensfremder als fast jede andere Großstadt der Welt. Wer zum Beispiel in manch ein oberbayerisches Dorf zieht, nicht katholisch ist und, selbst wenn, nicht jeden Sonntag zur »Heiligen Messe« erscheint und anschließend nicht mit der Dorfelite zum Frühschoppen geht, ist erledigt – ob als Arzt oder Apotheker, Feinkosthändler oder Lehrer.

»Die neuerliche Niederlage befeuert die Strategiedebatte. Baden-Württembergs Landeschef Thomas Strobl will seine CDU für großstädtische Milieus öffnen. Vertreter des ländlichen Raums fürchten, dass dann auch noch die Macht in den vielen kleinen Gemeinden erodieren könnte.«[24] Er sagt es ja:

Großstadt und Dorf passen in Deutschland nicht zusammen. Was die einen großartig finden, bringt die anderen auf die Palme. Im November 2012 kritisierte ein gutes Dutzend von CDU-Abgeordneten aus Großstädten den Zustand ihrer Partei: Die habe »den Anschluss an wichtige Multiplikatoren und gemeinwohlorientierte Interessengruppen weitgehend verloren« und verhalte sich in den Großstädten »allzu oft als Nachhut der öffentlichen Debatte, meist in defensiver Abwehr- oder Erklärungshaltung«. Ihr Image sei deshalb »häufig exklusiv mit den Themenfeldern Sicherheit und Ordnung und einer konservativen Grundausrichtung verbunden«. Damit spreche man aber »eher ältere Wählerschichten an«.[25]

Dabei deutete sich die Krise der Partei schon lange an. Auch nicht erst die Wirtschaftskrise, schon die Verwandlung von 640 000 Wählern in Nichtwähler bei der Bundestagswahl 2005 im Vergleich zu 2002 – bei der SPD waren es »nur« 370 000 – zeigt deutlich, dass die Anhängerschaft der CDU/CSU aus verschiedenen Gruppen besteht, deren Erwartungen immer weniger unter einen Hut zu bringen sind.

- Die zukunftsängstlichen Senioren, die sich von der Politik verraten fühlen und die Altersarmut ebenso fürchten wie den Verfall der Demokratie und jegliche soziale Veränderung.
- Die bröckelnde politische Mitte, die alle neoliberalen Reformen bislang bereitwillig mitgemacht hat, sich aber nun um den Lohn dafür betrogen sieht. Dass der »Umbau« des Sozialstaates auch die Zukunft ihrer Kinder gefährdet, also quasi ihren Lebensinhalt, entfernt sie mehr und mehr von der Union.
- Die marktradikalen Scharfmacher, die die Grundwerte der Union hinwegfegten.

Der Feind der Parteimehrheit war diesmal nicht der Bolsche-wist mit Planwirtschaft, Mauer und Stacheldraht, sondern die selbst ernannte neoliberale Elite, die die traditionellen Ein-richtungen, Bräuche und Kulturen recht emotionslos vernich-tete. Jene Spezies also, deren »rauschhafte Party entgrenzter Märkte«[26] wie zum Beispiel 2003 auf dem Leipziger CDU-Parteitag die meisten Funktionäre am liebsten ungeschehen machen würden.

Nun aber ist das Loblied auf den *Rheinischen Kapitalismus* und seine eben noch als Schnee von gestern verhöhnte soziale Marktwirtschaft wieder in Mode. Herablassende Bemerkun-gen über »Gutmenschen« und »Sozialkitsch« leistet sich in-zwischen niemand mehr, möchte man doch selbst vor den Bürgern als guter Mensch gelten.

Ob dies aber beim Bürger verfängt, ist schon deshalb fraglich, weil zum einen auch die SPD inzwischen auf diese Masche gekommen ist, zum anderen aber gerade christlich motivierte Anhänger der CDU mit der Partei Die Linke moralisch mehr gemeinsam haben als beispielsweise mit dem Wirtschaftsflü-gel der Union.

Dies umso mehr, als die CDU das Wiederentflammen ihrer Liebe zum Sozialstaat denkbar unglaubwürdig verkauft. Par-teichefin Merkel zum Beispiel redet auf dem Stuttgarter Par-teitag Anfang Dezember 2008 ellenlang und ermüdend über die soziale Marktwirtschaft, ohne den Begriff inhaltlich zu füllen. »Die Kanzlerin will, sagt sie, die soziale Marktwirt-schaft nach Europa, ja in die ganze Welt exportieren, sie will diese zum Exportschlager machen, wie Druckmaschinen, Kaffeefilter und Plüschtiere aus Deutschland. Druckmaschi-nen und Plüschtiere sind greifbar, Merkels soziale Marktwirt-schaft ist es nicht«, lästert Heribert Prantl. »Sie will etwas exportieren, was sie selber nicht beschreiben kann. Ein solcher

Export ist ein Leerverkauf. Merkels Problem ist überdies, dass sie die soziale Marktwirtschaft vor ein paar Jahren noch abschaffen wollte. Also hört man Merkels frohe Botschaft, aber es fehlt einem der Glaube daran, dass sie ernst gemeint ist und auch morgen noch gilt. Wenn die Kanzlerin von sozialer Marktwirtschaft redet, dann klingt das so, als ob der Papst von den Vorzügen des Protestantismus spräche.« [27]

Und es ergänzt wohl das Bild der CDU, dass der Parteitag zwar keinerlei Beschlüsse zur Wirtschaftskrise, wohl aber die zur Festschreibung der deutschen Sprache im Grundgesetz fasste – und das auch noch gegen den Willen der Kanzlerin.

Dass echten Neoliberalen nicht einmal der Neoliberalismus heilig ist, sondern nur der eigene Nutzen, wird dann vom Vorteil zum Handicap, wenn der Wähler dahinterkommt. Er erkennt Politik und Politiker als unberechenbar, und wenn man ihn oft genug auslacht, weil er auf Wahlversprechen hereingefallen ist, dann hält er am Ende jedes Programm und jede Aussage für eine Lüge.

Wenn es überhaupt noch aussagekräftige Programme gibt: »Öffnung zur Mitte« ist nichts anderes als ein wohlklingendes Wort für *Inhaltslosigkeit*. Wie sonst auch will man »jedem etwas« bieten, also zusammenführen, was nicht zusammengehört: AKW-Gegner und Atomfetischisten, emanzipierte Frauen und »Heim-am-Herd«-Machos? Ehrliche Christen und gewissenlose Neoliberale, aufgeschlossene Weltbürger und nationalistische Rassisten, Freunde und Feinde des Sozialstaats? Wie will man die einen gewinnen, ohne die anderen zu verprellen, inklusive möglicher Koalitionspartner?

Weil die CDU also eindeutige Aussagen vermeiden muss, entwickelt sie sich mehr als ohnehin schon zum Wahlverein. Das hat aber auch handfeste personelle Gründe: Mit Roland Koch,

Günther Oettinger, Christian Wulff, Jürgen Rüttgers, Norbert Röttgen, Karl-Theodor zu Guttenberg, Annette Schavan und Franz Josef Jung verlor Merkel bereits acht Führungsfiguren. Der CDU gehen so langsam die Leute aus. Ein verbitterter, als Lügner entlarvter alter Mann, ein ewiges Girlie, das die Zweifel um die Seriosität ihrer Doktorarbeit so wenig loswerden wird wie andere die Schuppenflechte, und ein konturloser »Merkel-Mann«: Nicht auszudenken, fiele jetzt auch noch Strahlefrau von der Leyen aus. Momentan präsentiert sich die CDU als Auslaufmodell, und möglicherweise wird man schon in 30 Jahren fragen: »War die CDU ein Waschmittel oder eine Automarke?«

CSU – VON DER VOLKSPARTEI ZUR *IG NÖRGELN*

Wenn jemand für ein NPD-Verbot eintritt, so klingt das zunächst ehrenwert und antifaschistisch.[28] Als allerdings die CSU Anfang 2013 mit einem eigenen Verbotsantrag vorpreschte, argwöhnten Spötter, die Christsozialen wollten sich in Wahrheit nur lästige Konkurrenz vom Leibe halten.

Dies ist auch verständlich, wenn man sich die inhaltliche Nähe ansieht. Beispielsweise beim Thema Steuerliche Gleichstellung von Homo-Ehen: Da erklärte der CSU-Chef und ertappte Ehebrecher Horst Seehofer schon vor dem für den Sommer 2013 erwarteten Urteil des Bundesverfassungsgerichts, ein Kompromiss bei der Gleichstellung eingetragener Lebenspartnerschaften mit der Ehe sei nicht möglich. »Daran werde sich auch durch das Gerichtsurteil nichts ändern. Die CSU bleibe bei ihrer Linie, ›wie auch immer die Richter entscheiden‹.«[29] Schöner kann man seine abgrundtiefe Verachtung des Rechtsstaats nicht ausdrücken.

Aber die totalitäre Geringschätzung der Verfassung ist nur eine Seite des Freistaats. Die andere ist die Amigo-Wirtschaft. »Das System Strauß: Als Amigo noch kein Schimpfwort war«, schrieb *sueddeutsche.de* im Mai 2010 über Bayerns damaligen Regierungschef. »Wenn einer in Bayern als Hund tituliert wird, dann darf er sich geehrt fühlen, aber oft schwingt in diesem Lob auch mit, dass hier ein Spitzbub am Werk ist, der das Gesetz gerne zum eigenen Vorteil auslegt.«

Aber seine Nachkommen hielten die hemmungslose Korruption in Ehren. »Amigo-Affäre ist die umgangssprachliche Bezeichnung eines Bestechungsskandals um den bayerischen Ministerpräsidenten Max Streibl und andere CSU-Politiker, der 1993 zum Rücktritt Streibls führte. Der Begriff … wird seitdem insbesondere im Zusammenhang mit der CSU als Synonym für Affären um die Verstrickung von Politik und Wirtschaft verwendet.« Streibl musste vor dem Landtag gestehen, zweimal auf fremde Kosten einen Brasilien-Urlaub gemacht zu haben.

Jahrzehntelang galt die Vetternwirtschaft in Bayern als ganz normal und wurde vom Volk seit 1970 mit der absoluten Mehrheit bei den Landtagswahlen abgesegnet. Die Logik der kleinen Leute, wie sie in der empfehlenswerten Politkrimiserie *Der Bulle von Tölz* mit Ottfried Fischer authentisch beschrieben wird: Solange ich selbst mit 100 Euro profitiere, gönne ich den korrupten Baulöwen, Kirchenleuten und Politikern ihre Millionen.

All das änderte sich schlagartig im Jahre 2008, als die CSU nur noch auf 43,4 Prozent kam und unter Horst Seehofer erstmals auf eine Koalition mit der FDP angewiesen war. Und siehe da:

- Plötzlich kämpft die Amigo-Partei gegen die von ihr selbst eingeführten Studiengebühren, weil demnächst ein Volksbegehren droht, und nimmt dabei sogar den Bruch der Koalition mit der FDP in Kauf.
- Und dann auch noch der Skandal um Gustl Mollath. Ihn hatte man nach einer Entlarvung einer mutmaßlichen Schwarzgeld-Affäre rund um die HypoVereinsbank[30] kurzerhand in einer psychiatrischen Klinik untergebracht. Dort sitzt er heute noch, obwohl inzwischen klar ist, dass jedes seiner Worte der Wahrheit entsprach.
- Zu alledem passt eine schon komödienhafte Vetternwirtschaft. Vom achtjährigen Neffen bis zur achtzigjährigen Oma wird zuweilen die ganze Sippe untergebracht. In vorderster Front hierbei wie so oft die CSU.

Insgesamt 56 christsoziale Parlamentarier haben in den vergangenen drei Wahlperioden die Beschäftigungsverhältnisse mit Verwandten ersten Grades auf Basis der Ausnahmeregel von 2000 fortgeführt. Unter den neu bekannt gewordenen Namen ist auch Siegfried Schneider, ehemals Kultusminister und Staatskanzleichef. Da hilft es auch nicht, dass sich im »Freibier-Parlament« (Spiegel) unter den 79 Anfang Mai georteten Landtagsabgeordneten mit Familiensinn auch zahlreiche SPD-Parlamentarier befinden. Für den mündigen Bürger ist und bleiben Amigo-System und Vetternwirtschaft vor allem ein Markenzeichen der CSU.
Andererseits wurde die Sache angesichts der Bundestagswahl auch ein ernsthaftes Problem für die Kanzlerin. In der Emnid-Umfrage Anfang Mai sackte die Union um drei Punkte auf nur noch 37 Prozent ab.
Bei der Eindämmung der – wie sagt man so schön – »legalen, aber nicht legitimen« Familienwirtschaft musste Merkel sich

allein auf Seehofer verlassen. Und der stellte auch wirklich hartes Durchgreifen zur Schau. Landtagsfraktionschef Georg Schmid servierte er ab, weil der seiner Ehefrau 23 Jahre lang bis zu 5500 Euro als Mitarbeiterin gezahlt hatte – doppelt so viel wie ein übliches Gehalt einer Sekretärin.

Seine betroffenen Minister und Staatssekretäre müssen die Gehälter zurückzahlen, die ihr Familienclan auf des Steuerzahlers Kosten abgesahnt hatte. Und seit Juni 2013 ist die Anstellung von Verwandten für Abgeordnete untersagt.[31]

Bei vielen politischen Quertreibereien scheint es der CSU mehr noch als ihrem Koalitionspartner FDP eher auf Machtspielchen anzukommen als auf Inhalte. Ob Abtreibungsverbot oder Herdprämie, Sozialstaatsabbau, »christlich-abendländische Tradition«: Hier geht es in erster Linie um Machtpolitik. Wem würde ein Platzen der Koalition mehr schaden? Seehofer will ohnehin nicht König von Deutschland werden, sondern Kaiser von Bayern bleiben. Ganz bewusst legten die Bayern die Landtagswahl auf den 15. September 2013, obwohl die Bundestagswahl nur eine Woche später stattfindet.

Aber lassen wir doch den intelligentesten und großartigsten Rhetoriker zu Wort kommen, den Bayern je hervorgebracht hat, nämlich Edmund Stoiber.

Edmund Stoiber über die Vorzüge des Transrapid
beim Neujahrsempfang der CSU München, 21. Januar 2002:
Wenn Sie vom Hauptbahnhof in München … mit zehn Minuten, ohne, dass Sie am Flughafen noch einchecken müssen, dann starten Sie im Grunde genommen am Flughafen … am … am Hauptbahnhof in München starten Sie Ihren Flug. Zehn Minuten. Schauen Sie sich mal die großen Flughäfen

an, wenn Sie in Heathrow in London oder sonst wo, meine sehr ... äh, Charles de Gaulle in Frankreich oder in ... in ... in Rom. Wenn Sie sich mal die Entfernungen anschauen, wenn Sie Frankfurt sich ansehen, dann werden Sie feststellen, dass zehn Minuten Sie jederzeit locker in Frankfurt brauchen, um Ihr Gate zu finden. Wenn Sie vom Flug ... vom ... vom Hauptbahnhof starten – Sie steigen in den Hauptbahnhof ein, Sie fahren mit dem Transrapid in zehn Minuten an den Flughafen in – an den Flughafen Franz Josef Strauß. Dann starten Sie praktisch hier am Hauptbahnhof in München. Das bedeutet natürlich, dass der Hauptbahnhof im Grunde genommen näher an Bayern – an die bayerischen Städte heranwächst, weil das ja klar ist, weil auf dem Hauptbahnhof viele Linien aus Bayern zusammenlaufen.[32]

Das ist also der klügste CSU-Politiker aller Zeiten. Die zweitklügsten können demnach nur ein Schimpanse und ein Pavianweibchen sein.

Übertrieben? »Oberbayern: Jugendliche terrorisieren 900-Seelen-Dorf«, titelte *sueddeutsche.de* am 28. Februar 2013. »Brandstiftung, Nötigung, Körperverletzung: Vier Kinder und Jugendliche aus einem Jugendheim im oberbayerischen Thaining haben wochenlang Betreuer und Nachbarn tyrannisiert. Nun muss die Regierung von Oberbayern den Betrieb stilllegen.« Die Oberbayern als gemeingefährliches Bergvolk: Dort machen nur noch Leute Urlaub, denen die Golanhöhen, Mali oder russisches Roulette zu langweilig sind. »Die Täter waren elf bis 17 Jahre alt, zwei von ihnen waren also noch nicht schuldfähig. Die Polizei Landsberg berichtet von Brandstiftung, Nötigung, Körperverletzung, Beleidigung und Drogendelikten.«[33]

Und da sage noch einer, die Bayern könnten ihre Kinder nicht über Generationen hinweg in ihrem Sinne erziehen. Nicht zufällig lag Hitlers Hauptquartier anfangs in Bayern. Der Bürgerbräukeller, in dem »Der Führer« seit 1933 jährlich am 8. November seine Reden hielt, und in dem es ihn 1939 fast erwischt hätte, lag ebenfalls in München.

> Der Schoß ist fruchtbar noch, aus dem das kroch.
> Bert Brecht, Der aufhaltsame Aufstieg des Arturo Ui, 1941

Damit aber keine Missverständnisse entstehen: Die CSU erhielt zuletzt »nur noch« knapp über 40 Prozent der Stimmen: »Betrüger, Behämmerte und Beknackte« trifft also nicht einmal auf die Hälfte aller bayerischen Wähler zu. Dem Volk der Bayern gilt meine ausdrückliche Hochachtung.

SPD –
IST DER RUF ERST RUINIERT …

Wie schon am rapiden Rückgang der Wahlbeteiligung überdeutlich erkennbar, wird das Volk immer unzufriedener und sein Vertrauen in die Politik immer geringer. Dies kann man, wie Prof. Franz Walter es tut, an der ominösen »gesellschaftlichen Mitte« festmachen. Sie nämlich sei »keineswegs mehr rundum sozialzufrieden … nicht mehr Apologetin der herrschenden Verhältnisse, keine Prätorianergarde der Märkte und kapitalistischen Profite«. Diese Mitte wird zusehends von Ängsten um Arbeitsplätze, bescheidenen Wohlstand und insgesamt um die Zukunft geplagt. Folglich findet man hier neuerdings »mehr Biss gegen Banker, größere Wut über Privatisierungen in der Wirtschaft und Marktprinzipien im Bildungssystem als bei den Mitgliedern des Parteivorstandes der SPD«.[34]

Ist ja auch klar: Wer sechsstellige Jahresgehälter einstreicht, versteht Kleingewerbler und Geringverdiener nicht wirklich, sondern sieht sie nur noch als *Stimmvieh*. Die logische Folge: »Der größte Exodus aus dem sozialdemokratischen Lager vollzog sich jedoch seit 2002 im unteren Drittel der Gesellschaft ... Steinbrück muss im Übrigen für diese Schichten kein schlechter Kandidat sein ... Er kommt nachweislich gut an bei Männern mit formal geringer Bildung in schlecht bezahlten Jobs«, sprich: bei dem verwahrlosten Proletengesindel, das bei Bier und Korn RTL schaut und auf »die Ausländer« schimpft, also ebenso gut NPD wählen könnte. »Sein Rambo-Habitus nutzt ihm dort. Aber auch große Teile der Wirtschaftsbürger schätzen ihn deswegen; der Macho-Auftritt bildete eine eigentümliche Klammer zwischen den Führungsmännern in Unternehmen oben und dem maskulinen Antifeminismus unten. Allerdings: Frauen goutieren das – und daher Steinbrück – weit weniger.«[35]

Steinbrück als Idealkandidat für den männlichen, geistig-moralischen Sumpf. Nun gut, schließlich wird ja auch der SPD-Mann Thilo Sarrazin, der sich vor Angeboten der NPD kaum noch retten kann, von großen Teilen der SPD-Basis wie ein Volksheld gefeiert.

Übertrieben? Am 26. Februar hatte der Spitzenkandidat in der für ihn typischen Bahnhofspennermanier über die Wahl in Italien gelallt: »Bis zu einem gewissen Grad bin ich entsetzt, dass zwei Clowns gewonnen haben«, womit er Berlusconi und den international renommierten Systemkritiker Beppe Grillo meinte. Der wiederum nannte Steinbrücks faschistoides Gestammel »schwachköpfig« und von »Arroganz« und »geringer politischer Intelligenz« zeugend. Steinbrück mangle es an unerlässlichen Fähigkeiten, die für das Kanzleramt nötig seien.[36] Jedenfalls sagte Italiens Staatspräsident Giorgio Napolitano verständlicherweise ein geplantes Treffen mit Steinbrück ab: Wer trifft sich auch schon mit geistig verlaustem Abschaum, gegen den selbst Faschos noch wie Demokraten erscheinen? Kurzum: Bei solch einem Kanzlerkandidaten schämt man sich nicht nur im Ausland, ein Deutscher zu sein. Versöhnlicher sieht es Evelyn Roll in der *Süddeutschen Zeitung:* »Muss sich Geschichte eigentlich immer wiederholen? Aufgestellt wird ein Kandidat der Mitte wie Peer Steinbrück, mit der Idee, dass der mehr Wähler fischt als ein Linker. Ist der Kandidat dann gewählt und Kanzler, schaltet die SPD-Linke um auf Opposition und bekämpft ihren eigenen Kanzler als viel zu rechts. So haben sie es mit Hermann Müller-Franken gemacht in der Weimarer Republik, mit Helmut Schmidt in der Bonner Republik, mit Gerhard Schröder in Berlin.«[37]

Für den Proleten und Geronten-Magneten Steinbrück spricht sich indirekt auch Martin Mertens in einer Analyse der Bundeszentrale für politische Bildung aus: »Wähler mit einem eher unterdurchschnittlichen Bildungsstand und einfacherer Beschäftigung – früher das klassische Stammwählerpotenzial der Sozialdemokraten – wandern zunehmend zur Union, aber auch zur Partei Die Linke ab.« Und da ist ja noch die Altersfrage: »Schnitt die SPD traditionell in der jüngsten Altersgruppe besser ab als in der älteren, so änderte sich dies bei der Bundestagswahl 2009: Die repräsentative Wahlstatistik zeigt, dass sie bei den jüngeren Wählern mit 17,0 Prozent (25- bis

35-Jährige) bzw. 18,2 Prozent (18- bis 25-Jährige) relativ schlecht abschneidet, bei den über 60-Jährigen aber relativ gut (27,3 Prozent). Frauen und Männer waren in der SPD-Wählerschaft annähernd gleichmäßig vertreten.

Das beste Zweitstimmen-Ergebnis erzielten die Sozialdemokraten 2009 bei den über 60-jährigen Männern (27,6 Prozent).«[38]

Hinzu kommt das Dilemma, dass die Interessen der beiden neuen großen Mitglieder- und Wählergruppen nicht unter einen Hut passen:

- Da sind einmal die Agenda-Fetischisten, also jenes Karreristenpack, das schon jetzt die Mehrheit der Funktionäre und Mandatsträger stellt. Auf deren erbärmliche bis peinliche Lebensläufe kommen wir noch. Deren Zielgruppe sind die höchstens halbgebildeten Karrieregeilen, die durch halbseidenes »Fachwissen«, moralische Immunität und materielle Sicherheit für den skrupellosen Existenzkampf in einer immer ungerechteren Gesellschaft am besten gerüstet und motiviert sind: Politkasper, deren eigene Wirtschaftsqualifikation in einem abgebrochenen Psychologiestudium oder in einer Lehrerausbildung besteht, oder Berater, die echten Fachleuten als »graduierte Idioten«[39] oder als »29-jährige Bubis aus dem BWL-Bereich«[40] gelten. Entsprechend betreibt die Führungsclique seit Schröder Politik nicht mehr zur Durchsetzung von Überzeugungen, sondern von Marketingkonzepten und Werbekampagnen.
- Derlei, an Menschenverachtung kaum noch zu überbietende Taktik halten integre, sozial motivierte Funktionäre und ehrliche aktive Mitglieder nur unnötig auf. Weshalb man sie auch schnell aufs Abstellgleis schob oder gleich ganz herausekelte. Dummerweise aber stellen die rüde Abser-

vierten ein beträchtliches Wählerpotenzial dar. Bereits im Juli 2007 unterstützten 48 Prozent der SPD-Wähler und 30 Prozent der SPD-Anhänger die wichtigsten Forderungen der Partei Die Linke wie *Mindestlohn für alle, Bundeswehrabzug aus Afghanistan* sowie *Rücknahme von Hartz IV und Rente mit 67,* gerade einmal 20 Prozent der Genossen lehnen diese Forderungen ab. *Soziale Gerechtigkeit* gilt für die meisten Mitglieder noch immer als das Wichtigste. Sie wollen »nichts mehr hören von den Zwängen der Globalisierung, von kippenden Bevölkerungspyramiden, von Nullrunden in der Rentenanpassung. Sie wollen wieder echte Sozialdemokraten sein. Sozialdemokraten wie in den 70er-Jahren. Sozialdemokraten wie in der Partei *Die Linke.*«[41]

Deshalb schrieb Franz Walter eine Satire, die die SPD-Kamarilla mangels IQ als solche gar nicht erkannte: Statt sich ständig in Widersprüche und Zerreißproben zwischen neoliberalem und sozialem Anspruch zu verwickeln, solle die SPD sich als »moderne Agentur ressourcenstarker neuer Eliten in der modernen Wissensgesellschaft« verkaufen. »Für die Apologeten der überlieferten Wohlfahrtsstaatlichkeit und für die Kritiker des globalisierten Neokapitalismus wäre dann allein die Lafontaine-Gysi-Partei zuständig.«[42] Eine solche Partei wäre, wenn die Sozialdemokraten endlich die Mär der »Einheit der allein sozialdemokratisch legitimierten Arbeiterbewegung« aufgäben, »eine Entlastung für einen Modernisierungskurs der ›Neuen Mitte‹. Man wäre dann nicht mehr Volkspartei. Aber darauf kommt es in einem Vielparteiensystem machtpolitisch auch nicht mehr an.«[43]
Kurzum: So begehrt die SPD-Wähler auch sein mögen – als politische Partei, die keinen Besseren als einen Peer Steinbrück, mit dem als Begleiter man sich schon aufgrund seines

Benehmens in der Öffentlichkeit schämen würde, zum Kanzlerkandidaten zu benennen vermag, ist die SPD so überflüssig wie der Blinddarm. Wieso hat sie nicht den ganzen Schritt gemacht und Mario Barth oder gleich ein begabtes Zirkusäffchen nominiert?

FDP – DIE LEIHSTIMMENPARTEI

Dass die FDP mit weniger Wahlkampflügen als die großen Parteien arbeitet und zu ihrer Ideologie steht – götzenähnliche Verehrung für die steinreichen Parasiten und ihr leistungsloses Einkommen, Verachtung und blanker Hass für alle ehrlichen Normalbürger sowie eine Allergie gegen Menschenwürde und alles Soziale –, ehrt sie zwar, macht aber nicht ihren Kern aus. Die FDP nämlich ist ihrem Wesen nach vor allem eine Leihstimmenpartei. So buhlte Philipp Rösler vor der Landtagswahl in Niedersachsen im Januar 2012 ungeniert um CDU-Stimmen.[44] Und hartnäckig hält sich das bösartige Gerücht, man versuche, die erschreckende Unwissenheit mancher Bürger auszunutzen und ihnen weiszumachen, mit der Erststimme wähle man die einem liebste und mit der Zweitstimme die zweitliebste Partei. Fest steht, dass sich vor allem durch die Leihstimmenpraxis das extreme Pendeln der FDP-Stimmen zwischen 15 und 3 Prozent wirklich erklären lässt. Schließlich ist auch für CDU-Wähler die Stimmabgabe für die FDP durchaus sinnvoll. Wenn nämlich dadurch die Freidemokraten wieder in den Bundestag rutschen, könnten sie erneut Mehrheitsbeschaffer für ihre Union und Schwarz-Gelb sein.

Inzwischen aber hat sich der Wind gedreht: CDU/CSU haben keine Stimme zu verschenken; zu dicht ist ihnen Rot-Grün auf den Fersen. Hinzu kommt, dass besonders die Merkel-Partei im Lager der FDP wildert. So greift auch hier die Verwechselbarkeit der Parteien. Vor Jahrzehnten, unter Helmut Schmidt/Willy Brandt und Rot-Gelb, stand die FDP auf zwei Beinen: Neben dem Wirtschaftsliberalismus widmete sie sich auch der Verteidigung der Menschenrechte. Letzteres machte die Partei für nicht wenige Wähler attraktiv. Heute dagegen ist es für die CDU ein Leichtes, den neoliberalen Quark der FDP einfach zu übernehmen, die dadurch kein einziges erkennbares »Alleinstellungsmerkmal« mehr besitzt. Arbeitsscheue Millionärssöhnchen und asoziale Topmanager finden bei ihrer Stammpartei FDP nichts mehr, was ihnen die Union – oder Schwarz-Rot – nicht ebenfalls böte. Wer wie Steinbrück die Heuschrecken als »Segen für die Volkswirtschaft«[45] lobpreist, ist neoliberal schwerlich zu überholen.

Insofern haben die Milchbubis von Bahr bis Westerwelle seit einigen Jahren schlechte Karten. Nicht nur subjektive Unfähigkeit, auch der Themenklau durch andere ist schuld am Niedergang der FDP.

Dennoch wäre es verfrüht, die Tage der Partei für gezählt zu halten: In fast jedem Volk gibt es seit Generationen gewisse Minderheiten und wird es wohl immer geben: ob Faschos oder Serienkiller, Geisteskranke oder Korrupte, Neurotiker oder Neoliberale. Und es zeugt ja gerade von der Stärke einer funktionierenden Demokratie, diesen Bodensatz zu ertragen und in Schach zu halten. Deshalb mag es durchaus sein, dass die FDP irgendwann mal wieder in einen Landtag oder gar in den Bundestag gelangt.

Hinzu kommt: Trotz aller Enttäuschungen bleibt die FDP die große Hoffnung naiver Mittelständler. Und es war ja auch wirklich nicht die FDP, die – nicht zuletzt auf Kosten des von ihr umworbenen Mittelstandes – dem Raubtierkapitalismus und den Heuschrecken alle Tore geöffnet hat. Ebenso wenig haben Rot-Grün und Schwarz-Rot den Mittelstand vom unüberschaubaren Gemenge an überflüssiger Bürokratie befreit. So hält sich hartnäckiger als ein Magengeschwür bei einigen ehrlich und hart arbeitenden Mittelständlern die kindische Phantasie, die Freien Demokraten könnten irgendetwas für sie bewirken, und sei es auch nur zu Lasten der unteren Schichten.

Eine Zeitlang war die FDP die einzige Bundestagspartei, die den Bürgern ihre Pläne wenigstens halbwegs ehrlich vortrug, Sie bekannte sich offen zum neoliberalen Mythos der Allheilkräfte des »freien Marktes«, also für den skrupellosen Kampf jeder gegen jeden um den Maximalgewinn als Garanten für allgemeinen Wohlstand sowie zu Privatisierung, »Eigeninitiative« und »Selbstbestimmung«.
Dies hatte anfangs sogar Erfolg. Selbst der Parteienforscher Franz Walter kam noch Anfang 2008 zu dem Schluss: »Es sind goldene Jahre für die Liberalen … Die bürgerliche Mitte … dehnt sich aus. Der Trend zur Selbständigkeit nimmt zu. Die Deutschen sind in den letzten zwei, drei Jahrzehnten gebildeter geworden, auch toleranter, weltgewandter, kurzum: liberaler.«[46]
Die Botschaft: »Alles ist möglich. Wer es nicht schafft, ist selbst schuld.« Dies ging und geht an die Adresse der Bevölkerungsmehrheit, bei der der Aufschwung nicht nur nicht ankommt, sondern sogar einhergeht mit der Verschlechterung ihrer eigenen Lage.
Dies eskalierte erst recht mit Beginn der Weltfinanzkrise. »FDP ringt mit eigener Sprachlosigkeit«, konstatierte die taz.[47]

Ebenso vertrackt sieht es mit der natürlichen Zielgruppe der FDP aus: Die gutsituierten Ellbogen-Karrieristen ließen sich schon vor der Wirtschaftskrise bestenfalls als Stimmvieh aktivieren, nicht aber für Parteiarbeit – da gibt's ja zumindest anfangs nichts zu verdienen. Ihnen ist alles ein Greuel, was nach »Gutmensch« riecht, also soziale Verpflichtungen, moralische Prinzipien und solidarische Regeln, kurzum: der Sozialstaat. Daher ist es auch nicht einfach, sie überhaupt zur Stimmabgabe zu bewegen.

BÜNDNIS 90 / DIE GRÜNEN – LINKS WÄHLEN, RECHTS LEBEN

Bei der Bundestagswahl 2009 gelang der Partei mit einem Stimmenanteil von 10,7 Prozent das beste Ergebnis ihrer Geschichte. In Baden-Württemberg stellt Bündnis 90 / Die Grünen seit Mai 2011 mit Winfried Kretschmann erstmals einen Ministerpräsidenten, der einer grün-roten Landesregierung vorsteht. Darüber hinaus sind die Grünen auf Landesebene an rot-grünen Regierungen in Bremen, Niedersachsen, Nordrhein-Westfalen und Rheinland-Pfalz beteiligt.

Das einzige grüne Direktmandat errang wie schon 2002 und 2005 Hans-Christian Ströbele im Berliner Wahlkreis Friedrichshain – Kreuzberg – Prenzlauer Berg Ost.

Als die Grünen im Herbst 2010 sowie im Frühjahr 2011 in einigen Umfragen vor der SPD lagen und zugleich Rot-Grün eine Mehrheit besaß, kam in den Medien kurzzeitig eine Diskussion über einen grünen Kanzlerkandidaten für die Bundestagswahl 2013 auf, die von der Partei jedoch zurückgewiesen wurde.

Eine Theologiestudium-Abbrecherin und ein männliches Ex-Model für Armani[48]: Die Wahl solcher Irrlichtgestalten wie Katrin Göring-Eckardt und Ex-Umweltminister Jürgen Trittin als Spitzenkandidaten für die Bundestagswahl[49] war eine Steilvorlage für alle anderen Parteien: Selbst Analphabeten, Alkoholiker oder Abergläubische hätten gegen dieses Katastrophenduo eine gute Chance gehabt. Aber irgendwie passt es zu den ungekrönten Olympiasiegern der Verlogenheit.

Die uralte Methode von Oppositionsparteien, das Blaue vom Himmel zu fordern, weil sie es ja nicht umsetzen müssen, haben die Grünen zur Perfektion entwickelt. Erinnern wir uns an 1998: Gewählt wurden sie wegen ihrer Versprechen für mehr Frieden, Umweltschutz und soziale Gerechtigkeit. Heraus kamen der Überfall auf Afghanistan, die Senkung des Spitzensteuersatzes von 53 auf 42 Prozent, Hartz IV – und natürlich das Dosenpfand.
Das gleiche Theater bei Stuttgart 21: Bis zur Landtagswahl im März 2011 gerierten sich die Grünen als Erfinder des bürgerlichen Widerstandes schlechthin. Aber kaum stellten sie seit Mai 2011 mit dem behäbigen Urschwaben Winfried Kretschmann den ersten bundesdeutschen Ministerpräsidenten, galt die Abwandlung der Parole: »Am Aschermittwoch ist alles vorbei.«
Über Nacht wurden die Grünen von erbitterten Gegnern zu »kritischen« Befürwortern des überflüssigen Bahnhofsumbaus. Allerdings kam die Wahl für sie zu früh. Bis zur Bundestagswahl im September 2013 waren es noch fast einsinhalb Jahre: Zeit genug, sich einmal mehr als notorische Wahlkampflügner zu entlarven.
Daher versuchte die Bundespartei erneut die Uraltnummer: aus der Opposition heraus wortradikal Unerfüllbares fordern.

So verlangte sie im Herbst 2012 allen Ernstes, die Bundesregierung solle dafür sorgen, »dass Frankreich seine Atomkraftwerke in Grenznähe sofort abschaltet … Die Souveränität Frankreichs sei zwar zu respektieren … Allerdings sei die Bundesregierung ›zur bestmöglichen Schadensvorsorge‹ für die Deutschen verpflichtet und müsse sich ›bei besonders gefährlichen Atomkraftwerken in Grenznähe für eine unverzügliche Stilllegung engagieren‹. Bei den französischen Atomkraftwerken Cattenom und Fessenheim sei dies der Fall.«[50]

Andererseits marschierten die Grünen zeitgleich weiter zielstrebig nach rechts. »So bürgerlich waren die Grünen nie«, kommentierte die *Süddeutsche Zeitung* den Parteitag in Hannover im November 2012: »Schwarz-Grün? Nein, lieber bei den Schwarzen wildern: Cem Özdemir und Fritz Kuhn rufen auf dem Grünen-Bundesparteitag eine neue Bürgerlichkeit aus. Das Motto: Wieso mit der Union regieren, wenn man ihre Wähler abgreifen kann? Das ›Monopol‹ der CDU auf die bürgerliche Mitte sei gebrochen. Vor 20 Jahren wäre Cem Özdemir für so einen Satz verdroschen worden, zumindest verbal.«

Aber was interessiert die Grünen ihr Geschwätz von gestern? »Wir wollen nicht die Union, wir wollen die Stimmen der Union«, gab Parteichef Özdemir zum Besten. Und es gab keinen Aufruhr, sondern kräftigen Applaus.

Vor drei Jahren habe das noch anders ausgesehen. »Damals unterbrach die Grüne Jugend die Rede des saarländischen Landesvorsitzenden Hubert Ulrich, weil er es gewagt hatte, mit CDU und FDP zu koalieren. Sie nannten ihn einen ›CDU-Liebhaber‹ und hängten ihm Herzchen um. … ›Bürgerlich‹ war ein Schimpfwort für viele Grüne. Und heute? Özdemir zufolge sind die Grünen inzwischen die besseren Bürgerlichen. Und stolz darauf. Selbstverständlich sei seine Partei konservativ... ›Wir sind wertkonservativ, nicht strukturkonservativ wie die Union.‹ Er lasse sich ›von niemandem mehr erklären, was bürgerlich heißt‹.« Und zur Krönung: »Meine Kinder dürfen nicht fernsehen, wenn Schwarz-Gelb da miteinander streitet. Sie sollen schließlich mal anständige Bürger werden.«[51]

Zielgruppe sind offenbar jene Doppelverdiener, die »links« wählen, aber »rechts« leben wollen und für die »asoziale Besserverdiener« keine Beleidigung, sondern ein Kompliment ist.

Mit der unverholen verkündeten Option Schwarz-Grün ist die Parteiführung ideologisch am Ziel ihres Weges angekommen: entstanden aus der Friedens- und Umweltbewegung, dann zunächst als »Störenfriede« und Quasiterroristen verleumdet, anschließend nur noch als lästige Opposition beschimpft. Später zum frechen und nervigen Juniorpartner der SPD in Hessen und kurz darauf zum staatstragenden, pflegeleichten, nahezu kritik- und prinzipienlosen Mehrheitsbeschaffer für Gerhard Schröder aufgestiegen und nun Werber um die Gunst der traditionell »rechtesten« aller Bundestagsparteien. Im Rückblick kann man Thesen verstehen, die bezweifeln, dass einige Grünen-Anführer jemals irgendeine soziale Ambition hatten, sondern eher die Kernthese des neoliberalen Anthony Downs bestätigen, wonach »die Parteien in der demokratischen Politik den Unternehmen in einer auf Gewinn abgestellten Wirtschaft ähnlich sind. Um ihre privaten Ziele zu erreichen, treten sie mit jenen politischen Programmen hervor, von denen sie sich den größten Gewinn an Stimmen versprechen, so wie die Unternehmer ... diejenigen Waren produzieren, von denen sie sich den meisten Gewinn versprechen.«[52]

Und dies sind bei den Grünen Wahlversprechen an jene Zielgruppe der (rein formal und nur im Vergleich mit Pisa-Bürgern) »Hochgebildeten«, zu denen sich die Grünen bekanntlich selbst zählen. Wieso eigentlich? Parteichef Özdemir ist FH-Pädagoge, sein Vorgänger Reinhard Bütikofer ebenso wie Katrin Göring-Eckardt Studienabbrecher und die frühere Parteichefin Angelika Beer (2002 bis 2004) Arzthelferin. Als Umweltminister fungierte der Sozialwirt Jürgen Trittin und als Außenminister ein Taxifahrer.

Neueste Untersuchungen entlarven jedoch, was hinter den »hochgebildeten Eliten« in Wahrheit steckt: »>Statusmilieus<, in denen nicht mehr Gesellschaftskritik geübt, sondern Luxuskonsum zelebriert wird.«[53] Der Modebegriff für diese Herrschaften lautet LOHAS (»Lifestyle Of Health And Sustainability«). Frei nach Oscar Wilde – »Mein Geschmack ist ganz einfach: Von allem nur das Beste« – prassen sie wie Lucullus in der Endphase, strikt abgegrenzt gegenüber den Normalbürgern, die man »Unterschichten« nennt und »klassisch oberschichtig als ordinär und vulgär ansieht«. Überhaupt sind die grünen LOHAS, wie Franz Walter sie beschreibt, »explizit elitär; man achtet darauf, ›entre nous‹ zu kommunizieren, mit anderen ›Gebildeten‹ in der gesellschaftlichen Beletage unter sich zu bleiben. Alt- und Neubürgerliche treffen sich daher zumindest im urbanen Raum auf den gleichen Ausstellungen, bei den üblichen Theaterpremieren, im besten Restaurant der Stadt.«[54]

Dazu passt der Zynismus der bei der Berliner Wahl jämmerlich gescheiterten Renate Künast. Jenen Ärmsten der Gesellschaft, die jeden Cent zweimal umdrehen müssen, empfiehlt sie, sie sollten beim Essen nicht sparen. Kurzum: Eine alleinerziehende Hartz-IV-Empfängerin sollte die »Geiz-ist-geil-Mentalität« vergessen und höhere Qualität zu entsprechenden

Preisen kaufen, also für ein Kilo Hühnerschenkel statt 1,99 im Supermarkt lieber 7,80 Euro im Bio-Laden bezahlen.[55]

Kein Wunder auch, dass Grünen-Fans Mindestlöhne ablehnen, wohingegen ihr ehemals »kräftiger Impetus in der sozialen Frage« nur noch aufblitzt, »wenn es um üppige Gehaltserhöhungen im öffentlichen Dienst geht. Denn keine Partei ist so beamtenhaft geprägt wie die der Grünen«, und entsprechend groß war auch die Begeisterung für Schröders Agenda-2010-Reformen – sie selbst betraf der Sozialabbau ja nicht. Gleiches gilt für die Bundeswehreinsätze in aller Welt.

Das aktuelle Problem der Grünen ist die Unvereinbarkeit der überholten neoliberalen mit der während der Wirtschaftskrise wiederauferstandenen humanistisch-sozialstaatlichen Ideologie. »Sie müssen sich weit spreizen … feurige Appelle an die neuen Protestkohorten senden, zugleich beruhigende Worte an die nun etablierten, konservativ gewordenen Postmaterialisten von ehedem richten.«[56] »Solche Parteien« aber, wie Franz Walter süffisant bemerkt, »sehen sich stets der Gefahr ausgesetzt, als prinzipienlos und machtversessen verschrien zu sein. Die Scharnierposition mag die machtpolitische Option der Grünen vermehren, doch zugleich kann sie dann die programmatische Schärfe mindern, die politische Sprache verdünnen, die kulturelle Eindeutigkeit von ehedem vernebeln – und der Flair von Authentizität und Alternative wäre endgültig dahin.« Die Folgen sieht Walter schon 2007 voraus: »Wenn die Partei der Grünen nicht aufpasst, dann werden es nicht der Herr Bütikofer oder die Frau Roth sein, die an der Spitze einer erwartbaren Öko- oder Bürgerrechtsbewegung marschieren. Der neue Typus des voranschreitenden Weltverbesserers lauert vielmehr irgendwo zwischen Jauch und Kerner.«[57]

DIE LINKE –
TRAUMPAAR UND PORSCHE
STATT SOZIALISMUS

Wer gedacht hätte, nach dem vorübergehenden Rückzug der Ikone Gregor Gysi sei mit den Parteichefs, der Biederfrau Gesine Lötzsch und dem eitlen Porschefahrer Klaus Ernst, der absolute Tiefpunkt der Linkspartei erreicht, sah sich getäuscht. Wenn du denkst, schlimmer geht's nicht mehr, kommen irgendwo eine Katja Kipping und ein Bernd Riexinger her.

Themen für eine ehrlich sozialistische Partei gab es in den letzten Jahren jede Menge: Finanzkrisen, Steuergeschenke für die Reichen, allgemeine, statistisch belegte Verarmung der Bevölkerung, faktische Kooperation von Staatsorganen mit den faschistischen NSU-Mördern, reichlich Gründe für Demos und lautstarken Protest – für *ehrliche* Sozialisten. Aber die Linke machte Schlagzeilen mit der Liaison von Lafontaine und Sahra Wagenknecht. Zudem strebte die Partei längst nicht mehr eine andere Gesellschaft an, sondern hatte ein anderes Ziel, dem sie alles unterordnete: Juniorpartner der SPD auch auf Bundesebene zu werden – und zwar um buchstäblich *jeden* Preis. Eine Kostprobe dafür gab es in Berlin, als man sich nicht scheute, von 2002 bis 2009 mit einem Thilo Sarrazin als Finanzminister in einer rot-roten Regierung[58] zu sitzen, der einen Mindestlohn von fünf Euro vorschlägt und mit seinem Speiseplan für Arbeitslose für einen Aufschrei sorgt. Ebenfalls nicht zufällig wurde der in Offenbach geborene Wirtschaftssenator Harald Wolf, vorher Trotzkist und dann Grüner, von der Hochfinanz und dem Mittelstand hoch gelobt, während er sogar von Oskar Lafontaine so offen wie eben möglich kritisiert wurde.

Zunächst sah sich die damalige SED-Nachfolgerin PDS einer beispiellosen Hetzkampagne ausgesetzt. Ihre Absage an die DDR-Diktatur wurde schlicht ignoriert und stattdessen eine Handvoll Unverbesserlicher und ehemaliger Stasi-IMs als »Beweis« dafür herangezogen, dass die PDS bei uns den Stalinismus einführen wolle.

Nun sind derlei Schmutzkampagnen – weit entfernt von berechtigter inhaltlicher Kritik – auch aus der faschistoiden Hetze gegen die 68er und aus den Anfängen der Grünen bekannt. Als »ungewaschene homosexuelle, arbeitsscheue, bolschewistische Müslifresser« wurden sie beileibe nicht nur von den Gossenmedien beschimpft. Aber die Lumpenjournaille hatte vergessen, dass wir nicht mehr 1943 hatten und die Mehrheit der Deutschen keine blutrünstigen Faschisten mehr waren.

Für die PDS, die bereits in der Berliner Landesregierung saß, war 2007 der Spuk durch den Zusammenschluss mit der westdeutschen, gewerkschaftsdominierten Wahlalternative Arbeit und soziale Gerechtigkeit (WASG) weitgehend beendet. Oskar Lafontaine war zwar Hassobjekt der SPD-Bonzen, aber dass er die alte DDR wiederhaben wollte, glaubte den Berufsdemagogen außer einigen unterbelichteten Faschos kein Mensch mehr.

Gerade Lafontaine und Gysi nämlich legten bei jeder Gelegenheit mündliche Eide auf die Verfassung und das Wirtschaftssystem ab. Und auch ihre Wirtschaftsideologie, der Keynesianismus, ist entgegen der Meinung selbst von Funktionären der Linken keineswegs eine »linke Ideologie«. Er besagt im Grunde nur, der Staat solle für die fehlende private Nachfrage einspringen und durch Planung die Wirtschaft stärker bestimmen. Keynes selbst meinte, man könne seine Theorie anwenden, ohne Kommunist, Sozialist oder Faschist zu sein.

Der wahre Grund für die tiefe Abneigung aber ist ebenso simpel wie offensichtlich: Seit 2008 stimmen bis zu 40 Prozent der Bundesbürger den zentralen Forderungen der Linken zu. Sogar der Kampf gegen die Privatisierung stieß zusehends auf Sympathie, wie der legendäre Parteieintritt von 221 der 300 Busfahrer der staatlichen Saarbahn GmbH im Sommer 2008 aus Protest gegen den geplanten Verkauf ihres Betriebes zeigt.

So schimpfte Altbundespräsident Roman Herzog 2008, die ungeplante Rentenerhöhung durch die Große Koalition sei eine Reaktion auf die Kritik von Oskar Lafontaine: »Da hat er offenbar einen wunden Punkt bei den Volksparteien getroffen.«[59]

Und noch mehr. Ob Pendlerpauschale, Rente ab 67, Mindestlöhne oder Hartz-Korrektur: Eben noch als »populistisch« diffamiert, wird eine Idee der Linken nach der anderen klammheimlich übernommen. Als die Linke schon im Februar 2007 im Bundestag eine Börsenumsatzsteuer gegen die blindwütige Zockerei vorschlägt, springt der Konkurrenz der Draht aus der Mütze: »Milchmädchenrechnung«, »Rote Socken« und »Populismus«. Zwei Jahre später fordern die Sozialdemokraten genau diese Steuer. Aber nicht ganz unbemerkt: »SPD kupfert Wahlkampf-Idee bei Linkspartei ab«, titelt *Spiegel Online* am 12. Februar 2009.

Doch selbst wenn wirklich vereinfacht und das Blaue vom Himmel gefordert wird: Warum gelingt es den anderen Parteien seit Jahrzehnten nicht so recht, ihr neoliberales Rezept zu »erklären«, die Bürger »abzuholen« und »mitzunehmen«? Vielleicht deshalb, weil die Menschen bereits zu gut verstanden haben und weder »abgeholt« noch »mitgenommen« werden wollen? Rot-Rot könnte schon deshalb auch bundesweit eine realistische Option für die SPD werden, weil sich Die

Linke als mitregierender Juniorpartner durchaus ähnlich entwickeln könnte wie in Berlin: mit der einzigen Vision, um *jeden* Preis an der Macht zu bleiben.

PIRATEN –
DIE NICHTWÄHLERPARTEI

Was bringt die meisten Figuren aus der politischen Klasse auf 180 und führt zu echter Betroffenheit? Die jährlich weltweit Millionen Hungertoten? Quatsch: Sterben müssen wir alle mal. Die globale und bundesdeutsche Armut? Blödsinn: Geld allein macht nicht glücklich. Das hemmungslose Absahnen von Kassiererking Peer Steinbrück? Ach was: Hemmungsloses, skrupelloses Abkassieren ist eine zutiefst menschliche Eigenschaft wie der Fortpflanzungstrieb. Bestechlichkeit von Abgeordneten? Lächerlich: Ist doch bei uns wie in Kambodscha und einer Handvoll Barbarenstaaten erlaubt.

Wirklich zur Weißglut brachte es unsere Volksvertreter, dass der Piraten-Fraktionschef im Kieler Landtag, Patrick Breyer, im November 2012 dem Land unter dem Verwendungszweck »Absenkung Neuverschuldung« 22 000 Euro Abgeordnetenbezüge als Spende überwies.

Kieler Parlamentarier erhalten 7294,26 Euro brutto, die Fraktionschefs außerdem einen Aufschlag von 72 Prozent – unterm Strich rund 12 500 Euro. Breyer befürchtet, »dass sich Abgeordnete wegen der Zulagen an ihre Posten klammern«. Gleichzeitig verzichtete er auf »einen persönlichen Chefwagen mit Chefwagenfahrer im Wert von 50 000 Euro pro Jahr«.[60]

FDP-Fraktionschef Wolfgang Kubicki sagte mit Schaum vor

dem Mund hart an der Tollwutgrenze: »Herr Breyer kann mit seiner Entschädigung machen, was er will. Er kann auf seine Diäten auch ganz verzichten – angesichts seiner bisherigen politischen Leistungen wäre das auch angebracht.« Und wie immer, wenn eine knappe Handvoll Volksvertreter sich als integer und mit Rückgrat erweist, wird die restliche korrupte Selbstbereicherungsbande nicht schamrot, sondern grölt im Chor »Populismus«, was auch Breyer zur Genüge kennt.[61]

Zweifellos stehen die Piraten auch für einen neuen Generationenkonflikt: Die Nummer der CDU, die den Altfaschisten Filbinger wie der damalige Ministerpräsident Günther Oettinger als »Widerstandskämpfer« hochjubelte, zieht nicht mehr, auch nicht die einer SPD, die den Rassisten Sarrazin und den Selbstbereicherer Steinbrück voller Stolz als Volkshelden präsentiert. Was immer aus den Piraten wird: Die politische Klasse als verachtenswerte, korrupte und durch und durch verlogene Bande zu entlarven bleibt schon jetzt ihr historisches Verdienst. Und auch wenn der Wahlboykott angesichts des parteiübergreifenden menschlichen Abschaums das Vernünftigste wäre: Lieber Piraten oder die Partei zur Befreiung der unterdrückten Telefonnummern wählen als jenes Bundestagsgesindel, deren Namen man beim Abendessen nicht erwähnen sollte, weil die Kinder und die Eltern sich sonst zu Recht übergeben würden.

DIE PARTEI ALS ANFANG UND ENDE VON ALLEM

»Alle Staatsgewalt geht vom Volke aus, aber wo geht sie hin?«, fragte schon Bert Brecht, und entsprechend könnte man über die im Grundgesetz versprochenen Möglichkeiten zur Wahl der Volksvertreter frei nach Wilhelm Bendow fragen: »Ja, wo laufen sie denn hin?«

PARTEIEN ALS GEGENGEWICHT ZUR DEMOKRATIE

Ähnlich wie in dem Witz *Der Feldwebel rät dem Rekruten:* »*Kaufen Sie sich einen Panzer und machen Sie sich selbständig*« verhält es sich mit dem Bürger und der Mitgestaltung der Gesellschaft: Der Weg zur parlamentarischen Einflussnahme führt bei uns nur über die Parteien. Wer also in der Politik etwas bewegen und selbst nicht zu kurz kommen will, der scheint in einer Partei bestens aufgehoben. Aber gerade dort stehen integre, gutwillige Individualisten auf verlorenem Posten – mag ihre Fachkompetenz auch noch so brillant sein. Fähige, uneigennützige Politiker und sogar solche, die lediglich eine andere Meinung vertreten, werden oft ausgemustert wie seinerzeit Kurt Biedenkopf, Rita Süssmuth, Norbert Blüm und Heiner Geißler von Helmut Kohl, Rudolf Dreßler von Gerhard Schröder oder Norbert Röttgen von Angela Merkel. Umgekehrt hat neben unserem Parteiensystem das Listenwahlrecht zur Folge, dass der Bürger Stümper in Regierung und Parlament gar nicht verhindern kann. Soll zum Beispiel ein Fan von Hannelore Kraft die SPD deshalb nicht wählen, weil er Peer Steinbrück für eine Zumutung hält? Ebenso gelangen über die Listenplätze Gestalten in den Bundestag, die wahrscheinlich in keinem Wahlkreis der Welt eine Chance hätten. Auch dies verstärkt bei den Bürgern das berechtigte Gefühl, durch Wahlen nichts ändern zu können – sie können durch den Urnengang ja nicht einmal die von niemandem gewünschten Politiker loswerden.

Ohne Parteien läuft bei uns auch jenseits der Politik buchstäblich nichts, mit dem richtigen Parteibuch dagegen stehen einem alle Türen offen, ob nun in den nach Parteienproporz besetzten Rundfunk- und Fernsehräten oder im Mieterschutz, ob in den Gewerkschaften, im Sport oder sogar in den Amtskirchen:

- Präsident des Deutschen Mieterbundes ist der frühere SPD-Bürgermeister von Willich (NRW), Lukas Siebenkotten.
- Chef des DGB ist der SPD-Mann Michael Sommer, bei der IG Metall und der IG Chemie-Papier-Keramik sind es seine Parteifreunde Berthold Huber und Hubertus Schmoldt, bei ver.di der Grüne Frank Bsirske.
- Generaldirektor des Deutschen Olympischen Sportbundes ist der frühere NRW-Umweltminister Michael Vesper (Grüne), IOC-Vizepräsident der FDP-Mann Thomas Bach und Chef des Bundes Deutscher Radfahrer der frühere SPD-Verteidigungsminister Rudolf Scharping.
- Präses der Synode der Evangelischen Kirche in Deutschland (EKD) ist die Grüne Katrin Göring-Eckardt,[62] und Präsident des Zentralkomitees der deutschen Katholiken ist der frühere bayerische Landtagspräsident Alois Glück (CSU).

»Parteien sind Interessengruppen in eigener Sache«, resümiert denn auch der Politologe Winfried Steffani, »die an politischen Führungsaufgaben interessierten Bürgern Karrierechancen eröffnen.«[63]

DIE KLETTERTOUR NACH OBEN – GEWISSEN ALS BALLAST

Beim Weg nach ganz oben ist es in der Politik wie in der Musik oder im Sport: Man kann nicht früh genug beginnen – wer laufen kann, ist schon fast zu alt. Wer zu spät kommt, den bestraft die Konkurrenz.

Eine Anleitung nach dem Motto *Parteikarriere im Sauseschritt*, wie sie vor Jahren der Politologe und Parteienforscher Ulrich von Alemann in Form einer Karriereleiter beschrieben hat,[64] sähe heute so aus:

- Nachdem wir frühzeitig festgestellt haben, dass wir für einen ehrlichen Beruf weder willens noch fähig sind, schließen wir uns einer Nachwuchsschmiede an: Junge Union und Jusos nehmen uns ab vierzehn Jahren, die Schülerunion ab zwölf, die SPD-Falken sogar schon ab sechs. Aber aufgepasst: Klugscheißerei im Stile der alten, penetranten Parteien-PR und erst recht tumbe Hetze gegen Ausländer und sozial Schwache kommt bei den meisten unserer jugendlichen Altersgenossen als »megaout« rüber und kann uns schnell isolieren. Nicht selten werden die meisten Unions-Sympathisanten – außerhalb der Hochalpendörfer – von ihren Altersgenossen gemieden wie Leprakranke.

- Wir studieren nebenbei, mit fremder Hilfe und bei einem Parteifreund à la Bayreuth Politik, Jura oder »auf Lehramt«. Wollen wir später Finanz- oder Wirtschaftsminister werden, scheidet Volkswirtschaft aus. Die letzten Amtsträger waren fast ausschließlich Lehrer, Juristen oder Müller. Gleichzeitig intrigieren und schleimen wir uns auf Orts- und Kreisebene nach oben und basteln an unserem Aufstieg: Welchem Schützenverein Edelpuff gehört der an, wo geht der Staatssekretär zur Jagd, welcher Seilschaft schließen wir uns an, welcher Abgeordnete nimmt uns als Assistenten oder zumindest als »wissenschaftlichen Mitarbeiter«?

- Mittels »Vitamin B« werden wir endlich echte Politiker, ob nun als Stadtrat, Parteigeschäftsführer oder Chef einer Parteigliederung, wobei wir aber keinesfalls die Verankerung in der örtlichen Basis vernachlässigen dürfen. Denn ohne Erfolg in Parteiämtern gibt's kein Bundestagsmandat.

- Dieses Mandat erwerben wir mit etwa 37 Jahren als politischen »Gesellenbrief« (von Alemann). Wir haben es geschafft, und wenn wir uns nicht mit goldenen Löffeln bestechen und dabei erwischen lassen, kann uns keiner mehr was.

- Im Bundestag hocken wir möglichst vier Wahlperioden lang, also normalerweise 16 Jahre. Dann sind wir Mitte fünfzig, haben uns eine fette Pension verdient und auch sonst einiges legal oder halbseiden auf die Seite geschafft. Ein neues Leben kann beginnen, gern auch mit neuem, 30 Jahre jüngerem Lebensabschnittspartner.

- Wir starten eine zweite Karriere in einem Dankeschönjob, ob als Aufsichtsrat, Heuschreckenberater, Verbandspräsident oder auch nur als Talkshow-Dauergast.

So begleitet die Partei den Politiker von der Wiege bis in den Tod: »Von Staub zu Staub«, und dazwischen ist die Partei.

INTERNE HIERARCHIE –
LENIN WÜRDE BLASS VOR NEID

Die Karrieren deutscher Spitzenpolitiker sind also kaum zu verstehen ohne Kenntnis des Verhältnisses zu ihren Parteien. Und die gleichen in westlichen Demokratien nach der Überzeugung des neoliberalen Anthony Downs »den Unternehmen in einer auf Gewinn abgestellten Wirtschaft«.[65] Heißt dies, dass ein Politiker von seiner Parteiführung ähnlich abhängig ist und sich ihr gegenüber ähnlich verhält wie ein Angestellter gegenüber seiner Konzernführung?

Vom Bundestag aufwärts steigt jedenfalls der Druck immer mehr. So scheint es in der Fraktionssitzung zuzugehen wie vor Hunderten von Jahren in einer wilhelminischen Drillanstalt: Spricht jemand zu Fragen, für die er »nicht zuständig« ist, stellt er gar Koalitionskompromisse in Frage, ist er als »Quertreiber« schnell isoliert. Zudem soll bereits in den »Probeabstimmungen« der Fraktion einheitlich votiert werden – sonst könnten die Medien daraus einen »innerparteilichen Streit« konstruieren.

Etwaige Gegenstimmen werden der Fraktionsführung vorher mitgeteilt und so dosiert, dass sie die Annahme des eigenen Gesetzesentwurfs nicht gefährden. Sie sollten die absolute Ausnahme sein.

Dass Abweichler, Andersdenkende und erst recht chronische »Querulanten« oft einzeln »ins Gebet genommen« und nach der Methode Zuckerbrot und Peitsche umgarnt oder beschimpft, mit Posten gelockt oder mit Rauswurf bedroht werden, gehört zu den Grundregeln der Parteien, wie wir am Beispiel Bosbach gegen Pofalla noch sehen werden.

Vor diesem Hintergrund betont der Politikprofessor und Parlamentsforscher Wolfgang Ismayr ironisch, der »Gewissensartikel« 38 des Grundgesetzes solle die Unabhängigkeit der Abgeordneten vor allem gegenüber Fraktion und Parteiführung schützen, also gegenüber den »eigenen Leuten«.

Zwei bereits legendäre Beispiele aus jüngerer Zeit belegen die Notwendigkeit dieses Schutzes: Bei den Abstimmungen 2001 zum Mazedonienkrieg und 2003 zur Gesundheitsreform drohte der damalige SPD-Fraktionschef Franz Müntefering den »Abweichlern« unverhohlen, ihnen beim nächsten Mal einen aussichtsreichen Listenplatz zu verweigern: Wer nicht spurt, fliegt raus.

Dies aber würde für viele das Ende der politischen Karriere und mangels einer gleichwertigen beruflichen Alternative auch den finanziellen »Ruin« bedeuten.

Unsere Parteien praktizieren Wladimir Iljitsch Lenins demokratischen Zentralismus – die skrupellose Durchsetzung des Willens der Parteiführung von oben nach unten – in Reinkultur. Lenin wäre stolz auf die meisten deutschen Parteien.

Wer dagegen von der Basis trotz allen Drucks von oben ein sicheres Direktmandat erhält, dem kann man immer noch den Weg zu höheren Ämtern in Fraktion, Parlament und Regierung verbauen. Dies ist zwar nicht die feine Art, aber die Unterscheidung zwischen erlaubter *Fraktionsdisziplin* und verbotenem *Fraktionszwang* ist in der Praxis kaum möglich. Nicht wenige Politiker dürften es deshalb für besser halten, ihr Gewissen der Parteidisziplin zu opfern.

Das im System angelegte Dilemma: Zwar verdanken die Politiker ihren Parteien oder deren Führung ihre gesamte Karriere – ohne Nominierung weder Listenplatz noch Direktmandat. Aber folgt daraus eine legitime Verpflichtung zur »Loyalität«? Ist etwa ein Angestellter, der vom Personalchef eingestellt und befördert wird, im Konfliktfall dem Personalchef mehr verpflichtet als dem Firmeninhaber? Natürlich nicht; dennoch würde das pflichtgemäße Verhalten des Angestellten beim Personalchef als »unkollegial« ankommen und abgestraft. Der Mitarbeiter weiß das, und der Inhaber muss ja nicht alles erfahren …

Dieses Dilemma erhärtet im Umkehrschluss den Verdacht, dass Jasager und Duckmäuser unabhängig von ihrer Qualifikation auf Karrierevorteile hoffen können. Gilt in der deutschen Politik, wie Michael J. Inacker in der *Welt* im Jahr 2002 vom rot-grünen Außenministerium behauptet hat, »Kumpanei statt Kompetenz«?[66]

Nutzt also die größte Fachkompetenz nichts, wenn man sich innerparteilich nicht nach oben boxen kann? Dabei kann man dem einzelnen Politiker nicht einmal viel vorwerfen: Wenn sich mitten auf hoher See erweist, dass die Schifffahrtsgesellschaft ausschließlich Automechaniker angeheuert hat, aber weder Kapitän noch Ersten Offizier – was kann dann der einzelne Bootsmann dafür?

UNBELASTET VON JEDER KOMPETENZ: UNSERE POLITMACHER

Glaubt man dem Wiener Philosophieprofessor Konrad Paul Liessmann, so sind unsere Spitzenpolitiker ungebildeter als durchschnittliche Abiturienten: »Die Bildungslücken der sogenannten politischen Eliten bei einfachsten historischen und kulturgeschichtlichen Fragen sind eklatant, und der Triumph des Meinungsjournalismus ist die Kehrseite der Tatsache, dass niemand mehr etwas weiß.«[67]

Aber gilt das auch für das Wissen von Ministerien über ihr Fachgebiet? Kein Mensch erwartet, dass ein Gesundheitsminister Medizinprofessor und ein Forschungsminister Nobelpreisträger für Physik ist. Aber Ersterer sollte doch den Unterschied zwischen Gürtelrose und Pfingstrose kennen und Letzterer nicht Genforschung mit Ahnenforschung verwechseln.

Es geht also ganz einfach darum, ob unsere Politiker ihr Amt halbwegs sachkundig ausüben oder wenigstens wissen, wovon sie reden und worum es überhaupt geht. Ein Automechaniker muss kein Auto zusammenbauen können, sollte aber die Handbremse nicht für eine Verwandte der Pferdebremse halten.

FRÜHER SAGTE MAN SCHARLATAN – HEUTE EXPERTE

Alljährlich kürt die Gesellschaft für deutsche Sprache das »Unwort des Jahres«. Das Unwort des Jahrhunderts allerdings müsste »Experte« sein.

Diese Bezeichnung ist nicht gesetzlich geschützt, und das ist für manche auch gut so. Jeder Schwachkopf oder Gehirnamputierte kann sich Experte nennen oder wird in den Gossen-Talkshows von ARD und ZDF zu einem solchen ernannt: Ein Großvater gilt, weil er ja Kinder und Enkel hat, als »Erziehungsexperte«, ein unterbelichtetes Model als »Mode-Expertin« und ein Leser des *Bild*-Wirtschaftsteils als »Wirtschaftsexperte«. Zwei Wochen Pauschalreise nach Beijing machen einen zum »Chinaexperten«.

Natürlich ist es schon tragisch, einen Schnapsspriti als »Cognacexperten« und einen Vergewaltiger als »Frauenexperten« zu präsentieren. Aber wenn man einen Fastfoodmanager als Ernährungsexperten, einen Pharmavertreter als Gesundheitsexperten, einen Bankvorstand als Haushaltsexperten, einen Erbmilliardär als Steuerexperten und einen Rüstungshersteller als Friedensexperten ausgibt, dann geht Journalismus in Irreführung oder sogar in Korruption über.

Vollends absurd und peinlich aber wird der Expertenwahn bei Politikern.

In schätzungsweise 90 von 100 Fällen ersetzt das Beiwort »Experte« die seriöse Ausbildung: Als »Wirtschaftsexperten« etwa bezeichnen sich meist Lehrer, Anwälte, Soziologen,

Theologen, Baumschüler oder Studienabbrecher – ein seriöser Ökonomieprofessor braucht das Lügenbeiwort nicht. Wirtschaftsnobelpreisträger Paul Krugman würde sich nie »Wirtschaftsexperte« nennen. Unterbelichtetes Parteiengesindel dagegen schon.

Dass selbst grenzdebile Stümper und Versager damit durchkommen, mag mit dem »ewigen Untertan« im Deutschen oder einem völkerübergreifenden Duckmäuser-Gen zu tun haben: Bei Titeln oder wichtig klingenden Bezeichnungen legt sich bei vielen – insbesondere bei schlichteren Gemütern – eine Nebelwand unterwürfiger Verehrung über die eventuell noch vorhandenen letzten intakten Gehirnzellen. Schon das bloße Nachfragen nach Ausbildung und Qualifikation gilt als Unverschämtheit.

Dabei haben die Stümper und ihre Lakaien eine Art Geheimsprache entwickelt. So ist zum Beispiel in Wikipedia die Formulierung, jemand habe »Physik studiert«, die nette Umschreibung eines Studienabbruchs. Ansonsten stünde dort z. B.: »seit 1992 Diplomphysiker«. Bei vielen devoten Untertanen gelten diese Experten, bei denen es zum Examen nicht gereicht hat, schon fast als Nachfolger Isaac Newtons. Überhaupt: Trägt jemand sogar Vorsilben wie »Diplom-« oder »Doktor« im Namen, dann zählt er gleich als Universalgenie: Diplom ist Diplom, und Doktor ist Doktor, egal in welchem Fach. So können sich gerade in der Politik Studienräte als Finanzexperten, Volkswirte als Gesundheitsexperten, Mediziner als Rechtsexperten oder Juristen als Bildungsexperten ausgeben.

Geradezu tragikomisch ist der Umstand, dass Politiker von dem Moment an als Experten gelten, in dem sie von ihren Parteien zu solchen ernannt werden. Dies wäre so, als ließe sich ein Nichtschwimmer schon während der ersten Übungsstunde als neuer Kraulweltmeister feiern. Frei nach dem großen französischen Philosophen René Descartes: Aus »Ich denke, also bin ich« wird »Ich denke, ich bin Experte, also bin ich Experte«.

EXPERTEN –
DIE KARNEVALSPRINZEN
DER POLITIK

Experte werden ist also nicht schwer, Experte sein dagegen sehr. Unwillkürlich fühlt man sich an den Filmklassiker *Being There (Willkommen, Mr. Chance)* erinnert, wo Peters Sellers als fernsehverblödeter Gärtner aufgrund seiner platten Sprüche für einen Weisen gehalten wird und sogar US-Präsident werden soll.

Im wirklichen Leben hat der berühmte falsche Psychiater und gelernte Postbote Gert Postel das Vorgaukeln von Fachwissen zur Wissenschaft entwickelt und es damit immerhin zum Bundeswehrmediziner, zum Rentengutachter und zum Oberarzt der Psychiatrie in einer sächsischen Klinik gebracht. Was er über den Kompetenzbluff in der Medizin schreibt, liest sich wie eine Anleitung für Politiker: »Wer die psychiatrische Sprache beherrscht, der kann grenzenlos jeden Schwachsinn formulieren und ihn in das Gewand des Akademischen stecken.«[68]

Und wer den neoliberal-betriebswirtschaftlich gefärbten Politsprech draufhat, kann mühelos bei Plasberg oder Illner über der Marktwirtschaft neue Kleider fabulieren und so bei manch einem Durchschnittswähler den Anschein von Kompetenz erwecken.

Betrachten wir einmal die Umfragen über Politikerkompetenz: So ließ das ZDF-*Politbarometer* Ende 2010 die Peudodemoskopen der Forschungsgruppe Wahlen 1317 Bundesbürger fragen: »Bei welcher Partei vermuten Sie am ehesten Wirtschaftskompetenz?«[69] Und man verkündete dem naiven Zuschauervolk zur besten Sendezeit das Resultat:

Ergebnis in Prozent
Union 35
SPD 12
FDP 2
Die Linke 1
Grüne 3
Weiß nicht 15 Prozent
Keine Partei 32

Dass fast die Hälfte »Weiß nicht« oder »Keine Partei« angaben, ist wenigstens ein kleiner Hoffnungsschimmer.

KANINCHEN AUS DEM HUT – »KOMPETENZ« ALS BLUFF

Trotzdem widerspricht die Tatsache, dass jeder zweite Befragte sich überhaupt ein Urteil anmaßt, der eigentlich selbstverständlichen Volksweisheit, dass zwar ein Schreibgenie einen Analphabeten vortäuschen kann, aber nicht umgekehrt: Allem Anschein nach kann ein Politiker, der nicht einmal den Unterschied zwischen Staatshaushalt und

Einpersonenhaushalt kennt, erfolgreich den »Experten« vor-gaukeln.

Selbst ernstzunehmende Wissenschaftler würden die Frage nicht beantworten, sondern nach den Kriterien fragen. Woran erkennt man überhaupt Wirtschaftskompetenz? An Zahlen, Daten, Fakten? Wem nutzt zum Beispiel ein Wirtschaftsauf-schwung, der die Bürger ärmer und die Reichen reicher macht? Ist »Exportweltmeister« wirklich so etwas Ähnliches wie »Fußballweltmeister«? Und wie will man entscheiden, ob höhere Löhne gut sind, weil sie die Kaufkraft stärken, oder schlecht, weil sie die Unternehmen belasten und so deren In-vestitionsbereitschaft bremsen? Wer kann schon sagen, wel-chen konkreten Anteil am Konjunkturverlauf oder den Ar-beitslosenzahlen die Weltwirtschaft, die EU, die Bundesregie-rung und die Union haben?

Dennoch urteilen gewisse Mitmenschen unbefleckt von jeder Sachkenntnis über die »Wirtschaftskompetenz« von Parteien und Politikern, und zwar nach Gesichtspunkten jenseits aller Politik:

Eine seriöse schicke Brille, ein mit dem Personal Trainer ein-geübtes abgeklärtes und doch entschlossenes Auftreten kommt »kompetenter« rüber als fahriges, zauderndes Nör-geln; brillantes Reden wirkt »kompetenter« als stammelnde Unbeholfenheit. Ebenso beeindruckend ist das Aufsagen von Zahlen und vermeintlichen Fakten. Aber wer kann schon be-urteilen, ob die vom »Fachmann« genannten Daten zur Brut-toninlandsverschuldung oder zur Nettokreditaufnahme – der Normalbürger weiß nicht einmal, was das ist – nicht in Wahr-heit die Autonummer seiner Frau oder das Honorar seines letzten Vortrags sind?

Jedenfalls ist nicht wirkliches Fachwissen, sondern das Vor-täuschen von Kompetenz erwünscht und notwendig: Einem

»Experten« einer Partei sollte die Ahnungslosigkeit nicht gleich aus allen Knopflöchern hervorquellen. Er sollte wenigstens jenes allgemein übliche Geschwätz beherrschen, das sich auch ein Volkshochschüler innerhalb von 14 Tagen aneignen kann. Der bekannte Parteienforscher Hans Herbert von Arnim stellt fest, Berufspolitiker seien weniger auf den Erwerb und Besitz von Kompetenz als auf ihr Vortäuschen spezialisiert, auf die »Darstellungskompetenz von Kompetenz«. Dies unterscheide sie von »Angehörigen wirklicher Professionen« wie Ärzten, Rechtsanwälten oder Unternehmern, »die durch anspruchsvolle theoretische und praktische Spezialausbildungen ein hohes Maß an Fachwissen erworben haben«.[70] Kompetenzvortäuschung ist besonders in der sogenannten Mediendemokratie geradezu eine Existenzfrage. Schon der Journalist Günter Gaus beklagte, dass für eine Politikerkarriere die Präsentation in Talkshows und durch menschelnde Geschichtchen zunehmend wichtiger sei als wirkliche Fähigkeiten. Auch Parteienforscher Ulrich von Alemann betont die wachsende Bedeutung der Medien,[71] und legendär ist das Credo des Altkanzlers Schröder, zum Regieren reichten ihm »*Bild, BamS* und Glotze«.[72]

Recht zu bekommen ist wichtiger, als recht zu haben, und Kompetenz auszustrahlen ist wichtiger, als Kompetenz zu besitzen. Das hört sich phrasenhaft an, entspricht aber exakt unserer Marktwirtschaft: Ein Produkt muss dem Käufer nützlich *scheinen,* nicht nützlich *sein.* Die Verpackung ist wichtiger als die Ware, die Werbung für ein Produkt teilweise teurer als seine Herstellung.

Nicht zufällig wird das Reizwort »Kompetenz« geradezu zum Fetisch aufgeblasen, etwa als im unvergessenen Wahlkampf 2002 der Möchtegernkanzler Edmund Stoiber sein Schatten-

kabinett »Kompetenzteam« nannte. Schon allein die Vokabel
»Kompetenz« sollte Kompetenz suggerieren.

Welt-Autor Konrad Adam entkleidete damals das Zauberwort
seines Mythos: »Politische Kompetenz? Aber für was eigentlich?«, fragt er und gibt auch gleich die Antwort: »Der Reiz
des Wortes Kompetenzteam besteht darin, dass niemand
weiß, was mit ihm gemeint ist. Definitionsversuche sind nur
negativ möglich … Es verhält sich mit diesem Team wie mit
Ludwig Erhards ›Formierter Gesellschaft‹, einer bewusst un-
bestimmten Wortschöpfung, die deshalb so erfolgreich war,
weil sich jeder bei ihr denken konnte, was er wollte. Das
Kompetenzteam soll die Fantasie beschäftigen, und das tut
es ja auch.«[73]

IMAGE SCHLÄGT WISSEN UND INTELLIGENZ

In der Politik ist es wie in der Wirtschaft: Qualitätsprodukte
benötigen wenig oder gar keine Werbung. Minderwertiges
oder Überflüssiges erfordert Unsummen, um der hässlichen
Wahrheit den schönen Schein entgegenzusetzen. Ganz logisch also, dass die Bedeutung der »Imageberater« für unsere
Spitzenpolitiker ständig zunimmt. Schon Anfang 2006 zahlte
Peer Steinbrück jährlich 160 000 Euro an eine PR-Agentur,
»um sein Ansehen aufmöbeln zu lassen«. Begründung durch
seinen Sprecher damals: »Ein Politiker muss ein Markenarti-
kel sein, der richtig verkauft wird.«[74]

Wie bitte? Haben Richard von Weizsäcker, Walter Scheel,
Hans-Dietrich Genscher, Willy Brandt, Herbert Wehner, Helmut Schmidt und Helmut Kohl an »Imageberater« auch nur

im Traum gedacht? Eine Persönlichkeit müssen sich nur die konstruieren lassen, die selbst keine haben.

Ähnliches gilt für die politischen Inhalte: Je stümperhafter und volksfeindlicher die Politik, desto mehr Kohle verschlingt natürlich das systematische Belügen der Bürger. Geld spielt dabei für die Politik keine Rolle – zumal es ja nicht ihr eigenes ist. Von wegen »Sparkurs«: Im Jahr 2011 verpulverte die Bundesregierung 57,5 Millionen Euro Steuergelder für Eigenwerbung (Diktion: »Presse- und Öffentlichkeitsarbeit«) – 1,6 Prozent mehr als 2010. Dies berechnete der *Medientrainerblog* auf Grundlage der Informationen der einzelnen Ministerien sowie des Bundespresseamtes.

Letzteres verfügt mit rund 16,7 Millionen Euro über das größte Stück vom Kuchen (plus vier Prozent gegenüber dem Vorjahr), gefolgt vom Arbeitsministerium mit elf Millionen Euro – immer zwei Millionen Euro weniger als 2010.

Der PR-Etat des Gesundheitsministeriums betrug 6,8 Millionen, der des Wirtschaftsministeriums 6,6 Millionen, des Finanzressorts 5,3 Millionen Euro. Das Umweltministerium dagegen erhielt mit 991 000 Euro gleich sechsmal so viel wie ein Jahr zuvor.[75]

KOMPETENZ SCHADET NUR – DIE POLITFÜHRER BRAUCHEN STÜMPER

Vom Vortäuschen von Kompetenz ist es nur ein Schritt zum Vortäuschen von Politik: »So tun, als ob« – eine der leichtesten Übungen. Das Erotikmagazin wird im Bibelumschlag, die

Cognacflasche im Buchrücken versteckt, und wer Hausputz vortäuschen will, plaziert einfach Staubsauger, Besen und Wassereimer samt Wischlappen im Wohnzimmer.

Nicht anders macht es die Politik:

- So wettert man theatralisch gegen die Abhängigkeit der Bildungschancen von der sozialen Herkunft, während sie gleichzeitig durch weitgehende Streichung der Lehrmittelfreiheit zementiert wird.
- So nennt man den Spitzensteuersatz von 45 Prozent »Reichensteuer«, während der normale Höchstsatz unter Helmut Kohl noch bei 53 Prozent lag.
- So schimpft man über die Menschenrechtsverletzungen in China, »während gleichzeitig die Bemühungen um engere Wirtschaftsbeziehungen zu China auf Hochtouren laufen.
- So wettert man gegen die »Heuschrecken«, während man ihre Legalisierung nicht rückgängig macht.
- So schimpft man über »Gammelfleisch-Gangster«, während man ihre Identität dem Verbraucher gegenüber weiter verheimlicht.
- Da beschwört man immer und überall den Klimaschutz, während man in der EU als Bremser bei der Festlegung umweltfreundlicher CO_2-Werte auftritt.
- Da informiert sich Angela Merkel »vor Ort« über die Gletscherschmelze in Grönland, fordert aber gleichzeitig den Bau neuer Kohlekraftwerke, die diese Schmelze befördern, was ihr selbst von der FDP den Vorwurf der »Umweltpolitik als Symbolik« einbringt.

Für derlei systematische Publikumsverarsche macht der Koblenzer Politikprofessor Jens Tenscher nicht ganz zu Unrecht das naive Volk selbst verantwortlich: »Da nun aber für die große Mehrheit der Bevölkerung Politik in ihrer ganzen Komplexität nicht direkt erfahrbar ist, wird … die mediengerechte Darstellung von Politik in Form von Ritualen, Stereotypen, Symbolen und geläufigen Denkschemata zur allgemein akzeptierten Vorstellung von ›politischer Wirklichkeit‹: Während die Inszenierung von Politik für das Publikum zur politischen Realität wird, bleibt das politische Handeln ›hinter der Medienbühne‹ aber weitestgehend im Dunkeln.«[76]

Deshalb spiegelt das Gruppenbild mit Dame einen erfolgreichen G-8-Gipfel vor, die Einweihung eines Autobahnabschnitts eine geglückte Verkehrspolitik und ein deutsch-türkischer Händedruck Fortschritte in der Integration. Den *Zeit*-Autor Jens Jessen erinnert der Ersatz echter durch symbolische Politik an die Schokowerbung: »Raider heißt jetzt Twix – Sonst ändert sich nix«.[77]

Da drängt sich allerdings die Frage auf: Wenn der Schein alles und das Sein nichts ist: Wieso nimmt man dann nicht gleich Schauspieler? Die USA haben es ja vor Jahren mit dem Präsidentendarsteller Ronald Reagan vorgemacht, und auch bei uns wirkten Profis wie Armin Müller-Stahl oder Christiane Hörbiger als Politiker authentischer als unsere realen Flitzpiepen.

FACHPOLITIKER VOM FACH? IST IM JÄGERSCHNITZEL EIN JÄGER?

Was aber macht einen tatsächlich kompetenten Fachpolitiker aus? Der Akademiker erklärt ein abgeschlossenes Fachstudium für unerlässlich, der Studienabbrecher oder Ausbildungsmuffel hält dies natürlich für unnötig, schwadroniert von »praktischer Erfahrung« oder »Autodidaktik«.

Nun ist Kompetenz freilich ein dehnbarer Begriff. Auch Mediziner unterstellen sich gegenseitig Quacksalberei. Wer noch nie den Satz: »Wer hat Ihnen denn *die* Füllung da reingebaut?« gehört hat, war noch nie beim Zahnarzt. Dennoch ist man sich einig, dass ein Arzt ohne Studium keiner ist.

Allerdings beweist ein Universitätsexamen im Grunde nur, dass man Prüfer gefunden hat, die einem die erforderlichen Fähigkeiten attestieren. Dass die aber tatsächlich vorhanden sind, kann der Normalbürger lediglich vermuten. Trotzdem ist ein formaler Abschluss »besser als nichts«: Die Ausbildung lässt auf Kompetenz zumindest hoffen. Könnte man sich nämlich alles auf eigene Faust beibringen, wozu bräuchte man dann noch Universitäten und alle anderen Bildungseinrichtungen?

Natürlich reagiert die Allianz der Inkompetenz auf Fragen nach ihrer Ausbildung arrogant, beleidigt oder gereizt. Häufig kommt das trotzige Argument der »Berufserfahrung« innerhalb der Politik. Das klingt zunächst logisch. Aber wie ergeht es einem, der beim Fahren ohne Führerschein erwischt wird und als Ausrede auf sein jahrelanges unfallfreies Fahren ohne Fahrerlaubnis hinweist?

Zudem geht das Argument »Erfahrung« ins Leere; denn viele Amtsträger, »Experten« oder »Sprecher« können nicht einmal eine frühere oberflächliche längere Tätigkeit in ihrem Fachgebiet vorweisen. Es ist eben nicht so, dass man zunächst verantwortungsvoll nach dem fähigsten Kandidaten sucht und *erst dann* die Sache nicht am fehlenden Fachstudium scheitern lässt. Vielmehr erhält häufig jemand aus völlig fachfremden Gründen das Amt, man denke nur an Arbeitsministerin von der Leyen oder Finanzminister Schäuble. Sollten solche Personen tatsächlich Fachkompetenz besitzen, so ist dies eher ein glücklicher Zufall.

Von daher ist ein Hinterfragen der Kompetenz der Spitzenpolitiker nicht nur berechtigt, sondern auch dringend erforderlich. Es geht eben nicht darum, ob Abschlüsse an unseren Lehreinrichtungen echte Leistungsnachweise sind, sondern darum, ob die Parteien de facto jede fachliche Ausbildung von vornherein als unwichtig erachten.

INKOMPETENZ –
NICHT STRAFBAR,
ABER GRUNDGESETZWIDRIG

Die Frage der Kompetenz unserer Amts- und Mandatsträger ist weit mehr als eine Lachnummer an Biertischen oder ein hilfloser Aufreger in der Werkskantine oder in der Wartehalle des Arbeitsamts.

Genau genommen schließen Minister und Staatssekretäre mit den Bürgern eine Art *Arbeitsvertrag*. Das Volk zahlt ihnen ein wirklich annehmbares Einkommen und hat dafür Anspruch auf eine Gegenleistung. So müssen die Mitglieder der Bundesregierung einen entsprechenden Amtseid nach Artikel 56 des Grundgesetzes ablegen:

Ich schwöre, dass ich meine Kraft dem Wohle des deutschen Volkes widmen, seinen Nutzen mehren, Schaden von ihm wenden, das Grundgesetz und die Gesetze des Bundes wahren und verteidigen, meine Pflichten gewissenhaft erfüllen und Gerechtigkeit gegen jedermann üben werde. So wahr mir Gott helfe.[78]

Natürlich können die Amtsträger diese vorgesehene Gegenleistung nur erbringen, wenn sie eine gewisse Mindestqualifikation besitzen. Andernfalls drängt sich die Frage auf, wofür sie denn ihr Geld bekommen. Das ist wie im richtigen Leben: Konzerne engagieren Hausdetektive zur Mitarbeiterkontrolle formal als »Sachbearbeiter«; und versucht die hochgestylte blutjunge Chefsekretärin, Schreibfehler am PC mit Tipp-Ex zu beseitigen, so grinst alles bedeutsam und denkt sich seinen Teil.

Anders als das Regierungsmitglied muss der Abgeordnete aber überhaupt nichts versprechen. Nach jenem Grundgesetzartikel 38 ist er ein »Vertreter des ganzen Volkes, der an Aufträge und Weisungen nicht gebunden und nur seinem Gewissen unterworfen« ist. Wer aber außer dem Abgeordneten selbst will beurteilen, was sein Gewissen befiehlt? Ganz offenbar erhält »Gewissen« hier die Bedeutung von »Gutdünken«: Der Volksvertreter kann tun und lassen, was er will, sofern er sich im Rahmen von Recht und Gesetz bewegt.

Aber im Nachhinein ist man immer klüger. Die heutige Dreistigkeit, mit der sich unbedarfte Menschen (oft genug am Volkswillen vorbei über die Parteilisten) ins Parlament hieven lassen und sich dort als »Experten« gerieren, haben die Mütter und Väter des Grundgesetzes wohl kaum erwartet – es gibt kein verfassungsrechtliches Dilettantenverbot.

Manchmal aber scheint Kompetenz nicht nur überflüssig, sondern auch gar nicht erwünscht. Inkompetente Politiker sind nämlich in der Regel besonders loyal: Wer keinen blassen Dunst hat, will nicht auffallen und schon gar keinen Streit mit der Führung; schließlich ist er wegen seiner Inkompetenz erpressbar: Wo würde er schon einen ähnlichen gut dotierten, ähnlich im Rampenlicht stehenden Job finden?

Wie steht es aber nun mit der Gegenleistung inkompetenter Fachpolitiker? »Zu irgendwas müssen sie doch nützlich sein!« Ja, selbstverständlich: für die Kanzlerin, die Regierung oder die Partei.

Die allgemeine These lautet: Erwartet wird statt der Arbeit für das Gemeinwohl – zu der diese Leute ja schon rein fachlich sowieso nicht fähig wären – die bedingungslose Unterstützung der Machtinteressen derer, denen sie ihren Job verdanken.

Diese Unterstützung ist aber umso bedingungsloser, und diese Politiker sind umso »pflegeleichter«, je schlechtere Karten sie haben. Und es ist durchaus vorstellbar, dass die Kanzlerin mit einem Theologen oder einer Bibliothekarin im Staatssekretärsrang ähnlich spricht wie weiland Kaiser Franz Beckenbauer mit seinen Bayern-Spielern: »Wäret ihr keine Fußballprofis, so müsstet ihr unter den Isarbrücken schlafen.«

AMTSSPRACHE BULLSHIT – LÜGEN, OHNE ES ZU AHNEN

»Wer lügt, hat die Wahrheit immerhin gedacht«, sagte der deutsche Schriftsteller Max Halbe (1865–1944). Demnach entlastet die vollständige Inkompetenz viele Politiker vom Vorwurf der Lüge. Der Princetoner Philosophieprofessor Harry G. Frankfurt nennt das hirnlose Geschwafel ohne die Spur von Sachkenntnis »Bullshit«: »Der Bullshitter … steht weder auf der Seite des Wahren noch auf der des Falschen. Es ist ihm gleichgültig, ob seine Behauptungen die Realität korrekt beschreiben. Er wählt sie einfach so aus oder legt sie sich so zurecht, dass sie seiner Zielsetzung entsprechen.«[79]

Weil manch ein Politiker mangels Kompetenz die Wahrheit gar nicht kennt, lügt er eigentlich nicht bewusst, sondern plappert wie ein Papagei nur nach, was andere ihm souffliert haben, um dazuzugehören und/oder Karriere zu machen. Und wenn die Souffleure Einpeitscher des Turbokapitalismus sind, dann heißen die Schlachtrufe des Politikers eben schlanker statt sozialer Staat, freie statt soziale Marktwirtschaft.

WAS POLITIKER WIRKLICH BEHERRSCHEN

Neben dem Vortäuschen von Kompetenz besteht offenbar die eigentliche Fähigkeit vieler Politiker im Machtkampf, vorzugsweise in eigener Sache. Das verwundert nicht, beruht doch die gesamte Marktwirtschaft auf der Annahme, jeder sei sich selbst der Nächste. Warum also sollten ausgerechnet Politiker keine Egoisten sein?

So bemerkt 1992 sogar der damalige qua Amt eigentlich neutrale und gemäßigte Bundespräsident Richard von Weizsäcker: »Bei uns ist ein Berufspolitiker im allgemeinen weder ein Fachmann noch ein Dilettant, sondern ein Generalist mit dem Spezialwissen, wie man politische Gegner bekämpft.«[80] Schon Anfang 2004 beklagt der Politologe Wilhelm Hennis, »dass die Politiker nicht mehr die Kenntnisse haben, die sie haben müssten. Sie kommen als Lehrer in den Bundestag und verstehen von nichts etwas – außer davon, wie man im Ortsverein seine Mehrheit organisiert.«[81] Heute würde Hennis wohl auch noch die Juristen als Synonym für ahnungslose, aber machtbeflissene Volksvertreter nennen. Wie richtig er damit liegt, werden wir noch sehen.

BERLINER DILETTANTENSTADEL –
DIE ALLERBESTEN DER BESTEN

Eigentlich sollte ja unsere Regierung »Unsere Besten« vereinen – zum Wohle des Landes. Bei näherem Hinsehen aber erinnert die Crew der Minister und Staatssekretäre weit eher an die gleichnamige ZDF-Unterschichtenserie des Gossenmoderators Johannes Baptist Kerner, der ja inzwischen in seine intellektuelle Heimat, das Schmuddelmedium SAT.1, zurückgekehrt ist.

Da wurde Luther gewählt, weil man ihn für die Titelfigur einer ZDF-Krimiserie mit Kommissar Joachim Król hielt, Karl Marx als vermeintlicher Winnetou-Erfinder, »Doktor« Guttenberg als mutmaßlicher Erfinder des Buchdrucks und Einstein als Schöpfer der Milch- und Kakaostraße.

Nun ist Verwahrlosten-TV, bei dem jeder, dem früh um acht noch nicht die Wodkapulle aus der Hand gefallen ist, jederzeit abschalten kann, die eine Sache.

Umgekehrt stellt ein Frisiersalon selten einen Maurer, eine Autowerkstatt eine Internistin oder eine Apotheke einen Fliesenleger ein.

Gerade dieses lustige System aber wird bei der Besetzung der Ressorts der Bundesregierung angewandt. Einige Beispiele mögen illustrieren, was gemeint ist:

Bundeskanzleramt
Chef des Bundeskanzleramts, Bundesminister für besondere Aufgaben: Ronald Pofalla, Diplom-Sozialpädagoge
Staatsminister für Bürokratieabbau: Eckart von Klaeden, Jurist

Staatsminister für Kultur und Medien: Bernd Neumann, Lehrer
Staatsministerin für Migration, Flüchtlinge, Integration: Maria Böhmer, Pädagogin

Auswärtiges Amt
Minister: Guido Westerwelle, Jurist
Staatsminister: Michael Georg Link, Übersetzer für Russisch und Französisch
Staatsministerin: Cornelia Pieper, Diplom-Übersetzerin für Polnisch und Russisch
Staatssekretär: Harald Braun, Cheflobbyist Siemens AG, Master in VWL
Staatssekretärin: Emily Haber, Historikerin, Diplomatentochter

Bundesministerium für Wirtschaft und Technologie
Minister: Philipp Rösler, Arzt
Staatssekretär: Peter Hintze, Theologe
Staatssekretär: Ernst Burgbacher, Oberstudienrat
Staatssekretär: Hans-Joachim Otto, Soziologe
Beamteter Staatssekretär: Bernhard Heitzer, Wirtschaftswissenschaftler (2007 bis 2009 Chef des Bundeskartellamts)
Beamteter Staatssekretär: Stefan Kapferer, Verwaltungswirt
Beamtete Staatssekretärin: Anne Ruth Herkes, Vorbereitungsdienst für den höheren auswärtigen Dienst

Bundesministerium der Finanzen
Minister: Wolfgang Schäuble, Jurist
Staatssekretär: Steffen Kampeter, Volkswirt, Preussag AG
Staatssekretär: Hartmut Koschyk, Major der Reserve, Studium der Geschichte und Politik

Beamteter Staatssekretär: Hans Bernhard Beus, Jurist
Beamteter Staatssekretär: Thomas Steffen, Jurist
Beamteter Staatssekretär: Werner Gatzer, Jurist

Bundesministerium für Gesundheit
Minister: Daniel Bahr, MBA Volkswirtschaft
Staatssekretärin: Annette Widmann-Mauz, Politik- und Jura-studentin
Staatssekretärin: Ulrike Flach, Diplom-Übersetzerin
Beamteter Staatssekretär: Thomas Ilka, Volkswirt

Bundesministerium für Arbeit und Soziales
Minister: Ursula von der Leyen, Ärztin
Staatssekretär: Ralf Brauksiepe, Diplom-Ökonom
Staatssekretär: Hans Joachim Fuchtel, Jurist
Beamteter Staatssekretär: Gerd Hofe, Jurist
Beamtete Staatssekretärin: Annette Niederfranke, Diplom-Psychologin

Bundesministerium für Verteidigung
Minister: Thomas de Maizière, Jurist
Staatssekretär: Thomas Kossendey, Jurist
Staatssekretär: Christian Schmidt, Jurist
Beamteter Staatssekretär: Stéphane Beemelmans, Jurist
Beamteter Staatssekretär: Rüdiger Wolf, Jurist

Bundesministerium für Umwelt, Naturschutz
und Reaktorsicherheit
Minister: Peter Altmaier, Jurist
Staatssekretärin : Katharina Reiche, Diplom-Chemikerin
Staatssekretärin: Ursula Heinen-Esser, Volkswirtin
Beamteter Staatssekretär: Jürgen Becker, Jurist

Bundesministerium des Innern
Minister: Hans-Peter Friedrich, Jurist
Staatssekretär: Christoph Bergner, Agraringenieur
Staatssekretär: Ole Schröder, Jurist
Beamtete Staatssekretärin : Cornelia Rogall-Grothe, Juristin
Beamteter Staatssekretär: Klaus-Dieter Fritsche, Jurist, Verfassungsschutzvize (1996)

Bundesministerium für Bildung und Forschung
Ministerin: Johanna Wanka, Diplom-Mathematikerin
Staatssekretär: Thomas Rachel, Politologe
Staatssekretär: Helge Braun, Arzt
Beamtete Staatssekretärin: Cornelia Quennet-Thielen, Juristin
Beamteter Staatssekretär: Georg Schütte, Journalist

Bundesministerium für Ernährung, Landwirtschaft und Verbraucherschutz
Ministerin: Ilse Aigner, Elektrotechnikerin
Staatssekretär: Peter Bleser, Landwirtschaftsmeister
Staatssekretär: Gerd Müller, Wirtschaftspädagoge
Beamteter Staatssekretär: Robert Kloos, Agrarökonom

Bundesministerium für Verkehr, Bau und Stadtentwicklung
Minister: Peter Ramsauer, Diplom-Kaufmann
Staatssekretär: Enak Ferlemann, Banklehre, studierte ab 1985 Jura, Politik und Philosophie
Staatssekretär: Jan Mücke, Jurastudium in Dresden
Staatssekretär: Andreas Scheuer, Politologe
Beamteter Staatssekretär: Rainer Bomba, Diplom-Kaufmann
Beamteter Staatssekretär: Klaus-Dieter Scheurle, Jurist

Bundesministerium für wirtschaftliche Zusammenarbeit und Entwicklung
Minister: Dirk Niebel, Diplom-Verwaltungswirt (FH)
Staatssekretärin: Gudrun Kopp, Exportkauffrau und Übersetzerin
Beamteter Staatssekretär: Hans-Jürgen Beerfeltz, Soziologe

Bundesministerium für Familie, Senioren, Frauen und Jugend
Ministerin: Kristina Schröder, Soziologin
Staatssekretär: Hermann Kues, Volkswirt
Beamteter Staatssekretär: Lutz Stroppe, Lehrer

Zumindest auf dem Papier sieht es nicht danach aus, als habe die Fachkompetenz überwiegende Bedeutung für die Besetzung der Spitzenjobs in den Fachressorts. Wer also als heutiger Abiturient später einmal Gesundheitsminister oder Finanzstaatssekretär werden möchte, sollte nicht Medizin oder Volkswirtschaft, sondern »auf Lehramt« studieren. Wer es dagegen zum Sozialstaatssekretär bringen möchte, vergisst am besten die Uni ganz und sucht sich eine Lehrstelle als Elektromechaniker. Und wer sich für gar kein Fachgebiet interessiert, sondern ganz allgemein als Minister oder Staatssekretär groß rauskommen will, der sollte das Universalfach Jura studieren. Das hält dem Jungkarrieristen alle Türen offen. Oder wie Loriot über das Jodeldiplom sagt: »Da hat man etwas, wenn die Kinder aus dem Haus sind.«

RUDELWEISE JURISTEN –
NICHT NUR MARKE BAYREUTH

Was bei den nervigen deutschen Pseudopromis die Fernseh-
köche und Starfriseure sind, das sind in der Politik die Juristen
und Lehrer: Man stolpert ständig über sie. So sitzen in der
aktuellen Regierung (Minister und Staatssekretäre) 27 Juristen, neun Volkswirte und immerhin zehn Lehrer.

Noch extremer sieht es im Bundestag aus: War in der letzten
Legislaturperiode die Vorherrschaft der Anwälte und Lehrer
mit 82 und 63 schon recht ausgeprägt, so sattelten beide
diesmal noch drauf: Juristen und Pädagogen stellen gemeinsam mehr als ein Drittel aller Abgeordneten. Von den
612 Abgeordneten sind 143 Juristen, 82 Lehrer oder Sozial-
arbeiter, 60 Diplom-Ökonomen, Volks- oder Betriebswirte,
44 Politologen oder Soziologen, 22 Kaufleute, 20 Ingenieu-
re, 19 Verwaltungsbeamte (gehobener Dienst), 18 Diplom-
land- oder Landwirte, 12 Geistliche, 9 Philosophen, Histori-
ker oder verwandte Berufe, 7 Ärzte, 6 Philologen und 5 Ma-
thematiker.[82]

Dass es auch in diesem Bundestag von Anwälten nur so wimmelt, hat einen guten Grund, wie Parlamentsforscher Wolfgang Ismayr andeutet: »Die zahlreichen (neu) als Rechtsanwälte eingetragenen Abgeordneten können sich ... auf ihr
Zeugnisverweigerungsrecht berufen und brauchen Berater-
verträge mit Wirtschaftsunternehmen nicht einmal gegenüber
dem Präsidenten anzugeben.«[83] Nicht zufällig sind unter den
neun Bundestagsabgeordneten, die im Frühjahr 2006 gegen
die Offenlegung ihrer Nebeneinkünfte vor dem Bundesverfassungsgericht klagen, fünf Anwälte – im Juli 2007 schmettert
das BVG die Klage allerdings ab.

Dass weder die Regierung noch der Bundestag – allen frommen Wünschen der Verfassungsromantiker zum Trotz – ein repräsentatives Abbild der Gesellschaft sein kann, liegt auf der Hand. Zum einen kann sich in einer Parteiendemokratie nur ein bestimmter Menschenschlag durchsetzen. Zum anderen bedeutet ja die Inkompetenz heutiger Spitzenpolitiker noch lange nicht, dass die ominösen »kleinen Leute« auch nur einen Hauch kompetenter wären – zumal wenn sie ihre »Allgemeinbildung« ebenfalls nur aus »*Bild, BamS* und Glotze« beziehen. Noch fataler ist die Illusion, die soziale Herkunft würde einen Politiker zum Vertreter der schichtspezifischen Interessen machen. Gerade Leute wie Gerhard Schröder sind ein beredtes Beispiel dafür, dass eine Kindheit in »ärmlichen Verhältnissen« bei manchen Aufsteigertypen nicht etwa »Klassensolidarität« oder wenigstens Mitfühlen gegenüber sozial Schwächeren garantiert, sondern im Gegenteil den festen Willen: »Da unten will ich nie wieder landen.« Während Müntefering zum Beispiel mit seinem roten Schal und dem ewigen »Glück auf« wenigstens noch »Arbeiterklasse« vorspielt, gab Schröder im Brioni-Zwirn und mit Cohiba-Zigarre den eitlen Parvenü, eben Molières Bürger als Edelmann.

Worauf die Bürger aber Anspruch haben und auch erheben sollten, das ist die herausragende geistig-moralische Qualität ihrer Volksvertreter ebenso wie die Fachkompetenz ihrer Regierenden.

DIE WUNDERSAME KOSTENVERMEHRUNG

Wir haben uns schon dran gewöhnt: Wann immer ein spektakuläres Bauprojekt den Bürgern aufgeschwatzt werden soll, lügt und betrügt die politische Klasse, was das Zeug hält. Wenn sich die ursprünglichen Kosten am Ende nur vervierfacht haben, kann der Steuerzahler noch von Glück sagen. Aber das liegt nicht nur an der kompletten Unfähigkeit unserer Spitzenpolitiker.

»Der Wahnsinn hat im ganzen Land Methode: Wenn die Politik Großprojekte angeht, ist mit Pfusch am Bau, Verzögerungen und Kostenexplosionen zu rechnen«, analysiert *Spiegel Online.*

Das Betrugsprojekt Flughafen Berlin ist kein Einzelfall, sondern die Regel. Nach durch nichts bewiesenen Versprechungen »läuft es doch wie immer. Einsprüche, neue Wünsche, andere Anforderungen. Der Bahnhof, die Bahnstrecke, der Flughafen oder das Konzerthaus werden nicht fertig. Und die Kosten steigen. Aufs Doppelte, aufs Vierfache. Dann sind die Menschen sauer, der Ruf einer ganzen Stadt leidet.« Und der Gipfel der Frechheit: »Die Politiker, die das Projekt stets angepriesen haben, wollen von einer eigenen Verantwortung nichts mehr wissen.«[84]

Für den Karlsruher Wirtschaftswissenschaftler Werner Rothengatter sind derartige falsche Berechnungen typisch für westliche Demokratien. Häufig würden die Bürger »regelrecht an der Nase herumgeführt«. Selten kämen die Kostensteigerungen überraschend. Sein Fazit: »In den allermeisten Fällen rechnen Politiker den Preis möglichst klein, um Zustimmung zu dem Projekt zu bekommen, Risiken blenden sie offenbar bewusst aus… Wer die Kosten für ein Projekt von Anfang an ehrlich schätzt, hat wenig Chancen, es auch zu verwirklichen.« Und: »Viele Verantwortliche spekulierten darauf, dass sie im Zweifel dann nicht mehr Verantwortung tragen, wenn die Kosten explodieren – und selbst wenn, trügen in der Regel nicht sie persönlich die Haftung. Ihr Name bliebe jedoch mit dem Bauwerk verbunden, wenn der Ärger verflogen ist.«[85]

Hinzu kommt: In den Aufsichtsräten hocken häufig Politiker ohne die geringste fachliche Ahnung, man nehme nur Klaus Wowereit und Brandenburgs Ministerpräsidenten Matthias Platzeck (SPD). »Verwaltungsbeamte sind für Riesenprojekte zuständig und heillos überfordert.«

Ähnliches fand der dänische Oxfordprofessor Bent Flyvbjerg heraus: Oft werde nicht das beste Projekt realisiert, »sondern das, das mit den falschesten Zahlen präsentiert wurde«. Er nennt dies »Survival of the unfittest«.[86] Seine katastrophale Bilanz: »Seit siebzig Jahren wird in fast allen Ländern offensiv gelogen, wenn es darum geht, die Kosten vor Beginn an klein zu rechnen. Besonders stark explodieren die Kosten demnach bei Bahnprojekten – hier fallen sie durchschnittlich um 45 Prozent höher aus als zu Beginn veranschlagt.«

Durch diese Mixtur aus Lügen und Inkompetenz erklärt sich auch, warum man es nicht so macht wie Sie selbst bei einer Wohnungsrenovierung auch: Festpreise vereinbaren. Unerwartete höhere Kosten wären dann das Pech des Unternehmens. Daher werden auch keine Generalunternehmer beauftragt. Deren Preise lägen zwar höher als die schamlos vorgegaukelten, könnten sich aber nicht vervielfachen.

Hier einige Beispiele:

- *Skandalflughafen Berlin.* Versprochen 2007: 620 Mio. Euro. Stand 2013: Mindestens 4,3 Mrd. Euro.
- *BND-Zentrale Berlin.* Versprochen 2003: 500 Mio Euro. Stand 2013: Mindestens 1,55 Mrd. Euro.
- *City-Tunnel Leipzig.* Versprochen 2002: 572 Mio. Euro. Stand 2013: Mindestens 960 Mio. Euro.
- *Stuttgart 21.* Versprochen 2008: 3,1 Mrd. Euro. Stand 2013: Mindestens 6,8 Mrd. Euro.
- *Elbphilharmonie Hamburg.* Versprochen 2005: 77 Mio. Euro. Stand 2013: 575 Millionen Euro.
- *Zweite S-Bahn-Stammstrecke München.* Versprochen 2012: 2,0 Mrd. Euro. Stand 2013: 2,4 Mrd. Euro.
- *Stadtschloss Berlin.* Versprochen 2007: 552 Mio. Euro. Stand 2013: 590 Mio. Euro.

Deutlicher tritt wohl selten zutage, wie skrupellos aus dem puren Eigennutz von Popularität und Wiederwahl die Bürger an der Nase herumgeführt werden.[87]

»KEINE AHNUNG« – INKOMPETENZ PRODUZIERT VERSCHWENDUNG

Laut Bundesrechnungshof verschwendet der Staat 25 Milliarden jährlich. Eine Menge Luft im Bundeshaushalt sei bei vielen Subventionen und Förderinstrumenten. »Weil der Druck nicht da ist, fehlt der Wille, etwas zu ändern«, sagte Präsident Dieter Engels. Sein Vize Christian fordert als Konsequenz

einen Abbau des Verfassungsschutzes. »Wir müssen uns fragen, ob wir 16 Landesverfassungsschutzämter und ein Bundesverfassungsschutzamt in Deutschland brauchen.«[88]
Nun könnte man die Debatte über das vermeidbare Verpulvern von Steuergeldern für grotesk und skurril halten angesichts der billionenschweren »Rettungsschirme«. Selbst wenn diese Geschenke an die Wirtschaft tatsächlich »alternativlos« und einige Zockerbanken »systemrelevant« sein sollten: Auch erpresste Geschenke bleiben Geschenke.
Und sollten die unvorstellbaren Summen für das Überleben unserer Marktwirtschaft wirklich nötig sein, so wirft das nur ein Schlaglicht auf dieses System. So verbirgt sich hinter den nebulösen Begriffen »Banken- und Konzernrettung« in Wahrheit nichts anderes als die Sicherung der Traumgagen von Top-Managern und der leistungslosen Einkommen der »Investoren« durch die Steuerzahler.
Eigentlich ganz klar: Investoren sind nicht die Caritas, sondern wollen Profit sehen. Um ihren Rückzug aus einem Unternehmen und damit dessen Zusammenbruch zu verhindern, muss man ihnen diesen Profit garantieren. Und dafür kommt eben nur der Bürger in Frage. Brisant und entlarvend wird die Sache dann, wenn exakt die Parteien, deren Politiker darüber entscheiden, von den Profitierenden – und das ist im Prinzip die gesamte Wirtschaft – sogenannte Parteispenden erhalten.

Unter diesem Gesichtspunkt erhält auch die Frage der *Verschwendung* eine andere Dimension und verweist auf die fließenden Grenzen zwischen Unfähigkeit und Bestechlichkeit. Beruht das jeweilige Verschleudern von öffentlichen Geldern auf tatsächlicher Inkompetenz, Verantwortungslosigkeit und Schlamperei, oder hat sie ein »Geschmäckle«? Beauftragt zum Beispiel ein städtischer Beamter eine bestimmte Gebäudereinigungsfirma, obwohl deren Konkurrenz nur die Hälfte verlangt: Ist der Beamte dann einfach dämlich, oder bekommt er unter der Hand etwas zugesteckt?

Den weitaus meisten Spitzenpolitikern nimmt man »ehrliche Unfähigkeit« ab, wenn sie die blindwütige, hirnverbrannte und verantwortungslose Zockerei mit »unternehmerischem Risiko« verwechselt haben. Immerhin investierte ja im Jahre 2008 sogar die Oldenburgische Landeskirche im Geiste Jesu Christi und zur Schadenfreude der *Welt* (»Dieses Geld dürfte weg sein«) 4,3 Millionen Euro in Bonds und Zertifikate von Lehman Brothers.[89]

Wenn aber zum Beispiel der Bürgermeister einer 500-Seelen-Gemeinde seinen Schwippschwager mit dem Bau eines Fußballstadions für 80 000 Zuschauer beauftragt, dann kann er sich wohl kaum mit fehlender Fußballerfahrung herausreden.

Vergeudung »nach bestem Unwissen und Gewissen«

Allein der Bundesrechnungshof stellt in seinen jährlichen Bemerkungen hanebüchene Verschwendungen fest. Ende 2012 zum Beispiel kritisierten die Prüfer:[90]

• Bei der Bundeswehr versickerten Millionenbeträge, weil die Armee seit zwölf Jahren mit fehlkonstruierten Luftkissenbooten herumprobiert. Für 20 Millionen Euro sollen laut Rechnungshof 65 amphibische Luftkissenfahrzeuge angeschafft werden, um Soldaten über Flüsse und Seen transportieren zu können. Allein die erfolglosen Versuche mit zwei Prototypen kosteten 1,1 Millionen Euro. 2009 bestellte die Bundeswehr dann einen weiteren Prototypen –

allerdings bei einem Gebrauchtwagenhändler, der laut den Prüfern »im Bootshandel gänzlich unerfahren war«. Dieses Boot funktionierte nicht, es blieb bei einer Probefahrt liegen. Die Bundeswehr solle das Vorhaben endlich aufgeben, forderten die Prüfer. Es sei »weder geeignet noch notwendig und auch technisch nicht realisierbar«.

- Die Bundeswehr stellt in Eigenregie medizinische Produkte wie Sonnencreme, Lippenschutzstifte oder Insektenschutzmittel her – Produkte, die in jeder Apotheke verfügbar sind. Für den Neubau einer Produktionsstätte wurden 20 Millionen Euro ausgegeben.

- Bei der Physikalisch-Technischen Bundesanstalt stießen die Rechnungsprüfer auf eine auffallend hohe Zahl an Computern. Die Behörde hat 1800 Mitarbeiter, aber mit 4350 PCs fast dreimal so viele Rechner. Den Überhang von 2550 Computern konnte die Bundesanstalt nicht erklären, schreiben die Prüfer.

- Beim Umweltbundesamt ging ausgerechnet in Sachen Energieeffizienz einiges schief. Ein Neubau in Dessau sollte als ökologisches Vorzeigemodell dienen. Doch die Betriebskosten lagen im Prüfungszeitraum um rund 50 Prozent höher als bei herkömmlichen Verwaltungsgebäuden und im Jahresschnitt um knapp 400 000 Euro höher als geplant. »Es entbehrt nicht einer gewissen Ironie, dass ausgerechnet die Wartungskosten für die ökologisch-innovativen Anlagen zu hoch sind«, schreiben die Prüfer. »Das Gebäude des Umweltbundesamts taugt kaum als ökologisches Vorbild.«

Dass die politische Kaste Steuergelder »sinnlos verballert« (*Welt Online*[91]), hat Tradition. Historischer Spitzenreiter ist das Jahr 2008: Die Deutsche Bahn AG erhielt 44 Millionen

Euro für den Neubau einer Bahnstrecke zwischen Köln und Frankfurt, die gar nicht realisiert wurde.

- Ebenfalls die Bahn bekommt 150 Millionen Euro gesetzeswidrige Fördermittel für Bahnsteige, Treppen und Aufzüge in Bahnhöfen.
- Die Wirtschaftlichkeit des Neu- und Ausbaus von Schienenwegen mit jährlich 1,7 Milliarden Euro Bundesmitteln ist inzwischen aufgrund veralteter Nutzen-Kosten-Maßstäbe äußerst strittig.
- Ohne Zustimmung des Bundestags schanzt Verkehrsminister Tiefensee seinem Parteifreund Mehdorn 50,5 Millionen Euro Bundesmittel zum Ausbau der Bahnstrecke zwischen Köln und Aachen bis zur belgischen Grenze zu.
- Überflüssiger Schnickschnack beim Ausbau der Bundesstraße 286 bei Bad Kissingen mit Kreuzungen, Unterführungen, Brücken und zusätzlichen Fahrstreifen kostet 8,3 Millionen Euro. Zudem soll für 9,3 Millionen die Verbindung der B 286 zur Bundesstraße 287 südlich von Bad Kissingen gebaut werden, obwohl sie nicht im Bedarfsplan des Bundes vorgesehen ist.

Aber auch das Verteidigungsministerium hält in Sachen Verschwendung gut mit:

- Die Technische Materialprüfung für die Bundeswehr gibt jährlich 3,5 Millionen Euro zu viel aus, weil längst angekündigte Kürzungen beim Personal noch nicht umgesetzt sind.
- Die Bundeswehr mietet für 2,7 Millionen Euro untaugliche Flugzeugschlepper, kauft für 25 Millionen Euro zwei mobile Radarsuchgeräte und Transporter, deren Leistungsfä-

higkeit noch in den Sternen steht, und gibt 3,6 Milliarden Euro für neue Hubschrauber des Typs UH-Tiger aus – 630 Millionen Euro mehr als geplant. Dabei leistet der Helikopter weniger als versprochen und wird später als vereinbart ausgeliefert.

Da lässt sich auch die Deutsche Rentenversicherung nicht lumpen: Zu große und zu viele Büros, allein in Berlin über 50 000 m² mehr als nötig, verschlingen überflüssige 15 Millionen Euro jährlich, und der Leerstand von 11 000 m² in Gera und Stralsund kostet 3,5 Millionen Euro im Jahr.

Das meiste Geld aber verschenkt das Bundesfinanzministerium: Es verzichtet seit 1991 auf jährlich rund 110 Millionen Euro, insgesamt bis jetzt knapp zwei Milliarden Euro, weil auf Einkünfte der Steuerpflichtigen im Ausland bisher kein Solidaritätszuschlag gezahlt werden muss.[92]

MARKTWIRTSCHAFT LIVE – DIE FINANZKRISE

Dass für die neoliberalen Klugscheißer die Weltfinanzkrise »völlig überraschend« entstand, bedeutet keineswegs, dass sie wie der Blitz aus heiterem Himmel kam. Im Gegensatz zu den halbgebildeten neoliberalen Lichtgestalten wissen marxistische oder keynesianische Ökonomen um den marktwirtschaftlichen Krisenzyklus und wiesen schon Anfang 2005 darauf hin, dass es bald wieder so weit sei. Es handelte sich schlicht um eine der periodischen *Überproduktions-* bzw. *Unterkonsumtionskrisen:*

Die Unternehmen sind bestens aufgestellt, Maschinen, Vertriebsorganisationen und Rohstoffzufuhr erstklassig, auch Arbeitskräfte überreichlich vorhanden und ebenso mehr als ausreichend mögliche Abnehmer. Nur dummerweise »kaufen Autos keine Autos« (Henry Ford) – die potenziellen Käufer haben kein Geld. In den USA gab man ihnen mit unabgesicherten Krediten die Möglichkeit, auch ohne eigenes Geld Häuser und Lebensnotwendiges zu kaufen. Hätte man ihnen das Geld einfach geschenkt, so hätte es die Krise in dieser Form nicht gegeben!

Da aber in der Marktwirtschaft die Umverteilung an das Volk »irrational« ist – dann könnte man ja gleich den verhassten »Sozialismus« einführen – und die Kredithaie sich ebenfalls eine goldene Nase verdienen wollen, erfand man den Derivatenhandel als gigantisches Kettenbriefspiel. Man versicherte die faulen Kredite bei jeweils noch risikofreudigeren Banken – ein Dummer musste einen noch Dümmeren finden. Dies konnte und musste man wissen. Dabei war es auch bei der fast elf Milliarden Euro teuren IKB-Pleite eigentlich egal, ob das unglaubliche Desinteresse und die sprichwörtliche Inkompetenz des Verwaltungsrates oder eine irrwitzige Zockermentalität schuld waren. Sogar das 500 Milliarden Euro schwere Bankenrettungspaket – so viel wie der Bundesetat für Bildung und Forschung für 50 Jahre – war keineswegs ein »Sachzwang der Globalisierung«. Schließlich schufen leibhaftige Bundesregierungen mit der Steuerbefreiung für Firmenverkäufe, der Legalisierung von Hedgefonds und der Zulassung der Immobilien-Aktiengesellschaften und *Reits* (Real Estate Investment Trusts) die nationalen Voraussetzungen für die globale Zockerei. In einem funktionierenden Rechtsstaat wäre dieses Pack für Jahrzehnte im Gefängnis gelandet. Aber eher gewinnt der FC Hintertupfingen die Champions League, als dass ein Politschwerverbrecher zur Verantwortung gezogen wird. Es ist, als würde ein serienkillender Krankenpfleger »vom Amt zurücktreten«, und die Sache wäre damit erledigt. Sogar etliche Stadtkämmerer versuchten sich seit 2008 als Spekulanten. Hunderte Städte verloren zweistellige Millionenbeträge durch sogenannte Swap-Geschäfte, bei denen zum Beispiel ein langfristiger Kredit mit kurzfristig besorgtem Geld gegenfinanziert wird. Läuft es gut, profitiert man vom Zinsunterschied. Doch klettern die Kurzfristzinsen, hat man ein Problem. Auf diese Weise verzockte die Stadt Hagen mehr als 50 Millionen Euro, Remscheid verspielte über 13, Neuss 10, Mülheim 6 Millionen und die Entsorgungs-Gesellschaft Westmünsterland rund 4,4 Millionen Euro.[93]

INKOMPETENZ
MIT FADEM BEIGESCHMACK

Die flapsige Frage »Bist du so blöd, oder tust du nur so?« ist bei manchen Fällen stattlicher staatlicher Geldverschwendung durchaus angebracht, wie zum Beispiel bei der Teilverstaatlichung der Commerzbank. Warum hat man für die Finanzspritze von 18 Milliarden Euro das Geldhaus angesichts dessen Börsenwertes von gerade noch 3,5 Milliarden nicht ganz übernommen und begnügte sich mit der Sperrminorität von 25 Prozent? Konnten Merkel, Steinbrück und Co. nicht rechnen, oder ging es einmal mehr gar nicht um das Gemeinwohl, sondern um den Shareholder Value, also um die Steigerung des Aktienkurses?
Der Schweizer Wirtschaftsprofessor Thomas Straubhaar moniert an Teilverstaatlichungen, »dass sich der Staat mit priva-

ten Eigentümern ins selbe Bett legt«. Der Clou: »Wenn das Geld des Steuerzahlers gut angelegt ist und … der Aktienwert tatsächlich wieder steigt, kommen auch die bisherigen Commerzbank-Eigentümer in den Genuss der Wertsteigerung, ohne dass sie zusätzliche Risiken eingehen und Kapital nachschießen mussten.« Folglich würden bedrohte Konzerne »genau auf diesen Effekt spekulieren und entsprechendes Fehlverhalten an den Tag legen«.[94]

Finanziert das einfache, zumeist hart arbeitende Volk erneut das leistungslose Einkommen einiger weniger steinreicher Großaktionäre? »Aber nur die Linkspartei prangert dies als Enteignung der Bürger an – um Zockerschulden der Bank zu begleichen«, klagt selbst Springer-Vorstandschef Mathias Döpfner: »Damit hat die SED-Nachfolgepartei leider recht.«[95]

Aber auch im »Kleinen« wimmelt es von Beispielen zwielichtiger Inkompetenz:

• In Berlin entstand aufgrund von Planungsfehlern und den damit verbundenen Baugenehmigungen beim Verkauf eines Grundstücks am sogenannten Spreedreieck ein Schaden von mindestens 20 Millionen Euro.[96]
• In Dresden brachte die Zusammenlegung von Arbeitsämtern statt Einsparungen allein durch Sanierungskosten etwa 23 Millionen Euro Verlust.
• In Hamburg wurde ein Digitales Wahlstift-System entwickelt, aber nach Bedenken des *Chaos Computer Clubs* gleich wieder eingestampft. Gesamtschaden: 4,5 Millionen Euro.
• In Kaiserslautern kaufte die Stadt dem Fußballzweitligisten FC erst das Stadion ab und erließ ihm dann die jährliche

Stadionmiete von 1,5 Millionen Euro; über ein Drittel davon trägt das Land Rheinland-Pfalz.

- In Nordrhein-Westfalen kostete das seit 1991 geplante einheitliche EDV-System für alle Landesbehörden nicht wie veranschlagt 1,8 Millionen, sondern stattliche 43 Millionen Euro.
- Bad Schussenried (Baden-Württemberg) leistete sich für 3,36 Millionen Euro ein Bewegungsbad, das nie eröffnet wurde – und für das man bei der späteren Versteigerung gerade einmal 226 000 Euro erhielt.
- Weilburg (Hessen) gönnte sich ein überflüssiges Parkhaus. Der Bund der Steuerzahler kritisierte: »Dass die Baukosten für die knapp 200 Einstellplätze derzeit bei 4,5 Mio. Euro liegen, fast 1,37 Mio. Euro mehr als geplant, ist schlimm genug. Der eigentliche Skandal ist aber, dass das neue Parkhaus gar nicht nötig wäre.«
- Höxter (NRW) baute für 73 000 Euro an der Weser eine Aussichtsplattform. Dabei gibt es nur wenige Schritte entfernt genau den gleichen Ausblick.

Was es mit der »Inkompetenz« bei der Bedarfsplanung oft wirklich auf sich hat, wissen wir endgültig seit dem berüchtigten Kölner Müllklüngel. Damals flog auf, dass man gegen bis zu elf Millionen Euro Schmiergeld einen nicht vorhandenen »Bedarf« festgestellt hatte: Nicht wegen Unfähigkeit bei der Planung, sondern wegen Bestechlichkeit erhielten Zahler und Empfänger im Mai 2004 vom Kölner Landgericht bis zu drei Jahre und neun Monate Gefängnis.

DIE BERATERHORDEN – GROSSKOTZE UNTER ANDEREN BLINDEN

Bei so viel geballter Inkompetenz müssen externe Berater ran. Die kommen allerdings so teuer, dass sogar der Bundesrechnungshof Alarm schlägt und den Ministerien »einen nachlässigen Umgang mit Aufträgen an Anwaltskanzleien und Berater« vorwirft. Die meisten Aufträge seien weder ordnungsgemäß ausgeschrieben noch ausreichend begründet.

Die Ausrede vieler Ministerien, der Beratungsbedarf bei der Arbeit an Gesetzentwürfen sei dringend und es gebe zu wenig Sachverstand im eigenen Haus, lassen die Kontrolleure nicht gelten. »Dass einige der Normsetzungsverfahren noch immer nicht abgeschlossen sind, macht deutlich, dass das Argument Dringlichkeit nicht durchweg sachgerecht war.«

Und die genannten Beispiele sprechen tatsächlich für sich. So habe ein Ressort einem Berater für das Protokollieren einer Sitzung des Verkehrsausschusses 17 200 Euro für 45 Stunden Arbeit zugeschanzt. Ein anderes Ministerium habe 5900 Euro für die Beantwortung einer Parlamentsanfrage gezahlt. Zudem fehlten in vielen Beraterverträgen Spesengrenzen. So hätten sich die Nebenkosten für Reisen und Unterkunft in einem Fall auf über 100 000 Euro summiert.[97]

Das Ganze hat Tradition. Mehr als dreißig Millionen Euro verpulvert die Bundesregierung jährlich für externe Berater. Da drängt sich natürlich die Frage auf, wozu die Regierung eine so gigantische Ministerialbürokratie braucht und was die knapp 20 000 Mitarbeiter den ganzen Tag über machen. Denn was den sündhaft teuren Beratungsfirmen zugeschustert wird, ist meist typische Beamtenarbeit: In vielen Bereichen könne

man locker mithalten, meint etwa der Chef des Landesrech-
nungshofes Baden-Württemberg, Martin Frank. Allerdings
bemühte man Franks Behörde in zwölf Jahren nur dreimal.

Drei »Fehler« bei der Beraterauswahl fallen den Prüfern besonders auf: Die Ministerien wählen Berater aus, die vom
Verwaltungsdschungel keinen Schimmer haben, sie »schan-
zen die Aufträge ohne Ausschreibung alten Bekannten zu –
die so deutlich überhöhte Honorare kassieren können«, und
sie »geraten bei Großprojekten in völlige Abhängigkeit von
Beratern, die sich dann ganze Serien von Aufträgen verschaffen«.[98]
Eines der frechsten »Argumente« für die Beraterinflation ist
die Behauptung, durch die Globalisierung sei alles »kompli-
zierter« geworden. »Schwachsinn! Mit dieser Litanei kann
man alles entschuldigen«, schimpft der Politikprofessor Wilhelm Hennis. »Ist etwa der Wiederaufbau nach 1945 unkom-
pliziert gewesen? Das waren doch viel größere Aufgaben.«
Und: »In den fünfziger Jahren wäre es vollkommen unvor-
stellbar gewesen, dass die Regierung McKinsey oder Roland
Berger beschäftigt hätte.«[99]
Vor allem ist recht amüsant, wer da alles über »zunehmende
Komplexität« räsoniert: Politiker, deren eigene Wirtschaftsqualifikation in einem abgebrochenen Psychologiestudium
oder in einer Lehrerausbildung besteht, oder Berater, die für
viele seriösen Wissenschaftler nicht mehr sind als »graduierte
Idioten[100] oder »29-jährige Bubis aus dem BWL-Bereich«.[101]

UND SO WAS REGIERT UNS

DIE DRAHTZIEHER

Angela Merkel (CDU), Diplom-Physikerin, Bundeskanzlerin, Parteichefin

> Wenn die Sonne der Integrität und Toleranz tief steht,
> werfen Zwerge lange Schatten.
>
> *Kurt Tucholsky*

Angela Merkel, geboren am 17. Juli 1954 in Hamburg, aufgewachsen in Templin (Brandenburg), ist »politisch abwaschbar«:[102] gestern noch FDJ-Funktionärin, gerade eben noch eine der letzten Freundinnen von George W. Bush und heute gleichzeitig entschiedene Vorkämpferin und harte Kritikerin der neoliberalen Umverteilung.

1973 tritt sie rechtzeitig zu Beginn ihres Physikstudiums der FDJ bei. Nach Examen 1978 und Promotion 1986 arbeitet sie bis zur Wende 1990 am Institut für Physikalische Chemie der Akademie der Wissenschaften in Berlin und bringt es zur Funktionärin für Agitation und Propaganda in der FDJ-Leitung. Wer weiß, wie weit nach oben *dieser* Weg gegangen wäre? Aber dann fällt die Mauer: PR für Honeckers DDR ist *out*, Lobgesänge auf die bundesdeutsche Marktwirtschaft sind *in*: Neue Karriereziele müssen her.

1989 tritt sie dem »Demokratischen Aufbruch« bei, 1990 der CDU, und gleich nach der Volkskammerwahl im Frühjahr 1990 wird sie stellvertretende Regierungssprecherin der Regierung Lothar de Maizière. Die erste gesamtdeutsche Wahl Ende 1990 spült sie in den Bundestag.

1991 wird Helmut Kohls »Mädchen« (O-Ton Kohl) Familienministerin, Vizechefin der Bundes-CDU und 1994 Umweltministerin. Nach der Wahlschlappe 1998 macht sie der neue CDU-Chef Wolfgang Schäuble zur Generalsekretärin. Beim Spendenskandal distanziert sie sich schneller und deutlicher als Schäuble von Kohl, und als Schäuble wegen der legendären »Kofferspende« von 100 000 Euro des Waffenlobbyisten Karlheinz Schreiber die Segel streichen muss, wird Merkel im April 2000 neue Parteichefin. Als ihr Edmund Stoiber 2002 die Kanzlerkandidatur quasi abpresst und prompt die Wahl verliert, wird sie zunächst Bundestags-Fraktionschefin der Union und 2005 Kanzlerin.

Ebenso wie ihrem Gönner Helmut Kohl scheint Merkel das Machtstreben in die Wiege gelegt zu sein. Aber im Gegensatz zu dem Pfälzer mit seiner Leibspeise Saumagen ist bei ihr nichts Menschliches zu entdecken. Ältere Berlin-Transitreisende erinnert sie eher an die DDR-Grenzkontrolleure.

Und obschon man bei der Deutung von Mimik äußerst vorsichtig sein soll: Die heruntergezogenen Mundwinkel der Ex-FDJ-Spitzengenossin verraten *Neidzerfressenheit*. Egal was man von »Doktor« zu Guttenberg, Ursula von der Leyen oder Norbert Röttgen halten mag: Jeder selbst machtbewusste Politiker hätte sich gefreut, überparteilich anerkannte »Idole« in den eigenen Reihen zu haben. Nicht so die Ex-Honecker-Trude. Ihr erster Gedanke war vielleicht: »Irgendwann sägen die an meinem Stuhl.« Folglich ist die Reihe derer, die sie bisher rausgeekelt hat, länger als die angeblichen

Schlangen in Rostocker Kaufhallen beim Bananenverkauf: Rüttgers und Röttgen, Koch und Oettinger sowie der auf das Bundespräsidentenamt abgeschobene Wulff, um nur einige wenige zu nennen. Man muss kein Prophet sein, um vorherzusagen, dass diese dem Verfolgungswahn ähnliche und mit blankem Hass gepaarte Angst vor Konkurrenz im eigenen Lager über kurz oder lang ihr politisches Aus bedeuten wird. Und das wird – im Gegensatz zu den Gemobbten – endgültig sein: Koch und zu Guttenberg, Rüttgers, Röttgen und Wulff haben noch immer mächtige Freunde. Angela Merkel hat keinen einzigen. Und mal ehrlich: Wer will auch mit so was befreundet sein?

Normalerweise ist die DDR, Verbrechen natürlich ausgenommen, ein alter Hut. Es sei denn, einzelne wichtige Personen haben ihre damaligen Verhaltensweisen bis heute beibehalten. Beispiel Angela Merkel, deren damaliges konkretes Treiben noch immer als Tabu gilt. Das Ganze erinnert, bei allen Gegensätzen, an die Entnazifizierung, wonach 102 Prozent aller Deutschen erbitterte Hitler-Gegner waren.

Selbst wohlmeinende DDR-Genossen können kein einziges kritisches Wort oder gar eine oppositionelle Handlung von ihr überliefern, im Gegenteil: Glaubt man ihnen, wollte Merkel in der Partei Karriere machen. Das wäre nicht weiter schlimm; auch im Westen galt und gilt Karrierismus vielen als natürlich und lobenswert, und auch im Osten waren Millionen Menschen keinen Deut besser. Aber im Gegensatz zu Merkel haben sich diese Millionen Ost-Mitläufer auch nicht, kaum dass nach der Wende die DDR-Kritik ungefährlich und sogar willkommen war, den »neuen Herren« angedient und eine Turbokarriere hingelegt.

Ein sehr enger Freund erinnert sich an die Revolutionstage 1989 im *Spiegel*: »Alle waren aufgeregt, haben diskutiert.

Nur Angela saß an meinem ehemaligen Schreibtisch und machte irgendwas Fachliches. Ich habe sie gefragt, warum sie nicht bei den anderen sei. Sie hat gesagt, dass es ja sowieso nichts bringe. Insofern habe ich mich schon gewundert, dass sie ein paar Wochen später Sprecherin der Regierung de Maizière war.«[103] Dubios ist auch die Geschichte mit Merkels Passbild, das sich nach der Wende in einer Stasi-Fotosammlung von Personen fand, die bei der Annäherung an das Grundstück des Dissidenten Robert Havemann in Grünheide bei Berlin erfasst worden waren. Mit der Veröffentlichung dieses Fotos aber ist Merkel merkwürdigerweise bis heute nicht einverstanden.[104]

Fest steht jedenfalls: Merkels etwaige Distanz zum SED-Regime ist durch nichts belegt. Da hilft auch nicht der peinliche Versuch, sich zum Beispiel gegenüber der *Süddeutschen Zeitung* nachträglich als Ostberliner »Hausbesetzerin« zu inszenieren.[105] Böse Zungen behaupten: Gäbe es heute noch die DDR, so hätte Merkel aufgrund ihrer politischen Vita ohne weiteres auch dort Karriere machen und möglicherweise Erste Sekretärin des Politbüros des Zentralkomitees der Sozialistischen Einheitspartei Deutschlands und Staatsratsvorsitzende der Deutschen Demokratischen Republik werden können.

Zwar hatte Merkel zur Wendezeit nicht den Hauch von politischer Kompetenz. Mitgenommen aus dem stalinistischen DDR-Terrorismus hat sie aber den Ellbogenopportunismus: »Für mich waren nach der Wiedervereinigung sofort drei Dinge klar: Ich wollte in den Bundestag, eine schnelle deutsche Einheit und soziale Marktwirtschaft«, blökte die Ex-FDJ-Führerin schon Ende 1998.[106]

Entlarvend auch ein Zitat vom Mai 2004: »Früher wollte ich immer Dinge tun, die ich nicht konnte. Das ist heute sicher anders.«[107]

Man darf gar nicht denken, was einem widerfahren wäre, wäre man einer Stalinistin wie Merkel im Kalten Krieg in die Finger geraten.

Dass sie die »Wirtschaftskompetenz« von der Unternehmensberatung McKinsey hat, deren Ex-Deutschlandchef Jürgen Kluge ihr ebenso wie Siemens-Übervater Heinrich von Pierer lange Zeit ihre »strategischen Gedanken« ins Hirn diktierte, ist längst Allgemeinbildung. Und wenn sie es mal auf eigene Faust versucht, wird's eher peinlich. »Merkels Patzer lassen Unions-Strategen zittern«, frotzelt *Spiegel Online* im Dezember 2007. »Schlingerkurs beim Mindestlohn, effekthascherisches Poltern gegen Managerbezüge: Beim Versuch, sich wieder verstärkt in die Innenpolitik einzumischen, strauchelt die Kanzlerin von Fehler zu Fehler.«[108]
Holger Schmale von der *Berliner Zeitung* meinte sogar, die Kanzlerin sei »Teil des Problems und nicht seine Lösung ... Angela Merkel spielt mit ihrer Haltung der engagierten Unbestimmtheit eine fatale Rolle für die Union. Ihr präsidiales Auftreten führt zu einer Entpolitisierung der öffentlichen Debatte. Sie bedient sich populärer Themen, ohne wirklich Stellung oder Einfluss zu nehmen ... vermeidet systematisch politische Zuspitzung und politische Führung. Das schadet dem ganzen politischen System ...«[109]
Vor allem in Sachen Macht um der Macht willen hat Merkel allerdings beträchtlich hinzugelernt und sich die richtigen Souffleure und Gehilfen gesucht. Ob Kristina Schröder, Thomas de Maizière oder Peter Hintze: Kompetenz ist unwichtig. Was zählt, ist blinde Loyalität.
Ähnlich wie weiland Michail Gorbatschow hält sich Merkel aus der Innenpolitik heraus und versucht erfolgreich, sich auf der großen Weltbühne, derzeit in Sachen Euro

und EU, zu profilieren. »Von der sozialen Marktwirtschaft spricht sie wie von Klosterfrau Melissengeist – nie war sie so wertvoll wie heute«, amüsierte sich Heribert Prantl.[110] Und Franz Walter analysiert: »Es sind gerade die Alltagsthemen von Mitte und unten, die Merkel vernachlässigt: Probleme des Alters, der Pflege, der Gesundheitsversorgung, angemessene Löhne, gerechte Einkommensverteilung. Sicher auch die Konfusionen um die Energiewende. Natürlich der Wunsch nach biografisch kalkulierbaren und verlässlichen Chancen für den Nachwuchs. Und immer noch: die Sorge um Schule, Bildung, ein ausbalanciertes Leistungsverständnis, welches Muße und Solidarität mit einbezieht.«[111]

Merkel plädiert für jenen strikten Kaputtsparkurs, der schon in den Jahren vor der Nazizeit zu einer verheerenden Krise geführt und damit indirekt Hitlers Machtergreifung erst ermöglicht hatte. Typischerweise gilt bei ihr der Sparkurs aber nur für die normalen und bettelarmen Mitbürger, während den Wirtschaftsverbrechern vor allem im Finanzsektor die Billionen-Rettungsschirme nur so hinterhergeworfen werden. Über Gerhard Schröder lästerte man wegen seiner Vorliebe für Cohiba-Zigarren. Wäre Merkel Raucherin, würde sie sich dann ihre Zigaretten mit 100-Euro-Scheinen anzünden? Ihr Geld ist es ja nicht.

Anders als Gorbatschow aber kann Merkel beim Wähler und auch sonst Pluspunkte sammeln. Anfang 2013 waren mit ihrer Arbeit 71 Prozent der Deutschen zufrieden, der beste Wert seit September 2009.[112] International wird ihre aus der deutschen Geschichte sattsam bekannte Herrenmenschenmentalität je nach Standpunkt bewundert oder gefürchtet. Einerseits wählte das Wirtschaftsmagazin *Forbes* Angela Merkel zum zweiten Mal in Folge zur mächtigsten Frau der Welt. Grund: ihre Arbeit in der Finanzkrise.[113] Andererseits schallte ihr bei ihrem Griechenlandbesuch im Oktober 2012 ein herzliches, tausendfaches »Tochter Hitlers – raus du Schlampe« entgegen.[114] »Von der eisernen Lady Europas zur Pappkameradin«, mokierte sich die *Süddeutsche*,[115] Tendenz weiter fallend.

Dass sie dennoch bei ihren hiesigen Mitbürgern zu den beliebtesten Politikern zählt, wird irgendwann in die Charts der Weltwunder aufgenommen, womöglich noch vor den Pyramiden von Gizeh.

> Beliebtheit sollte kein Maßstab für die Wahl
> von Politikern sein.
> Wenn es auf die Popularität ankäme,
> säßen Donald Duck und die Muppets
> längst im Senat.
>
> *Orson Welles*

Vor allem in Sachen Macht um der Macht willen hat Merkel allerdings beträchtlich hinzugelernt und sich die richtigen Souffleure und Gehilfen gesucht, allen voran Beate Baumann, Merkels Büroleiterin und engste Vertraute. So eine darf natürlich nicht mehr von politischen Inhalten und Hintergründen verstehen als die Kanzlerin selbst, und diese Gefahr besteht bei der gelernten Osnabrücker Lehrerin Baumann auch nicht.

Beate Baumann (CDU), Lehrerin, Leiterin des Kanzlerbüros: Merkels Machterhalt als Lebensinhalt

Beate Baumann, geboren am 28. März 1963 in Osnabrück, hat in der Politik von nichts eine fundierte Sachkenntnis und redet überall mit.

Als Kind von CDU-Eltern geht ihr schon früh der »linke Gruppenzwang«[116] – sprich: die Friedensbewegung – auf die Nerven, und so landet sie zwangsläufig bei den Nachrüstungsfanatikern von der Jungen Union. Aber auch hier mag sie niemand: »Nichts als ein ›Was will die denn hier?‹ war der Studentin Beate Baumann bis zu diesem Zeitpunkt im Sitzungszimmer entgegengeschlagen«, berichtet Baumann-Kurzbiograf Christoph Schwennicke in der *Süddeutschen Zeitung,* »als diese still für sich beschloss, dass ihre erste JU-Sitzung auch ihre letzte sein sollte.«[117] Aber just in diesem Moment, im Spätsommer 1984, ruft ihr Christian Wulff die schicksalsschweren Worte »Warte mal« hinterher. Baumann wartet, und Wulff wartet seinerseits, bis sie 1990 ihr Examen gemacht hat, und drückt sie 1992 der damaligen Familienministerin Merkel als Referentin aufs Auge – quasi als Trainerin in Sachen Wessikultur. Die Ostfrau kennt ja nicht die Leiden westlicher CDU-Kinder: »Man versteht sich, weiß, wie es war, als man auf dem Schulhof als Mitglied der Schülerunion ausgelacht wurde.«[118]

Keinerlei Fachkompetenz, aber jede Menge Ehrgeiz, dazu ein Weltbild irgendwo zwischen *Bayernkurier* und *Focus:* So etwas schweißt zusammen. Es ist der Beginn einer wunderbaren Freundschaft.

Ab 1995 ist Baumann Büroleiterin der Umweltministerin Merkel, ab 1998 der CDU-Generalsekretärin Merkel, ab 2002 der Partei- und Fraktionschefin Merkel und seit 2005 der Kanzlerin Merkel. »Sie hat nur ein politisches Ziel, den Machterhalt ihrer Chefin«, schreibt Ralf Neukirch im *Spiegel*. »Es ist die Aufgabe, der sie alles untergeordnet hat: Freundschaften, Karriere, das eigene Leben.« Sie »ist die Frau auf der unsichtbaren Seite der Macht. Man weiß, dass es sie gibt, aber Genaues ist nicht bekannt. Sie tritt nicht öffentlich auf und gibt keine Interviews. Sie ist ein Phantom.« Baumann »verfasst die wichtigen Reden, sie liest jedes Interview. Es ist der Bereich, in dem ihr Einfluss am stärksten ist.«[119]

Insider berichten, dass Baumann »gnadenlos alles weggebissen hat, was der Chefin zu nahe kam und wie potentielle Konkurrenz aussah … Regelrecht wesensverändert und beaufsichtigt habe die in ihrem natürlichen Kern unbekümmerte Merkel immer gewirkt, sobald Beate Baumann dabei gewesen sei und sie beobachtet habe.« Sogar Merkels CDU-Landesverband soll sich mit der »strukturellen Amtsanmaßung« Baumanns einmal befasst haben. Von Anfang an habe Baumann ein »Klima der Angst« geschaffen und sich »wie ein Terrier in Waden verbissen, wenn sie den Eindruck hatte, da will einer ihrer Herrin Böses«. Ralf Neukirch urteilt über die verhinderte Vokabelpaukerin: »Beate Baumann ist die Frau, der selbst die Kanzlerin gehorcht.«[120]

Volker Kauder (CDU), Jurist, Fraktionschef – Merkels Männchen für alles

Volker Kauder, geboren am 3. September 1949 in Hoffenheim, ist ein christlich-neoliberaler Scharfmacher. Seit 1977 ist er Volljurist, seit 1966 in der CDU. Von 1966 bis 1984 war er Mitglied der Jungen Union, von 1969 bis 1973 Chef der

Jungen Union Konstanz, von 1975 bis 1991 Pressesprecher und im Vorstand der CDU Südbaden, von 1985 bis 1999 Vorsitzender des CDU-Kreises Tuttlingen, seit 1990 im Bundestag, seit 1991 Generalsekretär der CDU Baden-Württemberg, von 1998 bis 2002 Chef der CDU-Landesgruppe Baden-Württemberg im Bundestag, seit September 2002 Parlamentarischer Geschäftsführer, ab Januar 2005 CDU-Generalsekretär und seit Dezember 2005 Fraktionschef.

Kauders Vater war im Kreistag, sein Schwiegervater Hermann Biechele war wie Kauder im Bundestag, sein Bruder Siegfried ist es noch. Die sonst so seriöse dpa rühmt ihn als »Arbeitstier … ehrlich, geradlinig«.[121]

Ehrlich und geradlinig lobpreist er nach Recherchen der *Frankfurter Allgemeinen Sonntagszeitung* am 23. Juni 1993 als Generalsekretär der CDU Baden-Württembergs: »Dr. Filbinger war ein ausgewiesener Gegner des nationalsozialistischen Regimes, der schon als Student auf die schwarze Liste der ›politisch Unzuverlässigen‹ gesetzt wurde.« Folglich ist der Sturz Filbingers 1978 für den Patrioten Kauder eine »Rufmordlegende«.[122]

Aber zwei Herzen schlagen, ach, in Kauders Brust, neben dem patriotischen auch noch das konzern- und millionärshörige: Nach Kauders Logik hat es in Deutschland Korruption durch Parteispenden nie gegeben und wird es wohl auch bis zum Verglühen der Erde in acht Milliarden Jahren niemals geben. Allerdings hat der Waffenhersteller Heckler & Koch, der in Kauders Wahlkreis sitzt, in dem CDU-Friedensapostel bislang immer einen gewichtigen Fürsprecher gehabt. Einen Zusammenhang zwischen hohen Parteispenden an die CDU in Baden-Württemberg und Kauders Hilfe hat Heckler & Koch immer bestritten. Auf Kauders Internetseite allerdings ist im Mai 2007 zu lesen: »Ich unterstütze die heimische Industrie besonders in allen Fragen, in denen der Bund gefragt ist. Bei der Abwicklung von Exportaufträgen helfe ich gerne.«[123]

Nur folgerichtig kämpft er heldenhaft gegen mehr Transparenz bei den Nebeneinkünften der Abgeordneten. Besonders eine Offenlegung der Steuererklärung von Politikern wie in den USA ist ihm ein Horror. Dies werde die Deutschen so abschrecken, dass sich nur noch Beamte mit Rückkehrgarantie in die Parlamente wählen ließen.

Als tiefgläubiger Christ fordert er Kruzifixe an allen Schulen. Und so sieht seine Umsetzung der Worte Jesu Christi aus: »Volker Kauder hält Altersarmut für eine Mär«,[124] wohingegen er sich »große Sorgen um Alkoholexzesse unter Jugendlichen« macht.[125] Die Arbeitslosen sind für ihn Menschen, die »sinnlos herumgammeln« und lieber »eine Gegenleistung erbringen« sollten.[126] Und mit Mindestlohn für Zeitarbeiter braucht man ihm gar nicht erst zu kommen.

Aber was er bei den Armen spart, kann der umgekehrte Robin Hood den Reichen zuschustern. So holt er für den Reibach der Millionärsnachkommen bei der Reform der Erbschaftssteuer das Optimale heraus.

Bei alledem macht Kauder natürlich sein eigenes Ding. So unterstützt er im Streit um die Unions-Kanzlerkandidatur vor der Wahl 2002 Edmund Stoiber und sattelt nach dessen Niederlage unverzüglich zum engen Vertrauten von Angela Merkel um. Und sein derzeitiges Amt als Fraktionschef kommt seinem früheren Berufswunsch Zirkusdirektor schon sehr nahe. Aber wie lange er Merkel vor dem Abgeordnetenrudel schützt oder ob er es eines Tages gegen die Kanzlerin mobilmachen wird, bleibt abzuwarten.

In einem Interview mit der *Frankfurter Rundschau* im Dezember 2010 sprach Kauder sich gegen ein Adoptionsrecht für homosexuelle Paare mit der Begründung aus, er »glaube nicht, dass sich Kinder wünschen, in einer homosexuellen Partnerschaft aufzuwachsen«.[127] Darauf sprachen Medien wie die *taz* von Kauder als »Glaubensbruder der *Evangelikalen*«,[128] also jener »christlichen« Fundis, die uns weismachen wollen, Gott habe die Welt erst vor etwa 6000 Jahren erschaffen, also etwa 100 000 Jahre *nach* den ersten Höhlenmalereien. In den USA stecken diese gemeingefährlichen Psychopathen Abtreibungskliniken in Brand und ermorden deren Ärzte. Aber damit hat Herr Kauder natürlich nichts zu tun.[129] Mariam Lau schreibt über Evangelikale wie Kauder in *Welt Online:* Die Balance zwischen Glauben und realistischer Politik ist für sie oft schwierig.[130]

Dass viele Zeitgenossen den Begriff *nüchterner Bayer* für einen ähnlichen Widerspruch halten wie *schwarzer Schimmel* ist auch das Verdienst von Saufpropagandisten wie Kauder. Zu seinen wenigen erwähnenswerten Leistungen gehört sein konsequenter Kampf für den Alkoholismus. Seine Äußerung auf dem Berliner Oktoberfest 2010, »Zwei, drei Weizenbier am Tag, die müssen einfach sein«, erregte Aufsehen und wurde als »nicht hilfreich im Kampf gegen Alkoholmissbrauch« kritisiert.[131]
Im August 2011 wurde Kauders Haltung zum Alkohol in der NDR-Dokumentation *Mittrinken gilt als normal* erneut kritisiert. Kauder war zuvor nach 2010 ein weiteres Jahr vom Bund Deutscher Brauer zum Bierbotschafter ernannt worden und äußerte dabei: »Ich will in den nächsten zwölf Monaten für dieses deutsche Bier werben … Ich bin der Überzeugung, es ist eine Unkultur geworden, dass in so vielen Gläsern unseres Landes am Abend stilles Wasser hängt – ich bin der Meinung, auch im Glas muss was los sein!«[132]

Während des US-Völkermordes in Vietnam bekamen die Soldaten Rauschgift, um die Hemmschwelle für das Abschlachten von Frauen und Kindern zu senken.[133] Und mit ausreichend Promille im Blut sieht man auch die Ausfuhr von Mordmaterial nicht mehr so verbissen. »Volker Kauder steht in der Kritik, Waffenexporte des Unternehmens Heckler & Koch zu unterstützen und bei der Abwicklung von Aufträgen zu helfen.«[134] Die *Zeit* nennt Kauder einen »gewichtigen Fürsprecher«[135] des in seinem Wahlkreis ansässigen, profitabel arbeitenden, jedoch als hoch verschuldet geltenden Waffenherstellers, gegen den die Staatsanwaltschaft wegen Bestechung von Amtsträgern ermittelt. »Nach Aussage des Hauptgesellschafters Andreas Heeschen habe Kauder ›immer wieder die Hand über uns gehalten‹. Ein Zusammenhang zwischen Spenden des Unternehmens (70 000 Euro in den Jahren von 2001 bis 2011 an die CDU) und einem Einsatz von Kauder für Heckler & Koch wird aber seitens des Unternehmens verneint.«[136] Kauder äußerte, er kümmere sich um alle Firmen in seinem Wahlkreis, sei aber nicht käuflich.[137]

Wer Waffenlobbyisten für ähnlich harmlos halten sollte wie Kellner, die einem gegen Bares den besten Tisch zuweisen, der sollte sich einmal die Dokus über getötete oder zeitlebens verkrüppelte Kinder ansehen. Was zum Beispiel würden Eltern tun, deren Kinder durch deutsche Waffen ihre Beine oder gar ihr Leben verloren hätten, wenn diese Eltern die Privatadressen der Waffen-Manager hätten?

Kleines Schmankerl am Rande: Was er von der politischen Konkurrenz hält, offenbarte er vor dem Bundestag im September 2013, als er seine Kollegen »Fraktionsfotzen« nannte.[138]

Sigmar Gabriel (SPD),
Lehrer, SPD-Vorsitzender –
der Mann ohne Eigenschaften

Sigmar Gabriel, geboren am 12. September 1959 in Goslar, ist sich für fast nichts zu schade, wenn es nur der Karriere nützt. Aber wie kann ein durchschnittlicher Englischlehrer auch sonst ins Fernsehen kommen?

Seit 1977 ist er in der SPD, seit 1979 in der Gewerkschaft Öffentliche Dienste, Transport und Verkehr (ÖTV), später in der IG Metall und der Arbeiterwohlfahrt, von 1983 bis 1988 »Dozent« in der politischen Erwachsenenbildung von ÖTV und IG Metall, ab 1987 im Kreistag Goslar. Nach dem Examen als Studienrat für Englisch 1988 ist er ab 1989 Volkshochschullehrer, ab 1990 im Niedersächsischen Landtag und im Umweltausschuss, ab 1994 Innenpolitischer Fraktionssprecher, ab 1997 Vize- und ab 1998 Fraktionschef, ab 1999 im Parteivorstand, ab 1999 Ministerpräsident und nach verlorener Wahl ab 2003 Fraktionschef und Pop-Verantwortlicher (wirklich kein Witz!) der Bundespartei, seit 2005 im Bundestag und Umweltminister.

Aber auch minderbemittelte Lehrer wollen ihr Gehalt aufbessern: Ende 2005 steht der Mann, der den Kindern Moral beibringen sollte, unter Bestechungsverdacht: Am 1. November 2003 habe der VW-Personalvorstand Peter Hartz einen Auftrag an die Lutz Lehmann & Sigmar Gabriel GbR erteilt – genau an diesem Tag sei Gabriel als geschäftsführender Gesellschafter eingestiegen. Im Gegenzug habe Gabriel mehrmals in Brüssel gegenüber hochrangigen EU-Vertretern die VW-Interessen vertreten. Mangels »Anfangsverdacht einer Straftat« gibt's jedoch nicht einmal ein Ermittlungsverfahren. Wie gehabt: Die Großen lässt man laufen. Dass so etwas Vizepräsident der Sozialistischen Internationale ist, ließe einen Willy Brandt im Grab rotieren.

Wenigstens fällt er im November 2007 bei der Wahl ins SPD-Präsidium durch. Einen Rest an Schamgefühl gab es damals bei der SPD wohl doch noch.

Dafür klappt es am 13. Oktober 2009. Aus Mangel an anderen halbwegs integren SPD-Granden kürt man ihn auf dem SPD-Bundesparteitag in Dresden am 13. November 2009 mit 94,2% der Delegiertenstimmen zum Parteichef. Im Dezember 2011 wird Gabriel für weitere zwei Jahre im Amt bestätigt. Da sage noch einer, die SPD habe keinen Sinn für Sarkasmus und Masochismus.

Aber Klugscheißer scheißen klug: »Für uns ist Gerechtigkeit kein Wahlkampfthema, sondern eine innere Haltung, um die man kämpfen muss.«

Und nichts geht, ohne das Blaue vom Himmel zu versprechen: Im Falle eines Wahlsiegs wolle die SPD mit einem Fünf-Milliarden-Programm besonders den Wohnungsbau in Städten stärken, um den Mietenanstieg zu bremsen.[139] Überhaupt spielt Gabriel, den man sich eher als Bahnhofsvorsteher oder Kneipenwirt vorstellen könnte, die soziale Karte. Äußerungen Steinbrücks und Steinmeiers zum Thema Gerechtigkeit erzeugen bei den meisten Bürgern schließlich nur noch müdes Grinsen oder Lachkrämpfe. Gabriel hingegen kann als klassischer »Mann ohne Eigenschaften« (Robert Musil) fast jede politische Position vertreten, warum nicht auch die des Sozialheuchlers?

Mal wirft er der Regierung »Missachtung alter Menschen« vor und fordert »flexible Übergänge in die Rente«,[140] mal kämpft er gegen das Betreuungsgeld als »irrsinnige« Leistung.[141] Wann fordert er die Freiheit für die unterdrückten Telefonnummern?

Peer Steinbrück (SPD),
Volkswirt, Kanzlerkandidat –
der Mega-Absahner

Peer Steinbrück, geboren am 10. Januar 1947 in Hamburg, in der Schule 1953 bis 1968 zweimal sitzengeblieben, bis es wenigstens zur fachgebundenen Hochschulreife (Fachrichtung Wirtschaft) reichte. Seit 1974 ist er Diplom-Volkswirt, seit 1969 in der SPD und war von 2005 bis 2009 stellvertretender Bundesvorsitzender. Seit 1974 Mitarbeiter im Bundesministerium für Raumordnung, Bauwesen und Städtebau, seit 1976 im Bundesministerium für Verkehr, Bau und Stadtentwicklung, von Juni 1978 bis Februar 1981 Hilfsreferent im Kanzleramt von Helmut Schmidt, seit 1981 in der Ständigen Vertretung der Bundesrepublik in Ost-Berlin, Abteilung Wirtschaft. Von 1981 bis 1982 persönlicher Referent für Bundesforschungsminister Andreas von Bülow.

Nach dem Sturz von Helmut Schmidt im Herbst 1982 machte er zunächst nichts, wurde aber im Frühjahr 1983 Referent der SPD-Bundestagsfraktion, seit 1985 im Ministerium für Umwelt, Raumordnung und Landwirtschaft in NRW, von 1986 bis 1990 Büroleiter des Landesvaters Johannes Rau, seit 1990 Staatssekretär in Schleswig-Holstein unter Ministerpräsident Björn Engholm, bis 1992 Ministerium für Natur, Umwelt und Landesentwicklung. Dann wechselte er bis 1993 in das Wirtschaftsressort, wo er von Mai 1993 bis Oktober 1998 Minister für Wirtschaft, Technik und Verkehr unter Heide Simonis war.

Ab dem 28. Oktober 1998 war Steinbrück Minister für Wirtschaft und Mittelstand, Technologie und Verkehr in NRW unter Wolfgang Clement, ab Februar 2000 Finanzminister, ab November 2002 NRW-Ministerpräsident. Die

Landtagswahl 2005 verlor er als SPD-Spitzenkandidat gegen Jürgen Rüttgers.

Wie so viele gescheiterte Landesfürsten fand er Zuflucht im Bundeskabinett. Im November 2005 wurde er Finanzminister unter Angela Merkel. Er versprach unter anderem die Förderung von Private-Equity- und Real-Estate-Investment-Trusts.[142] Die Heuschrecken nannte er einen »Segen für die Volkswirtschaft eines Landes«.[143]

Bis September 2008 vertrat Steinbrück die Ansicht, das deutsche Bankensystem sei stabil und habe keine Rettung nötig.[144] Ende September 2008 wurde diese Position mit einer in kurzer Zeit ausgehandelten Rettung der Hypo Real Estate (HRE) revidiert.

Die Bank erhielt staatliche Garantiezusagen in dreistelliger Milliardenhöhe, und als Ergebnis der Verhandlungen durften private Banken weiterhin einen verzinsten Kredit von 15 Mrd. Euro an die HRE vergeben, für den nun der Staat haftete. Im später installierten HRE-Untersuchungsausschuss wurde Steinbrück vorgeworfen, dass durch ein früheres Eingreifen bei der unvermeidlichen Pleite der HRE Schäden hätten vermindert werden können (so unterrichtete ihn z. B. BaFin-Präsident Jochen Sanio im Januar 2008 von der HRE-Krise). Steinbrück vertrat vor dem HRE-Ausschuss hingegen die Ansicht, die HRE-Krise sei nicht absehbar gewesen und nur durch die Entscheidung der US-Regierung bedingt, Lehman Brothers pleitegehen zu lassen.

Neben der teuren HRE-Rettung wurde mit einer Reihe von Bankenhilfen, u. a. für die IKB Deutsche Industriebank (nach staatlicher Rettung an Lone Star wieder privatisiert), die SachsenLB, die BayernLB und die Commerzbank (Einstieg als Hauptaktionär für einen um 15 Mrd. Euro höheren Preis als an der Börse für die Aktien gehandelt), auf die Finanzkrise reagiert. Des Weiteren wurde mit einem 500-Milliarden-Euro-Vermögen die Bundesanstalt für Finanzmarktstabilisierung gegründet. Von den Banken und Medien wurden die Pakete begrüßt, und Steinbrück erhielt für die Politik während der Finanzkrise Ende 2008 den Politikpreis von der Zeitschrift *Politik & Kommunikation.*

Zur allgemeinen Abwendung der Wirtschaftskrise wurden auch Konjunkturprogramme aufgelegt, jedoch gegen den Willen Steinbrücks. Die Konjunkturprogramme sollten nach weiterer Ansicht Steinbrücks nur kurz andauern; stattdessen sollten Zinserhöhungen der Zentralbank zur Verhinderung einer Inflation durchgeführt werden.

Nach der deutlichen Wahlniederlage im Oktober 2009 war Schluss mit Finanzminister, und natürlich kam er nur über die Landesliste in den Bundestag. Am 29. September gab Steinbrück seinen weitestgehenden Rückzug aus der Spitzenpolitik bekannt. So legte er das Amt des stellvertretenden Bundesvorsitzenden der SPD nieder und erklärte den Verzicht auf neue Ämter, behielt aber sein Bundestagsmandat.[145]

Nun aber nörgelte er gegen die Position Sigmar Gabriels, die Politik stärker auf die Interessen der Mehrheit der Arbeitnehmer und der Schwachen in der Gesellschaft auszurichten, und gegen die von ihm unterstellte einseitige Fokussierung auf den Bereich Sozialpolitik.[146]

Da die Alternativen für den Kampf gegen Merkel eher an eine verkommene und verlogene Clown-Truppe erinnerten, fiel die Wahl zwangsläufig auf den prolligen Halbäugigen unter den Blinden. Am 9. Dezember 2012 wurde er dann auf einem Sonderparteitag mit 93,45 Prozent zum Kanzlerkandidaten gewählt.

Laut dem *Manager Magazin* kritisieren Wirtschaftswissenschaftler unterschiedlicher Schulen den ökonomischen Sachverstand Steinbrücks scharf. So entbehre nach Ansicht des Direktors des gewerkschaftsnahen Instituts für Makroökonomie und Konjunkturforschung, Gustav Horn, die Ablehnung der Konjunkturprogramme, die Steinbrück mit Sorge vor Inflation begründete, nicht »des Absurden«.[147]

Schon 2003 geriet Peer Steinbrück im Rahmen der WestLB-Affäre in die Kritik, da er an den Sitzungen des Kreditausschusses, dem er als Ministerpräsident angehörte, nicht teilgenommen hatte. Hinzu kam, dass er dabei nicht auf die damit verbundenen Bezüge verzichtet hatte. Gemäß dem Landesministergesetz und der Nebentätigkeitsverordnung des Landes hatte der damalige Finanzminister Peer Steinbrück jedoch die Einkünfte bis auf 6000 Euro an die Landeskasse abgeführt.

Im April 2012 wurde bekannt, dass Steinbrück von allen Abgeordneten des Deutschen Bundestages die höchsten veröffentlichten Nebeneinkünfte hat. So kam er zwischen Oktober 2009 und Februar 2012 auf mehr als 75 Vorträge, bei denen er fast immer ein Honorar von mindestens 7000 Euro (die genaue Summe ist nicht veröffentlicht und kann erheblich höher liegen) erhielt. Zusätzlich wurde seine Funktion als Aufsichtsrat beim Stahlkonzern ThyssenKrupp im Geschäftsjahr 2009/2010 mit knapp 50000 Euro vergütet. Insgesamt habe Steinbrück laut Medienberichten in der Zeit zwischen 2009 und 2012 mindestens 500000 Euro an Nebeneinkünften gehabt. Verschiedene Beobachter schätzen seine zu versteuernden Nebeneinkünfte mit knapp 1250000 Euro noch höher ein.

Die Antikorruptionsorganisation Transparency International rügte Steinbrück und warf ihm vor, nicht einmal geltende Bundestagsregeln korrekt zu befolgen. Sie forderte ihn auf, nicht nur die Namen seiner Redneragenturen, sondern die tatsächlichen Auftraggeber zu benennen.[148]

Seinen Einkommensteuerbescheid wollte Steinbrück nicht veröffentlichen.[149] Vor seiner Nominierung als SPD-Kanzlerkandidat hatte er allerdings angekündigt, künftig keine bezahlten Vorträge mehr zu halten.[150]

Im November 2012 wurden zusätzliche Nebeneinkünfte bekannt. Aus Buchhonoraren erhielt er 550 000 Euro, eine weitere fünfstellige Summe für ein Interview im Geschäftsbericht des Baukonzerns Bilfinger Berger, 115 000 Euro für sein Aufsichtsratsmandat und 65 000 Euro für das abgeschlossene Geschäftsjahr vom Stahlriesen ThyssenKrupp. So sind bisher in der laufenden Legislaturperiode (2009 bis heute) allein aus Nebeneinkünften ca. 2 Mio. Euro (brutto) bekannt. Darüber hinaus erhält er seit 2010 als Mitglied des Aufsichtsrates bei der Borussia Dortmund GmbH & Co. KGaA jährlich 10 000 Euro.[151]

Im Dezember 2012 konterte Steinbrück dummdreist, er halte das Gehalt des Bundeskanzlers, der Bundesminister und der Bundestagsabgeordneten für zu niedrig, »gemessen an der Leistung, die sie oder er erbringen muss und im Verhältnis zu anderen Tätigkeiten mit weit weniger Verantwortung und viel größerem Gehalt«. Dieses saudumme Gelaber brachte ihm auch Schelte aus der eigenen Partei ein.[152]

Umso grotesker sein urplötzliches Gesülze vom Dezember 2012, er wolle die soziale Gerechtigkeit zum Wahlkampfthema machen.[153] Kein Wunder also, dass kein anständiger Sozialdemokrat mit solchen Elementen etwas zu tun haben will.

Seine Klientel ist eine andere, wie der Göttinger Politprofessor Franz Walter herausgefunden hat. Und Walter weiß auch, dass die Mehrheit der SPD-Basis einen geld- und machtgeilen Neoliberalen nie und nimmer gewählt hätte:

»An der ganzen Kandidatenkür waren wie eh und je nur kleinste Cliquen beteiligt … Es hat jedenfalls keine stürmische innerparteiliche Massenbewegung Peer Steinbrück nach ganz oben getragen.«[154]
Es ist geradezu typisch für den tiefen moralischen Verfall der SPD-Führer, dass sie ausgerechnet diese äußerst zwielichtige Figur zum Spitzenkandidaten kürten:

• Seit seiner Zeit als rot-schwarzer Finanzminister (2005 bis 2009) jubelt er, wie schon erwähnt, bei jeder Gelegenheit die gemeingefährlichen Heuschrecken, die Mitverantwortlichen für die Weltfinanzkrise, zum »Segen für die Volkswirtschaft eines Landes«[155] hoch.
• Laut *Süddeutscher Zeitung* wollte er im Jahre 2005 das Verscherbeln des gesamten 12 000 Kilometer langen deutschen Autobahnnetzes – Wert laut Deutschem Institut für Wirtschaftsforschung 213 Milliarden Euro – für lächerliche 127 Milliarden Euro an ebendiese Profitgeier »sorgfältig abwägen«.[156]

Spiegel Online titelte am 6. Oktober 2012: »Steinbrück pflegte Nähe zu Bankenlobbyisten«. Demnach hatte Steinbrück intensive Beziehungen zu Bankenlobbyisten und einer Wirtschaftskanzlei. »Diese durften in seiner Zeit als Bundesfinanzminister die Gründung einer halbstaatlichen Beratungsfirma für Public-Private-Partnership-Modelle vorbereiten – später hielt Steinbrück bei einigen der beteiligten Firmen bezahlte Vorträge.«
Im Einzelnen: »Die Lobbyorganisation Initiative Finanzstandort Deutschland erarbeitete 2007 das Konzept für diese Beratungsfirma (ÖPP Deutschland AG), das Rechtsgutachten lieferte die Wirtschaftskanzlei Freshfields Bruck-

haus Deringer; Steinbrück stimmte dem Konzept zu, das Finanzministerium beteiligte sich später mit rund 50 Prozent an der ÖPP Deutschland AG. Nach seinem Ausscheiden aus dem Ministerium trat Steinbrück sowohl bei Freshfields Bruckhaus Deringer als auch bei mehreren beteiligten Finanzinstituten wie der Deutschen Bank und der Landesbank Hessen-Thüringen als Redner auf – vergütet mit jeweils mindestens 7000 Euro.«

Ähnliches gelte für die Automatenwirtschaft, die Lobbyarbeit für Spielkasinos betreibt. So sei er im Herbst 2010 bei Feierlichkeiten zum 20-jährigen Jubiläum des Forums für Automatenunternehmer in Europa aufgetreten. Auf der Liste seiner Nebenjobs sei als Auftraggeber eine Forum Marketing-Service GmbH in Berlin genannt, die der Automatenwirtschaft gehöre.[157]

Derlei Praxis brachte sogar das Häuflein integrer SPD-Bundestagsabgeordneter wie etwa den Vorsitzenden der SPD-Arbeitsgemeinschaft für Arbeitnehmerfragen, Klaus Barthel, auf die Palme, die dem Absahner zur Offenheit rieten: »Peer Steinbrück kann dadurch nur gewinnen … Mit solch einem Schritt für größte Transparenz setzt er seine Kritiker unter Druck, denn es sind Union und FDP, die sich einem Gesetz für eine komplette Offenlegung der Nebenverdienste verweigern.«[158]

Linksparteichef Bernd Riexinger entlarvte einen bezeichnenden Zusammenhang: So sagte er zu erwähntem Vortrag bei der Wirtschaftskanzlei Freshfields Bruckhaus Deringer: »Es hat mehr als ein Geschmäckle, wenn man als Minister eine Lobbykanzlei ein milliardenschweres Bankenrettungsgesetz schreiben lässt und danach bei derselben Kanzlei für ein Fantasiehonorar als Referent auftritt.« Die

Frankfurter Kanzlei formulierte maßgeblich unter anderem den Entwurf für das Finanzmarktstabilisierungsgesetz, das in Steinbrücks Amtszeit als Bundesfinanzminister beschlossen wurde.[159]

Und der Koordinator der SPD-Linken im SPD-Parteivorstand, Ralf Stegner, bemerkt zu Steinbrücks Nebeneinkünften: »Es ist natürlich klar, dass auch die meisten Parteimitglieder eine solch hohe Summe immer skeptisch sehen werden.«[160]

Susanne Höll von der *Süddeutschen Zeitung* meinte süffisant: »Steinbrück steht nun vor einer besonderen Herausforderung: Er muss laut und vor allem glaubwürdig über soziale Gerechtigkeit in Deutschland sprechen.«[161] Na klar, klingt ja auch blöd, wenn ein Politiker, der für ein paar Minuten halbgebildetes neoliberales Herumgestammel ein Vielfaches mehr erhält als Hartz-IV-Arme, diesen Menschen weismachen will, von knapp 500 Euro könne man bequem in Saus und Braus leben. Was riet doch Steinbrücks Blutsbruder und Vorbild aller SPD-Funktionäre, Thilo Sarrazin: »Wenn die Energiekosten so hoch sind wie die Mieten, werden sich die Menschen überlegen, ob sie mit einem dicken Pullover nicht auch bei 15 oder 16 Grad Zimmertemperatur vernünftig leben können.«[162]

Bilanz der *Süddeutschen Zeitung* im Januar 2013: »Steinbrück im Verschiss«.[163]

Fast könnte man sagen: Jedes Volk hat seine »Eliten« verdient. Und sollte einer, der – im Gegensatz zu über 90 Prozent unserer Bürger – gleich zweimal geistig damit überfordert war, ein simples Schuljahr erfolgreich zu überstehen, irgendwann Kanzler werden, dann mag man den Skeptikern mit ihrem Gerede vom »Untergang des Abendlandes« und »Zuständen wie im alten Rom in der Endphase« fast recht geben.

Frank-Walter Steinmeier (SPD), Jurist –
Moral: etwas für Weicheier?

Frank-Walter Steinmeier, geboren am 5. Januar 1956 in Detmold (Kreis Lippe), wäre nach den Worten des Fernsehjournalisten Friedrich Küppersbusch »in einer gefühlten Brandt-SPD rechter Rand«.[164] Seit 1986 ist er Volljurist, von 1986 bis 1991 war er Wissenschaftlicher Mitarbeiter an der Uni Gießen, 1991 Medienreferent der Niedersächsischen Staatskanzlei unter Ministerpräsident Gerhard Schröder, von 1993 bis 1994 Schröders Büroleiter, danach bis 1996 Chef der Abteilung für Richtlinien der Politik, Ressortkoordinierung und -planung, von 1996 bis 1998 Staatssekretär und Leiter der Niedersächsischen Staatskanzlei, ab 1998 Staatssekretär im Bundeskanzleramt und Beauftragter für die Nachrichtendienste, ab Juli 1999 Chef des Bundeskanzleramtes, von 2005 bis 2009 Außenminister, seit 2007 Vizekanzler, seit 2008 Kanzlerkandidat, seit der Wahlniederlage 2009 im September 2009 Fraktionschef.

Steinmeier galt unter Rot-Grün als »Kanzlerflüsterer« und »Architekt der Agenda 2010«. Der *Stern* sieht ihn als »allwissende graue Effizienz«, umgeben »von buckelnden Zwergen«.[165]

Als Außenminister bejubelt er im Frühjahr 2008 die Verabschiedung der Anti-Streubomben-Konvention von Dublin durch 109 Staaten als Erfolg, obwohl er in den Verhandlungen als Bremser aufgetreten ist. Dies findet jedenfalls die damalige Grünen-Chefin Claudia Roth und wirft ihm Heuchelei vor. Tatsächlich hat er die deutschen Streubomben ursprünglich erst mit jahrelanger Verzögerung vernichten wollen. Außerdem drückte er eine Verwässerung im Interesse der US-Regierung durch: Die Unterzeichner dürfen an Kriegseinsätzen der USA und anderer Länder teilnehmen, auch wenn dabei durch Streubomben Frauen und Kinder getötet oder verstümmelt werden.

Aber auch in Europa haut Steinmeier auf den Putz. Als im Juni 2008 die Iren in einem Referendum den Vertrag von Lissabon klar ablehnten, riet ihnen Steinmeier zum »Ausstieg aus der EU«.

Im September 2008 reißt er die Kanzlerkandidatur an sich, obwohl im März laut Emnid 91 Prozent der SPD-Wähler für eine Urwahl plädiert hatten. Kurz darauf setzt er sich für eine Ampelkoalition ein.

Wahre Bände in Sachen Moral und Wahrheitsliebe spricht der Skandal um den in Bremen geborenen Türken Murat Kurnaz, mit dem von 2006 bis 2008 zwei Bundestagsgremien beschäftigt waren: Der Verteidigungsausschuss befasst sich mit dem Vorwurf der Misshandlung Kurnaz' durch deutsche KSK-Soldaten im Gefangenenlager von Kandahar Anfang 2002. Zwar findet man keine Beweise, aber für den Ausschussvorsitzenden Siegfried Kauder (CDU) bleibt am Ende ein »beklemmendes Gefühl«. Und der BND-Untersuchungsausschuss nimmt sich der Frage an, ob die damalige rot-grüne Bundesregierung Kurnaz während seiner Inhaftierung in Guantanamo von 2002 bis 2006 frühzeitig hätte zu Hilfe eilen können. Im März 2007 meldet *Spiegel Online:* »Berlin steuerte Kampagne gegen Kurnaz' Rückkehr«.[166] *Panorama* äußert am 11. September 2009 »Zweifel an Steinmeiers Glaubwürdigkeit«.[167]

Heribert Prantl fasst in der *Süddeutschen Zeitung* zusammen: »Steinmeiers Haus war die Spitze einer kaltschnäuzigen bundesdeutschen Bürokratie, die sich um das Leiden eines jungen bremischen Bürgers nicht nur nichts scherte, sondern mit allerlei Machenschaften dazu beitrug, dieses Leid um Jahre zu verlängern.« Und er deutete an, dass Steinmeier nur durch den Rassismus des rechten Sumpfes gerettet wurde: »Murat Kurnaz trägt einen langen, wüsten Bart – und das ist das Glück von Außenminister Frank-Walter Steinmeier … Murat Kurnaz entspricht dem Bild, das sich das Vorurteil von einem verdächtigen Ausländer macht. Das macht Steinmeier die Verteidigung in diesem Fall leichter – in dem er sich aber nicht verteidigen, sondern entschuldigen sollte.«[168]

Vorher aber untersuchte der Ausschuss, ob die Bundesregierung und der BND im völkerrechtswidrigen Irakkrieg die USA unterstützt haben. Stephan-Andreas Casdorff vom *Tagesspiegel* schwante Übles für Steinmeier: Das Gremium könne »ihn doch arg in Bedrängnis bringen. Hat die vormalige rot-grüne Bundesregierung zu Zeiten des Irakkriegs anders geredet als gehandelt? Wer sich anschaut, was den USA an Daten geliefert wurde für ihren Krieg, der kann auf diese Idee kommen. Und damit zugleich auf die, dass Steinmeier als der obere Geheimdienstaufseher so was auf keinen Fall entgangen sein kann. Wenn doch, wäre es auch ziemlich schlimm.«[169]

Nachdem vermeintlich Gras über die Sachen gewachsen war, gab Steinmeier wieder den großen Spitzenpolitiker. So forderte er im Juli 2011: »Europa braucht einen Finanzminister.«[170] Aber all das war für die Katz: Im Dezember 2012 wurde nicht er, sondern sein Erzrivale Peer Steinbrück zum Kanzlerkandidaten nominiert.

Horst Seehofer (CSU), Diplom-Verwaltungswirt (FH), bayerischer Ministerpräsident und Parteichef – der Koch als Staatschef

> Jede Köchin muss in der Lage sein,
> die Staatsmacht auszuüben.
>
> *Wladimir Iljitsch Lenin[171]*

Leute wie Horst Seehofer verwirklichen das, allerdings anders als Lenins Vision. Ihm schwebte eine Gesellschaft vor, in der aufgrund der staatlichen Bildung auch eine Köchin so klug wie ein Uniprofessor wäre. Was er nicht meinte: dass Leute, die zu blöde fürs Abi sind, unser Land regieren.

Womit wir beim Regierungschef der grenzdeutschen Bayern wären. Horst Seehofer, geboren am 4. Juli 1949 in Ingolstadt, ist eine wandelnde Mogelpackung. 1965 machte er die mittlere Reife. Ab 1969 ist er in der Jungen Union, seit 1970 Diplom-Verwaltungswirt. Seit 1971 in der CSU, arbeitet er von 1970 bis 1980 in den Landratsämtern Ingolstadt und Eichstätt, ist seit 1980 im Bundestag, von 1983 bis 1989 sozialpolitischer Sprecher der CSU-Landesgruppe, ab 1989 Parlamentarischer Staatssekretär für Arbeit und Sozialordnung, ab 1992 Gesundheitsminister, seit 1994 CSU-Vize, ab 1998 CDU/CSU-Fraktionsvize, von 2000 bis 2008 Chef der Christlichen Sozialausschüsse (CSA) der CSU, vor der Wahl 2002 Gesundheitsexperte in Stoibers Kompetenzteam, danach bis 2004 zuständig im Parteivorstand für Gesundheit und soziale Sicherung, ab 2005 Bundesminister für Ernährung, Landwirtschaft und Verbraucherschutz und seit Oktober 2008 CSU-Chef und bayerischer Ministerpräsident. Vom 1. November 2011 bis 1. November 2012 war Seehofer Bundesratspräsident und übernahm am 17. Februar 2012 nach dem Rücktritt von Christian Wulff vorübergehend die Amtsgeschäfte des Staatsoberhauptes der Bundesrepublik Deutschland.

Seehofer geriet als Bundestagsabgeordneter in die Kritik, als er 1987 das Bundesseuchengesetz auf Aids-Kranke anwenden wollte. Er forderte, Infizierte »in speziellen Heimen zu konzentrieren«.[172] Mengele lässt grüßen. Er begründete dies damit, dass die Pflege der Aids-Patienten in teuren Krankenhäusern auf Dauer gar nicht zu finanzieren sei.

Im Sommer 2008 tauschte Horst Seehofer seinen Berliner Arbeitsplatz mit der Münchner Staatskanzlei. Das ganze Glück des verheirateten Politikers in Berlin war seine Freundin Anette Fröhlich – bis 2007. Da erforderte es die Parteikarriere, sich von ihr und der gemeinsamen Tochter Anna Felicia zu trennen. So zumindest tat es Seehofer kund. Aber bald schwirrten die Gerüchte, dass der bayerische Ministerpräsident seine Koffer noch in Berlin hatte und die Trennung eine Camouflage war. Bald hörte man in Berlin von CSU-Leuten: »Die sind noch zusammen.« In den letzten Wochen kam noch ein Gerüchte-Detail dazu: »Die beiden bekommen ein zweites Kind.«

Während sich der neue starke CSU-Mann, begleitet von seiner (zweiten) Ehefrau Karin, im Plenum feiern ließ, schwatzten vor allem Beckstein-Anhänger und Mitglieder der mit Seehofer verfeindeten Berliner CSU-Landesgruppe im Foyer der Münchner Messe über die ungebrochene Liebe ihres Hoffnungsträgers zu der Rechtsanwältin Anette Fröhlich. »Der hat uns von Anfang an hinters Licht geführt«, wurde geraunt.

Sein rührseliger Canossa-Gang von 2007 brachte ihm aber nicht den erhofften Vorsitz ein. Er hielt eine Bewerbungsrede, bei der nicht viel fehlte, dass Tränen geflossen wären. Trotz aller Unterwerfungsgesten, trotz des öffentlichen Schuld- und Reuebekenntnisses zogen ihm die Delegierten Erwin Huber vor, machten Seehofer aber zum Stellvertreter. Ehefrau Karin repräsentierte seitdem tapfer an seiner Seite.

Seit dieser Zeit ist Seehofers Patchwork keine Privatsache mehr, wie er das wollte und wie es eigentlich sein sollte. Da er selbst sein Privatleben mit seinem politischen Schicksal verquickt hat, schauen seine Gegner in der CSU bei ihm genauer hin. Ihr Grundsatz »Liberal samma scho, aber ned blöd« heißt, auf Seehofer angewendet: »Der soll privat machen, was er will, aber einen ganzen Parteitag anlügen soll er nicht.«

Seitdem versucht das Bayerngenie, in die viel zu großen Schuhe des auch vom Gegner geachteten Franz Josef Strauß zu schlüpfen. Seine Botschaft ist dabei weder rechts noch links, sondern: »Mia san mia.« Für zivilisierte Europäer übersetzt: Wir sind auch noch da. Seehofer will seine Macht als Mehrheitsbeschaffer der Union um buchstäblich jeden Preis ausspielen – politische Inhalte sind dabei Nebensache. Fest steht: Spätestens beim fünften unehelichen Kind dürfte es eng werden für den Weltmann aus der Provinz.

Rainer Brüderle (FDP), Volkswirt, Anbaggerer

Rainer Brüderle, geboren am 22. Juni 1945 in Berlin, ist seit 1971 Diplom-Volkswirt, seit 1973 in der FDP, ab 1975 im Rathaus Mainz, und zwar erst als Amtschef für Wirtschaft und Verkehrsförderung, ab 1977 für Wirtschaft und Liegenschaften und von 1981 bis 1987 Wirtschaftsdezernent. Von 1981 bis 1983 ist er FDP-Chef Rheinhessen-Vorderpfalz, dann Vize im Kreisverband Mainz, seit 1983 Landeschef Rheinland-Pfalz, seit 1983 im Bundesvorstand, seit 1995 Parteivize, von 1987 bis 1998 im Landtag Rheinland-Pfalz, ab 1987 Staatsminister für Wirtschaft und Verkehr, von 1994 bis 1998 für Wirtschaft, Verkehr, Landwirtschaft und Weinbau, von 1988 bis 1998 außerdem Vizeministerpräsident, ab 1998 im Bundestag und Fraktionsvize, seit 2005 wirtschaftspolitischer Fraktionssprecher und im Ausschuss für Wirtschaft und Technologie, seit Mai 2008 Chef der Bundestagsfraktion, von Oktober 2009 bis Mai 2011 Bundeswirtschaftsminister, danach Chef der Bundestagsfraktion.

Brüderle versuchte im Mai 2010 vergeblich, Arbeitsministerin von der Leyens Mindestlohn in der Pflegebranche zu torpedieren *(Spiegel)*. Beschlossen wurde dann Ende 2014 als Befristungstermin.[173]

Im Mai 2012 regte er einen Verzicht der »öffentlichen Gläubiger« – also der Steuerzahler – auf die Forderungen an Griechenland an.[174]

Mut hat er ja: Mitten in der schlimmsten Weltwirtschaftskrise seit Kriegsende, die von den neoliberalen »entfesselten Märkten« verursacht wurde, als selbst viele Vordenker dieser menschenverachtenden Ideologie nichts mehr mit ihr zu tun haben wollten, prahlte Brüderle im September 2005 im *Cicero:* »Ich bin stolz, ein Neoliberaler zu sein ... Der Neoliberalismus war im Nachkriegsdeutschland sehr erfolgreich.«[175]

Zur Zeit des Wirtschaftswunders waren allerdings Kernbereiche wie Post, Bahn, Lufthansa, Energieversorgung und Telekommunikation staatliche Unternehmen, also nach FDP-Verständnis eine Art »DDR West«.

Und dann auch noch die »Sexaffäre«, die ihn erstmals international bekannt machte: Im Januar 2013 beschuldigte eine damals 29-jährige *Stern*-Reporterin den 38 Jahre älteren Brüderle, er habe sie »mit unangemessenen Äußerungen bedrängt«. Natürlich folgte jede Menge künstliche Aufregung bei den Liberalen, aber wohlgemerkt: Niemand aus der FDP warf dem *Stern* Lügen vor, sondern sprach, wie Präsidiumsmitglied Hahn, lediglich von einem »Tabubruch«. Auf Deutsch: Man dementiert nicht.

Laura Himmelreich vom Berliner Hauptstadtbüro des *Stern* berichtet über eine Begegnung am 5. Januar 2012, dem Vorabend des traditionellen Dreikönigstreffens der FDP in Stuttgart. Nach dem Ball, der wie jedes Jahr von der FDP im Hotel Maritim abgehalten wird, standen Journalisten und Politiker an der Hotelbar zusammen: »Brüderles Blick wandert auf meinen Busen: ›Sie können ein Dirndl auch ausfüllen.‹ Im Laufe unseres Gesprächs greift er nach meiner Hand und küsst sie. ›Ich möchte, dass Sie meine Tanzkarte annehmen.‹

›Herr Brüderle‹, sage ich, ›Sie sind Politiker, ich bin Journalistin.‹

›Politiker verfallen doch alle Journalistinnen‹, sagt er.

Ich sage: ›Ich finde es besser, wir halten das hier professionell.‹

›Am Ende sind wir alle nur Menschen.‹«

Dann beschreibt sie das Ende des Abends: »Brüderle verabschiedet sich von den umstehenden Männern. Dann steuert er mit seinem Gesicht sehr nah auf mein Gesicht zu. Ich weiche einen Schritt zurück und halte die Hände vor meinen Körper. Die Sprecherin eilt von hinten heran: ›Herr Brüderle!‹, ruft sie streng. Sie führt ihn aus der Bar. Zu mir sagt sie: ›Das tut mir leid.‹ Zu ihm sagt sie: ›Zeit fürs Bett.‹«[176]

Das verräterische Wort *Tabubruch* legt den Verdacht nahe: Unsere Politiker bestehen ab einem gewissen Alter großenteils aus gestörten, schamlosen Lustgreisen. Nicht die Lösung der EU-Krise oder die Armut beschäftigt sie wirklich, sondern wie sie eine Frau ins Bett kriegen können, die ihre Tochter oder Enkelin sein könnte.

Kleine Pointe am Rande: Der bekennende Neoliberale in seinem vierten Frühling kam fast zeitgleich zu dem entlarvenden Artikel zu neuen Parteiehren: Da wegen der guten 9,9 Prozent der FDP in Niedersachsen Röslers Entsorgung verschoben werden musste, vereinbarte man eine Doppelspitze: Milchbubi Rösler bleibt Parteichef, Brüderle sollte bis zur Wahl im September das »Gesicht der Partei« sein.[177]

Nun wissen wir ja, wie es aussieht.

Ähnliche Erfahrungen in Sachen Sexismus machte die *Spiegel-Online*-Journalistin Annett Meiritz auch mit Mitgliedern anderer Parteien: »Schön ist es nicht, wenn mich ein amtierender Bundesminister zur Begrüßung extrafest an die Taille packt. Oder wenn, wie es eine Volontärin erlebte, ein Spitzenpolitiker nach einem Arbeitsessen ›Ich vermisse deine Nähe‹ simst.«[178]

Brüderles politisches und privates Verhalten könnten einen fast auf die Idee bringen, Sexismus und Neoliberalismus gehörten zusammen. Der »bekennende Macho« *(BamS)* Wolfgang Kubicki (Jahrgang 1952) erläutert die Haltung der neoliberalen Lustgeronten zur Würde der Frau: »Nachts an der Hoteltür einer Jounalistin zu klopfen wäre kein Skandal.« Und: »Ich flirte für mein Leben gern, künftig aber sicher nicht mehr mit Kolleginnen von Ihnen. Denn ich möchte vermeiden, dass eine Journalistin, die ich anflirte, dies später als sexuellen Übergriff versteht und anprangert.« Auch gibt Kubicki offenkundig zu, dass er Journalistinnen auch angebaggert habe. »Aber immer in charmanter Art.«[179] Offenkundig kennen gewisse Greise – wohl nicht nur in der FDP – nicht den Unterschied zwischen einem stilvollen Flirt und sexueller Belästigung. Man mag sich gar nicht ausmalen, was geschehen könnte, wenn solche Typen mit einer Journalistin nachts im Park allein wären …

Christian Wolfgang Lindner (FDP), Magister – die Quadratur des neoliberalen Kreises

Christian Wolfgang Lindner, geboren am 7. Januar 1979 in Wuppertal, machte 1998 Abitur, studierte von 1999 bis 2006 Politik, Öffentliches Recht und Philosophie und war schließlich Magister Artium.
Seit 1995 ist er in der FDP, von 1996 bis 1998 Chef der Liberalen Schüler NRW und im Vorstand der Jungen Liberalen NRW, seit 1998 im NRW-Landesvorstand der FDP. Von 1997 bis 1999 und 2002 bis 2004 war er freiberuflicher Unternehmensberater, vom 2. Juni 2000 bis zum 18. November 2009 im NRW-Landtag, ab 2005 Fraktionsvize, von 2004 bis 2010 Generalsekretär des FDP-Landesverbands NRW, von 2007 bis 2011 im Bundesvorstand, von Herbst 2009 bis Juli 2012 im Bundestag, seit Dezember 2009 Generalsekretär, 2010 und 2011 wiedergewählt. Im Dezember 2011 trat er zurück, um dem neuen Parteichef Philipp Rösler die Möglichkeit zu geben, »die wichtige Bundestagswahl 2013 mit einem neuen Generalsekretär vorzubereiten und damit auch mit neuen Impulsen zu einem Erfolg für die FDP zu machen«.[180] Am 1. April 2012 wurde er Spitzenkandidat für die NRW-Land-

tagswahl, am 6. Mai Landesvorsitzender, am 15. Mai 2012 stellvertretender Vorsitzender der Landtagsfraktion.

Ab Juni 2010 leitete er die Kommission zur Erarbeitung eines neuen FDP-Grundsatzprogramms, deren erster Textentwurf im September 2011 vorgestellt wurde. Das Echo: »Basis zerpflückt Lindners Grundsatzprogramm« *(Zeit Online)*. Der Leipziger EU-Parlamentarier Holger Krahmer wird gefeiert: Lindner versuche, es mit »leeren Worthülsen« jedem recht zu machen. Nicht »vermeintlich böse Spekulanten« hätten die Eurokrise verursacht, sondern das »staatliche Geldmonopol«.[181] Auf Deutsch: Lindner kümmere sich zu wenig um die neoliberalen Wirtschaftsgangster. Für Lindner selbst ist sein Programm »mitfühlender Liberalismus«.[182] Trotz allen asozialen-neoliberalen Gedankenguts distanziert er sich von der Häme des damaligen Parteichefs Rösler, der meinte, die Schlecker-Frauen sollten sich gefälligst selbst »um eine Anschlussverwendung bemühen«.[183]

Und dann ist da noch der Skandal um die angebliche Schönung von Lindners Wikipedia-Eintrag. »Der Wikipedia-Eintrag des NRW-Landesvorsitzenden der FDP, Christian Lindner, weist Unregelmäßigkeiten auf. Allein im vergangenen Jahr wurde der Eintrag mehr als 40 Mal offenbar aus dem Landtag geschönt«, schreibt Konrad Fischer am 4. Januar in der *Wirtschaftswoche*.[184]

Wikipedia selbst schreibt dazu: Am 4. und 5. Januar 2013 erschienen zwei Artikel der *Wirtschaftswoche,* die sich mit beschönigenden Änderungen des Wikipedia-Eintrags von Lindner befassten. Viele dieser Änderungen in der Versionsgeschichte sollen von IP-Adressen stammen, die dem Landtag NRW, dem Lindner angehört, oder der Bundestagsverwaltung zugeordnet werden können. Auch wird berichtet, dass ein

Mitarbeiter von Lindner beim *Tagesspiegel* interveniert habe, damit ein Bericht über einen unternehmerischen Misserfolg Lindners gelöscht werde.[185]

Christian Lindner ist nicht direkt dumm. Er besitzt jene Art von Bauernschläue, mit der es auch Analphabeten zum Millionär bringen. Dass solche Figuren bei der FDP Karriere machen können, spricht nicht für die Lichtgestalt Lindner, sondern ist ein Armutszeugnis für die FDP: Wird der nächste »Hoffnungsträger« der Platzwart des Wuppertaler SV, ein Friseurlehrling aus Unna oder ein Hausmeister sein?

Sein Versuch, den per definitionem menschenfeindlichen Marktradikalismus sozial zu entschärfen, hieße, den Atlantik leer pumpen zu wollen. Er ist weder ökonomisch fundiert noch politisch durchdacht. Die FDP-Klientel ist ja gerade das bürgerverachtende, nicht selten wirtschaftskriminelle Gesindel, das den Wert eines Menschen nach dem Kriterium *Mein Ferrari, meine Villa, meine Yacht* misst. Diese Spezies wird es immer und in allen Gesellschaften geben – wie Sittenstrolche, Faschos oder Kakerlaken.

Folglich sollte sich die FDP auf ihre Stammwähler konzentrieren, auf das egoistische, herzlose Gesocks: Fünf Prozent oder mehr bekommt sie damit immer – auch wenn die Union ihr zunehmend Themen »klaut«. Aber auch wenn CDU und CSU längst keine Volksparteien mehr sind: Die meisten ihrer Wähler sind eben keine Sozialparasiten, sondern zum nicht geringen Teil ehrliche Humanisten und Christen, was die Möglichkeit zum Stimmendiebstahl bei der FDP beträchtlich einschränkt. Lindner & Co. tun also gut daran, sich auf die gewissenlosen Egoisten zu konzentrieren. Eine Quadratur des neoliberalen Kreises jedenfalls wäre zum Scheitern verurteilt.

Jürgen Trittin (Bündnis 90 / Die Grünen), Diplom-Sozialwirt, Fraktionsvize – links blinken, rechts abbiegen

Jürgen Trittin, geboren am 25. Oktober 1954 in Bremen, verkauft Flexibilität fast besser als früher Hans-Dietrich Genscher. 1973 macht er Abitur und vertreibt sich die Zeit danach laut Internetseite des Bundestages mit »Studium der Sozialwissenschaften in Göttingen, Wehr- und Zivildienst, Tätigkeiten als wissenschaftlicher Mitarbeiter, Fraktionsassistent, freier Journalist und Pressesprecher«, ist außerdem im AStA der Universität und Präsident des Studentenparlaments. Nicht erwähnt wird sein Wirken im maoistischen Kommunistischen Bund.[186]

Seit 1980 ist Trittin Mitglied der Grünen, von 1982 bis 1984 Fraktionsgeschäftsführer der Alternativen-Grünen-Initiativen-Liste (AGIL) Göttingen, 1984/85 Pressesprecher der Landtagsfraktion Niedersachsen, von 1985 bis 1990 und 1994/95 im Landtag, 1985/1986 und von 1988 bis 1990 Fraktionschef, von 1990 bis 1994 niedersächsischer Minister für Bundes- und Europaangelegenheiten, von 1994 bis 1998 Vorstandssprecher von Bündnis 90 / Die Grünen, seit 1998 im Bundestag, von 1998 bis 2005 Bundesumweltminister.

Großen Ärger gab es mit dem Autokanzler und Intimus des langjährigen VW-Aufsichtsratschefs Ferdinand Piëch. So wies der Cohiba-Genießer Schröder Trittin nach Intervention der deutschen Autoindustrie an, die Altautorichtlinie der EU im Ministerrat abzulehnen, wonach die professionellen Umweltverpester alte Karren zurücknehmen mussten. Da es auch in anderen EU-Staaten von der Automafia gekauftes Gesindel gibt, konnte Trittin im EU-Parlament einen faulen Kompromiss durchsetzen, der 2002 durch den Bundestag gepeitscht wurde. Nach Expertenmeinung gilt es »als wahrscheinlich, dass Gerhard Schröder seinen Umweltminister andernfalls aus dem Kabinett entlassen hätte«.[187] Aber Schröder war ja nicht nur Kriegs- und Auto-, sondern auch Atomlobbyist. Und so zog Januar 2000 Trittin auf Druck der Energiewirtschaft und des Bundeskanzlers zum Stopp der Atommülltransporte zur Wiederaufarbeitung erneut den linken Schwanz ein und seinen Vorschlag zurück.[188]

Von 2005 bis 2009 war er Fraktionsvize, danach Fraktionschef. Zur Bundestagswahl 2013 ist er einer der beiden Spitzenkandidaten.

Jürgen Trittin gilt seit jeher als der linke »Fundi« vom Dienst. Bereits zu Beginn der rot-grünen Ära warnt Hannes Koch im Juli 1999 in der *tageszeitung:* »Fällt Trittin, fallen die Grünen ... Trittin ist ein Symbol für ein Symbol: das partielle, trotzige Aufbegehren gegen die Herrschaft von Mark und Pfennig ... Erneuerung aber ist etwas anderes als Verleugnung der eigenen Herkunft. Versucht die Finanzfraktion, die Wurzeln auszureißen, wird sie die Partei eliminieren ... Wenn die Partei ›sozial‹ aus ihrem Selbstverständnis streicht, ist es vorbei.«[189]

Ausgerüstet mit dem »linken« Image, kann er sogar den Bruch eines der größten grünen Tabus, Bundeswehreinsätze im Ausland, mit der Verhinderung einer bösen schwarz-gelben Regierung begründen: »Bundesumweltminister Jürgen Trittin hat in seiner Rede für Zustimmung zur Bereitstellung von Bundeswehrsoldaten im Anti-Terror-Krieg geworben. Trittin plädierte eindringlich für die Fortsetzung der Koalition, um das Land nicht ›den Henkels, Glos und Westerwelles‹ zu überlassen.«[190]

Nun ist zwar ein linker Grüner spätestens seit der rot-grünen Beteiligung am völkerrechtswidrigen Kosovokrieg wie ein Datenschützer im Geheimdienst, aber der »heimliche Vorsitzende« *(Zeit)*[191] ist noch immer das wichtigste Zugpferd der Grünen und nicht zufällig Spitzenkandidat für die Bundestagswahl.[192]

»Links wählen – rechts leben«, für dieses Lebensgefühl vieler Grünenwähler steht Jürgen Trittin wie kein anderer. Gerade die älteren wurden zumindest im Dunstkreis der 68er, der Friedensbewegung oder der Antikernkraftproteste sozialisiert, wurden dann Lehrer, Ärzte, Anwälte, Medienleute oder gingen »in die Wirtschaft«, kamen zu gutem »Auskommen mit dem Einkommen« und erhielten oder erwarten eine ansehnliche Erbschaft. Diese wirkliche »Neue Mitte«, die eigentliche Nachfolgerin der berüchtigten »Spießer«, braucht die Grünen als eine Art Gewissens-Valium für das alternativ-bürgerliche seelische Gleichgewicht: als Antwort der Gutmenschen auf die Gebete verlogener Kirchgänger für Börsenaufschwung und Sieg im Irakkrieg.

Für diese Klientel ist Jürgen Trittin – mehr noch als einst Hans-Christian Ströbele – der richtige Mann. Mit seinem stets hintersinnigen Lächeln und der Legende einer linksradikalen Vergangenheit im Rücken vermittelt er den Eindruck, er nehme die gesamte »Monopolbourgeoisie« ganz gewaltig auf den Arm und werde irgendwann einmal der zuletzt Lachende sein.

Und so ist es auch etwas völlig anderes, ob für das große Tabu Schwarz-Grün Realos wie Renate Künast, Fritz Kuhn und Claudia Roth werben, denen der Karrierismus aus allen Knopflöchern und beiden Augen quillt – oder ob ein Jürgen Trittin dies tut. Der nämlich meinte schon 1999 nach dem Rückzug von Oskar Lafontaine, nunmehr seien Union und

SPD kaum noch zu unterscheiden, und da könne man gleich mit der CDU koalieren.[193]

Ungleich vorsichtiger als bei den Realos erscheint auch sein Plädoyer der Prinzipienlosigkeit im Oktober 2008 bei der Verteidigung der schwarz-grünen Koalition in Hamburg: »Es gibt kein Modell Schwarz-Grün, es gibt Koalitionen. Öfter mit den Sozialdemokraten, mal mit der CDU. Das definiert sich immer über die politischen Inhalte.«[194] *Politische Inhalte* klingt einfach besser als *Ministersessel,* und umso unbeschwerter kann er jede Option offenhalten, wie ein halbes Jahr zuvor gegenüber dem *Focus:* »Nimmt man die eigenen Inhalte ernst, stehen wir der SPD oder der Linken vielfach näher als der CDU.«[195]

Über Hans-Dietrich Genscher kursierte einst der Opportunismuswitz: »Zwei Flugzeuge stoßen zusammen. In beiden sitzt Genscher.« Die Gagschreiber kannten Jürgen Trittin noch nicht.

Oskar Lafontaine (Die Linke), Diplom-Physiker, Ex-Parteichef – der Schattenmann

Oskar Lafontaine, geboren am 16. September 1943 in Saarlouis als Sohn eines Bäckers, treibt die anderen Parteien vor sich her. Seit 1966 ist er in der SPD, seit 1969 Diplom-Physiker, von 1969 bis 1974 bei der Versorgungs- und Verkehrsgesellschaft Saarbrücken (ab 1971 im Vorstand). Von 1977 bis 1996 ist er SPD-Chef Saar, seit 1994 im SPD-Präsidium, 1995 schafft er es auf dem Mannheimer Parteitag, durch eine einzige Rede putschartig Rudolf Scharping den Parteivorsitz abzunehmen, den er bis zum Ausstieg 1999 behält.

Ab 1974 ist er Bürgermeister, von 1976 bis 1985 Oberbürgermeister von Saarbrücken, von 1970 bis 1975 und 1985 bis 1998 im Landtag des Saarlandes, von 1985 bis 1998 Ministerpräsident. 1990 ist er Kanzlerkandidat, von Oktober 1998 bis März 1999 im Bundestag und Finanzminister. Am 11. März 1999 legt er aus Protest gegen den Kurs von Kanzler Schröder sämtliche Ämter und Mandate nieder, im Mai 2005 verlässt er die SPD und tritt der Wahlalternative Arbeit und soziale Gerechtigkeit *(WASG)* bei; ab November 2005 ist er mit Gregor Gysi Fraktionschef und ab 2007 mit Lothar Bisky Chef der Partei Die Linke.

Im Oktober 2009 verzichtete er auf eine erneute Kandidatur für den Fraktionsvorsitz im Bundestag. Nach einer Krebsoperation erklärte er 2010, aus gesundheitlichen Gründen sein Bundestagsmandat abzugeben und auf eine erneute Kandidatur zum Parteivorsitzenden zu verzichten. Am 1. Februar 2010 schied Lafontaine aus dem Deutschen Bundestag aus. Bei der Landtagswahl 2012 im Saarland holte er immerhin 16,1 Prozent.

Seither macht er nur noch Schlagzeilen durch seine Liaison mit Sahra Wagenknecht (ebenfalls Linkspartei) und durch markige Sprüche in Talkshows. So nannte er bei Maybrit Illner im März 2013 Kanzlerin Merkel eine »Kurtisane der Reichen«.[196]

Seinen für Freund, Feind und Neutrale völlig überraschenden Ausstieg 1999 erklärte er später damit, dass »Gerhard Schröder bereits ein Jahr lang einen Wortbruch nach dem anderen begangen«, er selbst aber »aus falsch verstandener Solidarität zu lange geschwiegen« habe. »Insofern stand ich vor der Wahl, den Kanzler zu stürzen oder zu gehen.«[197]

Heute bedauert er nicht nur seinen Ausstieg, sondern vor allem den »Fehler, Gerhard Schröder die Kanzlerkandidatur zu überlassen«.[198]

Gar nicht auszudenken, wenn der damals starke Parteichef Lafontaine mithilfe der Basis Kanzler Schröder durch sich selbst ersetzt hätte – an den postenverliebten Grünen, die später jeden Krieg und die Heuschreckenlegalisierung mitgemacht haben, wäre das garantiert nicht gescheitert.

Öffentliche Person bleibt Lafontaine dennoch. So betreibt er ab 2001 gemeinsam mit dem CSU-Widerpart Peter Gauweiler eine »Achse des Guten«[199] in Form einer *Bild*-Kolumne. Tatsächlich scheint Lafontaine mehr als einmal seine Überzeugung zu wechseln. Anfang der 80er Jahre gibt er den linken Nachrüstungs- und Kernkraftgegner, danach fordert er als wirtschaftspolitischer Modernisierer eine Arbeitszeitverkürzung ohne vollen Lohnausgleich und eine »pragmatischere Haltung« zu Samstags- und Sonntagsarbeit.[200]

Noch im April 2003 hofft *Zeit*-Autor Werner A. Perger: »Der politischen Linken fehlt ein Kopf. Gesucht wird ein Massenbeweger – einer wie Oskar Lafontaine. Doch der will nur eines: Rache an Schröder.«[201] So bleibt er einstweilen »Oskar, der Schattenmann, die linke Stimme aus dem Off«.[202]

Dies ändert sich schlagartig, als Lafontaine im August 2004 in einem *Spiegel*-Interview nicht nur Schröders Rücktritt fordert (»Wenn er Anstand im Leibe hätte …«[203]), sondern auch eine Unterstützung der gerade gegründeten Wahlalternative andeutet: »Diese Gruppierung wird dann von mir unterstützt werden.«[204]

Spätestens seit dem Bundestagswahlkampf 2005 ist der »Unternehmer in eigener Sache« *(taz*[205]*)* Hassfigur und Alptraumproduzent für alle Wirtschaftsliberalen, vor allem aber für die SPD-Führung: Schließlich sieht Lafontaine sich selbst als eine Art Testamentsvollstrecker der SPD Willy Brandts und seine Mission in der Erhaltung und dem Ausbau des Sozialstaats. Nur konsequent bringt er – häufig sogar wortwörtlich – frühere Wahlversprechen und Programme der SPD nunmehr im Namen seiner Partei Die Linke gegen seine einstigen Genossen in Stellung – so dass die SPD mit jeder Kritik und jeder Verunglimpfung letztlich auch sich selbst trifft. Kein Wunder also, dass »der SPD-Genosse denkt, was Lafontaine sagt«[206], und die Wähler und Mitglieder in Scharen die wichtigsten Forderungen der Linken – Mindestlohn für alle, Bundeswehrabzug aus Afghanistan sowie Rücknahme von Hartz IV und der Rente mit 67 – unterstützen.

Dass er ein begnadeter Selbstdarsteller ist, streitet Oskar Lafontaine ebenso wenig ab wie seinen Millionärsstatus, den er sogar als Argument nutzt: Es gehe ihm ja gar nicht um seine eigene materielle Lage. Und auch der Vorwurf *Ideologe* ficht ihn nicht an, denn es handelt sich um die durchaus bürgerliche Wirtschaftstheorie eines Ökonomen, der seit der Finanzkrise neben Marx ein furioses Comeback erlebt: »Seinen Keynes trägt Lafontaine mittlerweile mit solchem Nachdruck vor, dass es ihm wohl auch um die Sache geht.«[207]

Die einen sehen Lafontaine als »Spielernatur«[208], andere als »Theaterspieler, verpanzert in Ideologie«[209], wieder andere als »Techniker der Macht, Instinktpolitiker und Genussmensch« und »Napoleon von der Saar« *(Kölner Stadtanzeiger)*. Für die *FAZ* ist er »Deutschlands großer Demagoge« und »Der Legenden-Stricker,«[210] und ausgerechnet Franz »Glückauf« Müntefering bescheinigt ihm »kleinkarierte Eitelkeit«.[211] Für die *Neue Ruhr Zeitung,* eine Art Ballermannversion von *Bild,* ist er gar eine »Wutmaschine« und sein Sozialstaatskonzept »politische Triebabfuhr«.[212]

Wer in Wahrheit wütend ist – und warum der *Spiegel* seine Rolle als seriöses Leitmedium längst verloren hat[213] –, zeigt eine Tirade des einschlägigen Starautors Reinhard Mohr im Herbst 2008, die an den SED-Scharfmacher Karl-Eduard von Schnitzler in der Endphase erinnert: »Aufwärmen, umrühren, fertig: Oskar Lafontaine und die vermeintlich neue, schicke Linke sind genau wie Nescafé. Sie wollen Ideen von gestern aufkochen, um Politik für morgen zu machen – und leiden doch nur daran, den Schock des Mauerfalls nie verwunden zu haben.«[214] Aber selbst für die *Süddeutsche Zeitung,* wenn auch nur in Gestalt des neoliberalen Gustav Seibt, ist Lafontaines Popularität nur »die Rückkehr der Wut« und »ein dauerhafter Bedeutungsverlust der Sozialdemokratie ein unersetzlicher Verlust«.[215]

Quer durch alle Parteien fürchtet und bewundert man ihn als »den einzig wirklich erfolgreichen Populisten dieser Republik, den Linken, der eine wichtige Wahl zwar grandios verlor, danach aber die SPD als Vorsitzender zurück an die Macht geführt und damit alle Konkurrenten aus seiner Generation bis dahin an politischer Wirksamkeit übertroffen hat«.[216]

Selbst der noch heute beliebteste deutsche Regierungschef, Helmut Schmidt, verlor die Contenance: »Altkanzler Schmidt vergleicht Lafontaine mit Hitler«, jubilierte sogar die *Tagesschau* am 14. September 2008.[217] »Auch Adolf Nazi war ein charismatischer Redner. Oskar Lafontaine ist es auch«, hatte Schmidt stilvollendet der *Bild am Sonntag* gesagt. Ganz so gemeint war das freilich nicht. Was halbgebildete Redakteure natürlich nicht wissen können: Das Ganze war – Highlander-

Duell unter Volkstribunen – eine Retourkutsche à la Schmidt-Schnauze: 1982 hatte der damalige Saarbrücker Oberbürgermeister seinem Bundeskanzler vorgeworfen, er rede »weiter von Pflichtgefühl, Berechenbarkeit, Machbarkeit, Standhaftigkeit. Das sind Sekundärtugenden. Ganz präzis gesagt: Damit kann man auch ein KZ betreiben.«[218]

»Wir müssen eine Partei gegen den Zeitgeist sein«, sagt Lafontaine auf dem Parteitag im Mai 2008 in Cottbus, und er meint die deregulierte Wirtschaft samt ihren Finanzinvestoren.[219] Kein halbes Jahr später ist ihm der Zeitgeist gefolgt, und was von allem Spott und Hohn jetzt noch übrig ist, prallt an Lafontaine ab: Schließlich ist er der große »Gewinner« der Weltfinanzkrise. Denn er hat sie, ebenso wie die deutsche Vereinigung als schwere Geburt, rechtzeitig vorausgesagt – und braucht dies nicht einmal selbst zu erwähnen, weil das andere – zum Beispiel freche Journalisten – für ihn tun. Das Folgende lief tatsächlich über die ARD, in *plusminus* am 14. Oktober 2008:

Egal ob auf dem Finanz- oder Arbeitsmarkt: Das Allheilmittel der vergangenen Jahre hieß Deregulierung. Weg mit staatlichen Vorschriften, der Markt regelt sich selbst – so geht Reformpolitik. Aber jetzt haben die freien Finanzmärkte verrücktgespielt. Viele sind aus allen Wolken gefallen. Und müssen ausgerechnet ihrem ärgsten Gegner recht geben: Oskar Lafontaine. Rückblende. Wir schreiben das Jahr 1998, Oskar Lafontaine wird Finanzminister der rot-grünen Bundesregierung. Er will schon damals die internationalen Finanzmärkte regulieren. »Die Unternehmen sind nicht nur den Aktionären verpflichtet«, mahnt er damals.[220]

Die Partei Die Linke führt er von Anfang an im Stile des berühmten SPD-»Zuchtmeisters« Herbert Wehner, wobei es ihm besonders die Parteirechten angetan haben: Als zum Beispiel auf sein Betreiben Klaus Wowereits bis dato pflegeleichter Juniorpartner auf der Erfüllung des Koalitionsvertrags und damit auf der Enthaltung Berlins bei der Bundesratsabstimmung über den EU-Vertrag besteht, schäumt der Regierende, die Berliner Partei Die Linke stehe »unter dem Diktat« Lafontaines und sei »allein nicht mehr handlungs- und entscheidungsfähig«.[221]

Wenngleich es derzeit so aussieht, als sei sein »letzter großer Traum«, seine Lebensgefährtin Wagenknecht in eine Spitzenposition bei den Linken zu hieven: »Je oller, je doller«, und bei Lafontaine ist selbst eine Rückkehr in die Parteiführung nicht auszuschließen. Zudem brauchen Politiker wie er keine offiziellen Ämter, um Strippen zu ziehen.

ABGESÄGT ODER RAUSGEEKELT

Ursula von der Leyen (CDU), Bundesministerin für Arbeit und Soziales – der ungeliebte Liebling

Ursula von der Leyen, geboren am 8. Oktober 1958 in Ixelles/Elsene bei Brüssel als Tochter des späteren niedersächsischen Ministerpräsidenten Ernst Albrecht, führt als siebenfache Mutter einen marktradikalen Kampf gegen die Herdprämienheuchler. Motto: Frauen gehören nicht an den Kochtopf, sondern als Niedrigstlöhnerinnen auf den Arbeitsmarkt.

1980 bricht sie ein VWL-Studium ab und sattelt um auf Medizin, seit 1986 ist sie Gattin des Medizinprofessors und Unternehmers Heiko von der Leyen. Die beiden haben zwei Söhne und fünf Töchter. Seit 1987 ist sie Ärztin, seit 1990 in der CDU, ab 1992 in den USA, von 1996 bis 2002 wissenschaftliche Assistentin an der Medizinischen Hochschule Hannover, ab 2001 Fraktionschefin im Stadtrat von Sehnde bei Hannover, ab 2003 im Niedersächsischen Landtag und Ministerin für Soziales, Frauen, Familie und Gesundheit unter Christian Wulff, ab 2004 im CDU-Präsidium, von 2005 bis 2009 Bundesministerin für Familie, Senioren, Frauen und Jugend, seit 30. November 2009 für Arbeit und Soziales.

Als Landesministerin erregt sie bundesweites Aufsehen, als sie trotz wütender Proteste von Sozialverbänden und Bevölkerung das Blindengeld streicht. Als es nach ihrem Wechsel nach Berlin zwei Jahre später wieder eingeführt wird, stellt die *Wirtschaftswoche* treffend fest: »Mit der jetzigen Bundesministerin wäre das nicht zu machen gewesen.«[222]

»Super-Nanny, Kult-Mutti und Beinahe-Bundespräsidentin«, lästerte Thomas Öchsner schon im April 2011 in der *Süddeutschen Zeitung:* »Ursula von der Leyen ist eine Meisterin der Selbstdarstellung und setzt vor allem eines auf die politische Agenda: sich selbst.« Und das eine Zeitlang nicht ohne Erfolg. »Der CDU-Politikerin wird alles zugetraut, bis hin zur Kanzlerin. Sie wird nach dem jähen Sturz des Märchenerzählers Karl-Theodor zu Guttenberg als letzter Star in der Regierung gehandelt.« Bald aber holte die Realität sie ein: »Zwischen dem, was von der Leyen sagt, und dem, was am Ende herauskommt, besteht ein himmelweiter Unterschied.« Ihre einzige echte Begabung: »Wie kein anderes Mitglied im Kabinett versteht sie es, dürftige Entscheidungen als große Errungenschaften zu verkaufen. In ihren Reden verwandelt sie ein vertrocknetes Stück Kuchen zu einer cremigen Sahnetorte, und kaum einer merkt es. Von der Leyen kann die Herzen der Menschen erwärmen. Nachdem die Union die Sozialpolitik wiederentdeckt hat, verkörpert sie – wie früher Norbert Blüm im Kabinett von Helmut Kohl – das sozialpolitische Gewissen der Union. Bei der CDU-Politikerin ist aber vieles mehr Schein als Sein. Ursula von der Leyen ist gerade dabei, sich selbst zu entzaubern.«[223] So wurde ihr plumper Rhetoriktrick, das Unwort »Hartz IV« durch »Basisgeld« zu ersetzen, vom Kanzleramt sofort in den Papierkorb geworfen. »Als Bundesarbeitsministerin tat sich von der Leyen vor allem als Fachfrau für wohlklingende Ankündigungen hervor«, bilanziert Öchsner. »Hinter ihrem Gesetz gegen den Missbrauch der Leiharbeit verbarg sich nicht viel mehr als eine Luftnummer.«

Aber auch sonst bleibt sie ihrem Lebensmotto *Mehr scheinen als sein* eisern treu. »Die Jobcenter, erklärte sie im Frühjahr 2010, sollen sich künftig mehr um arbeitslose Alleinerziehende, ältere Jobsuchende über 50 und Erwerbslose unter 25 Jahren kümmern. Tatsächlich verändert hat sich so gut wie nichts. Wie auch? Es gibt dafür keine konkrete, überprüfbare Vorgabe. Weder haben sich die Öffnungszeiten der Kitas so geändert, dass Alleinerziehende samstags als Verkäuferinnen arbeiten können, noch sind die Schulen plötzlich so gut geworden, dass nicht mehr jedes Jahr Zehntausende Jugendliche ohne Abschluss im Hartz-IV-System landen.«[224]
Und: »Vor allem hat von der Leyen aber versäumt, über mehr als das ›warme Mittagessen‹ für arme Kinder zu reden, das es in vielen Kommunen ohnehin längst schon gibt. Sie hätte frühzeitig mit der Opposition über ein Programm verhandeln sollen, das Geld direkt in Schulen, Kindertagesstätten oder

Vereine zu investieren, um Kindern aus Hartz-IV-Familien zu helfen. Dann gäbe es auch das Problem nicht, dass bislang nur wenige Betroffene die komplizierten Einzel-Anträge auf Hilfen ausfüllen.«[225]

Der Gipfel des Zynismus aber war ihr Angebot an die rausgeworfenen Schlecker-Verkäuferinnen zur Umschulung als Erzieherin oder Altenpflegerin. Immerhin standen etwa 25 000 Beschäftigte – meist Frauen – auf der Straße; für ein Töchterlein eines Ministerpräsidenten und Ehefrau eines Adligen natürlich kaum nachvollziehbar.

Der Hintergrund ihrer hirnrissigen, menschenverachtenden Idee: Bund, Länder und Kommunen hatten vereinbart, bis Mitte 2013 für 750 000 Kinder unter drei Jahren ein Betreuungsangebot zu schaffen. Dafür fehlen derzeit noch rund 14 000 Erzieherinnen und 16 000 Tagesmütter.[226]

Nun ist das aber nur eine Seite, die andere ist Angela Merkels Machtpolitik. Warum musste von der Leyen das Familienressort, durch das sie – ob zu Recht oder nicht – im Vergleich zu anderen Politikern relativ beliebt wurde, verlassen? Wieso wurde zum Beispiel keiner vom CDU-Arbeitnehmerflügel Arbeitsminister wie damals Norbert Blüm? Die Antwort ist klar: weil Merkel in ihr – wie auch in Guttenberg – eine ernsthafte Konkurrenz wähnte.

Aber so schnell gibt von der Leyen nicht auf. Im Januar 2013 spielte sie die Soziale: »Es ist doch mit den Händen zu greifen, dass es gerecht zugehen muss. Deshalb kann unsere Botschaft nicht allein ›Wachstum‹ lauten.«[227]

Dass dies nur das Blendwerk einer abgefeimten Lügnerin ist, zeigte sich an einem Beispiel, das den wahren Charakter der edlen Lady offenbart. »Regierung tilgte kritische Passagen aus Armutsbericht«, entlarvte *Spiegel Online* am 28. November 2012. Demnach »wurden kritische Aussagen zum Auseinanderdriften der Einkommen gestrichen. Gegenüber der ersten Fassung vom September fehle im überarbeiteten Entwurf vom 21. November der Satz ›Die Privatvermögen in Deutschland sind sehr ungleich verteilt‹. Der Bericht sei ganz bewusst geschönt worden.«[228]

Lug und Trug: So und nicht anders ist der verkorkste Charakter der eingeheirateten Adligen. Aber immer noch besser als ihre Parteikollegen mit erschwindeltem Doktortitel.

Norbert Röttgen (CDU), Jurist, MdB – zu beliebt für die Kanzlerin?

Norbert Röttgen, geboren am 2. Juli 1965 in Meckenheim, wirbt für den Rheinischen Sozialkapitalismus. Seit 1982 ist er in der CDU, seit 1984 im Kreisvorstand der CDU Rhein-Sieg, von 1992 bis 1996 JU-Chef Nordrhein-Westfalen, seit 1993 Rechtsanwalt, seit 1994 im Bundestag, von Oktober 2002 bis 2005 rechtspolitischer Fraktionssprecher, seit Februar 2005 Erster Parlamentarischer Geschäftsführer der CDU/CSU-Fraktion, vom 28. Oktober 2009 bis zum 22. Mai 2012 Bundesminister für Umwelt, Naturschutz und Reaktorsicherheit.

An Norbert Röttgen scheiden sich die Geister und Geschmäcker. Für die einen ist er ein Vorkämpfer für die Renaissance der sozialen Marktwirtschaft, für die anderen ein Sprücheklopfer. So schreibt Hannelore Tümpel in der *Zeit* über ein Streitgespräch zwischen Röttgen und Heiner Geißler: »Röttgen bestreitet einen Großteil des Gespräches mit folgenden Formulierungen: Personalität, Subsidiarität, Solidarität – wertgebundene Wirtschaftsordnung – Marktwirtschaft international Geltung verschaffen – wir setzen auf Bildung, auf Elite und Exzellenz, auf Förderung von Wissenschaft und neuen Technologien ... ich habe noch nie so viele hohle Phrasen so dicht gedrängt beieinander gesehen!!«[229] Auch Geißler selbst bescheinigt seinem geheimen Fan: »Aber Norbert, das ist doch Lyrik.«[230]

Erstmals bekannt wird Röttgen Mitte 2006, als er Hauptgeschäftsführer beim Bundesverband der Deutschen Industrie (BDI) werden und gleichzeitig sein Bundestagsmandat behalten will. Peinlicherweise scheitert das Vorhaben nicht an der Einsicht Röttgens oder seiner Partei, sondern an der scharfen Kritik in Gestalt eines offenen Briefes der früheren BDI-Präsidenten Michael Rogowski und Hans Olaf Henkel.[231]
Jedenfalls zählt Röttgen seit seiner Mitarbeit an Merkels Wahlkampfprogramm 2005 zu ihren engsten Vertrauten, wäre fast Kanzleramtsminister geworden, und entsprechend äußert er sich als ihr Sprachrohr mal marktradikaler, mal sozialstaatlicher. Während er zum Beispiel noch 2005 Franz Münteferings – zugegebenermaßen unterirdischen, nationalistischen und wahlkampfmotivierten – »Klassenkampf gegen die Heuschrecken« *(Berliner Zeitung[232])* als »übles Geschäft mit den Ängsten« abtut, geriert er sich am 1. Oktober 2008 in *Hart aber fair* als »Oberregulierer« und fordert staatliche Rating-Agenturen.[233] Nicht zufällig taucht Norbert Röttgen zu dieser Zeit verstärkt in den Medien auf. Schon aufgrund seines freundlichen Auftretens – das englische »smart« wirkt laut *Rheinischem Merkur* »wie für Röttgen erfunden«[234] – könnten simpel gestrickte Wählerinnen und Wähler eher ihm als anderen Unions-Granden die Sorgen der CDU für die Belange der kleinen Leute abnehmen. Nun muss das Kalkül der CDU-Spitze noch lange nicht das von Norbert Röttgen sein. Selbst-

verständlich rücken gerade Politiker mit christlichem Anspruch auch innerlich vom skrupellosen Turbokapitalismus ab. Jedenfalls empfindet Röttgen es keinesfalls als Rufmord, dass man ihn immer häufiger als Anhänger von Heiner Geißler bezeichnet.

Die Umstände seines Rauswurfs durch Merkel sind noch immer dubios. Er war 2012 bei der NRW-Landtagswahl als Spitzenkandidat, also Bewerber für das Ministerpräsidentenamt, angetreten, wollte sich aber nicht festlegen, notfalls auch Oppositionsführer in Düsseldorf zu werden.

Die NRW-CDU kritisierte öffentlich Röttgens Rauswurf. So polterte Landes-Fraktionschef Karl-Josef Laumann: »Die heutige Entlassung von Norbert Röttgen erschreckt mich. Ich verstehe nicht, dass Norbert Röttgen bis Sonntagabend 18 Uhr als der hervorragende Umweltminister galt, der er war, und heute entlassen wird.«[235]

Und Jörg Brandscheid vom ARD-Hauptstadtstudio kommentierte: »Merkel könnte in die Machtfalle tappen … Norbert Röttgen hat einen Wahlkampf versemmelt und die Quittung für sein ewiges Taktieren bekommen. Aber was hat das mit seinem Job als Bundesumweltminister, mit der Energiewende zu tun? Nichts. Nein, Frau Merkel, ein Befreiungsschlag war dieser Rauswurf sicher nicht. Eher ein Ausdruck von Panik und Hilflosigkeit mit dem Ergebnis, dass diese Koalition noch orientierungsloser dasteht, jetzt also auch bei der Energiewende.«[236]

Ähnlich äußerte sich *WAZ*-Chefredakteur Ulrich Reitz. Röttgen sei »das letzte einer Reihe von Opfern der bemerkenswert machiavellistischen Spitzenfrau«.[237]

So ist die Geschichte Röttgens letztlich die einer ehemaligen FDJ-Spitzenfrau, die Stalins Umgangsformen noch immer verinnerlicht hat und der die Inhalte der Politik noch unwichtiger scheinen als das Umfallen eines Reissacks in Peking.

Guido Westerwelle (FDP), Rechtsanwalt, Außenminister – der marktradikale Politkasper

Guido Westerwelle, geboren am 27. Dezember 1961 in Bad Honnef, verbittet sich staatliche Einmischung in die Wirtschaft, es sei denn in Form von 700-Milliarden-Geschenken für die Banken. Seit 1980 ist er in der FDP, 1983 Mitgründer und bis 1988 Bundesvorsitzender der Jungen Liberalen, seit 1988 im Bundesvorstand, seit 1991 Volljurist und selbständiger Rechtsanwalt, seit 1994 Dr. jur., seit 1996 im Bundestag, von 1994 bis 2001 Generalsekretär, 2001 Gast im Menschenzoo Big-Brother-Haus von RTL II, von 2001 bis 2011 Parteichef, vom 2006 bis 2009 außerdem Fraktionschef, ab Oktober 2009 Außenminister und bis Mai 2011 Vizekanzler. Unter Westerwelle erzielte die FDP bei der Bundestagswahl 2009 ihr bisheriges Rekordergebnis von 14,6 Prozent der abgegebenen Stimmen, was für ihn paradoxerweise der Anfang vom Ende war. Zum einen dürften gut zwei Drittel »Leihstimmen« gewesen sein: Man wählt die gelben Politwürstchen, um sie in den Bundestag zu hieven und Schwarz-Gelb zu ermöglichen. Zum anderen betrieb Merkel gleich nach der Wahl systematischen »Themenklau«: freie Marktwirtschaft, Menschenverachtung à la FDJ/SED und hemmungsloses Herüberschaufeln Hunderter Milliarden von Arm nach Reich. In diesem Stammgebiet der FDP begann Merkel erfolgreich zu wildern. »Auch wir können den ehrlich Arbeitenden Geld wegnehmen und es den steinreichen Schmarotzern zuschustern.«

Hinzu kam, dass sie sich die Außenpolitik unter die FDJ-Finger krallte. Natürlich fragte sich jeder: Wozu brauchen wir dann noch einen Außenminister? Und so stürzte die FDP in Lichtgeschwindigkeit in den Umfragen auf drei Prozent. Dies freilich war eben nicht Westerwelles Schuld, sondern die einer Partei, deretwegen man sich im Ausland zu Recht schämt, ein Deutscher zu sein.

Aber wenigstens darf er nach seiner Ministerzeit wieder seiner Lieblingsbeschäftigung nachgehen: der – vermutlich kaum ehrenamtlichen – Lobbyarbeit. Daher würde es nicht verwundern, wenn er dort weitermachte, wo er 2009 – wegen des Ministeramtes – aufhören musste.

Selbst der informierte, kritische Wähler dürfte kaum wissen, dass Westerwelle aufgrund seiner Unmenge von »Nebentätigkeiten« heißer Kandidat für das *Guinness-Buch der Rekorde* war. So agierte er als eifriger Verfechter der Privatisierung der Krankenkassen und Mitglied des Beirats der Hamburg-Mannheimer Versicherungs-AG, als eine Art »Herr Kaiser im Bundestag«.

All das musste er damals als »veröffentlichungspflichtige Nebeneinkünfte« deklarieren. Noch heute im Bundestaghandbuch nachzulesen sind nicht nur seine Nebenjobs als Aufsichtsrat der ARAG sowie als Beirat der Hamburg-Mannheimer und der TellSell Consulting GmbH, sondern vor allem die atemberaubende Menge an »Vorträgen« (Steinbrück lässt grüßen) der Vergütungsklasse über 7000 Euro:[238]

- *Agentur Schenck,* Berlin, August 2008
- *Aspecta HDI Gerling Lebensversicherung AG,* Mainz, Februar 2007
- *AXA-Krankenversicherung AG,* Köln, Januar 2006
- *Close Brothers Seydler AG,* Frankfurt/Main, Juni 2008
- *Congress Hotel Seepark,* Thun/Schweiz, September 2007
- *DS Marketing GmbH,* Brühl, März 2006
- *econ Referenten-Agentur,* Straubing, Mai 2006, Juli 2007
- *EDEKA Handelsgesellschaft Nordbayern-Sachsen-Thüringen mbH,* Rottendorf, Juli 2006
- *EUTOP Speaker Agency GmbH,* München, Juli 2007
- *Fertighaus WEISS GmbH,* Oberrot, September 2006
- *Flossbach & von Storch Vermögensmanagement AG,* Köln, Mai 2007
- *Gemini Executive Search,* Homburg, Oktober 2007
- *Genossenschaftsverband Frankfurt,* Frankfurt, Oktober 2005
- *Hannover Leasing GmbH & Co. KG,* Pullach, Juni 2006
- *Lazard Asset Management Deutschland GmbH,* Hamburg, Januar 2007
- *LGT Bank AG,* Zürich, April 2007
- *MACCS GmbH,* Berlin, November 2007
- *Maritim Hotelgesellschaft mbH,* Bad Salzuflen, November 2005
- *ednerdienst & Persönlichkeitsmanagement Matthias Erhard,* München, Oktober 2006

- *Serviceplan Agenturgruppe für innovative Kommunikation GmbH & Co. KG,* München, Februar 2007
- *Solarhybrid AG, Brilon, Team Event Marketing GmbH,* Rosbach, Mai 2007
- *Vincero Holding GmbH & Co. KG,* Aachen, September 2007
- *Wolfsberg – The Platform for Executive & Business Development,* Ermatingen/Schweiz, September 2008

Nichts gegen geistreiche, niveauvolle Vorträge, aber die Korruptionstheorie wertet sie neben »Beraterverträgen« als beliebteste Möglichkeit zur Tarnung von »kleinen Aufmerksamkeiten«. Bequemer als die Bargeldübergabe auf dem Bahnhofs-WC ist ein gut bezahltes Referat allemal.

Wie allerdings Westerwelle tickt, erläuterte er anhand des Post-Mindestlohns: »Wenn der Staat die Löhne festsetzt, könne er bald auch die Preise festsetzen. Dann sind wir bei der Planwirtschaft wie in der DDR, nur ohne Mauer.«[239] Rechtsstaat nach dem Grundgesetz ähnlich wie der Stasistaat? So einer braucht dringend »professionelle Hilfe«. Aber anders als im Honeckerstaat darf er über den notwendigen Gang zum Psychiater selbst entscheiden.

Figuren wie er nehmen noch nicht einmal den eigenen irrationalen Glauben an die freie Marktwirtschaft ohne Staatseinmischung wirklich ernst. Wenn es nämlich um das Wohl des wirtschaftskriminellen Schmarotzerabschaums geht, ruft er lauter als der Dortmunder Stadionsprecher nach dem Staat und presst seiner Fraktion am 17. Oktober 2008 bei der Bundestagsabstimmung über das Bankenrettungspaket die Zustimmung ab. Ob er bei den anschließenden Jubelorgien der

Milliardäre und Topmanager einschließlich Jahrgangssekt-
bädern mit Edelnutten einen seiner Vorträge gehalten hat, ist
nicht bekannt.

Für Franz Walter hat Westerwelle jedenfalls ein »binäres
Weltbild«: Für ihn sei alles »entweder schwarz oder weiß,
faul oder fleißig, marktwirtschaftlich oder staatswirtschaft-
lich … Und so ist er das Haupthindernis für die Regierungsfä-
higkeit der Liberalen.«[240]

Natürlich hat jedes Lebewesen seine Existenzberechtigung,
auch die Spulwürmer und Westerwelles. Aber ein Spulwurm
taugt eben nicht als Chemieprofessor und ein Westerwelle
nicht für die Politik in einer Demokratie.

BELOHNTE LOYALITÄT

Hermann Gröhe, Jurist, CDU-Generalsekretär –
das bibeltreue Nichts

Hermann Gröhe, geboren am 25. Februar 1961 in Uedem
(Niederrhein), war seit 1975 in der Jungen Union und von
1989 bis 1994 ihr Bundesvorsitzender, ist seit 1977 in der
CDU, machte 1980 Abitur, ist seit 1994 Rechtsanwalt, seit
1994 im Bundestag, war von 2008 bis 2009 Staatsminister
unter Merkel, ab März 2010 CDU-Generalsekretär.

Gröhe gilt als Evangelikaler und »schon fast katholisch«
(Welt): Über seine fundamentalistisch-kriminellen US-Kum-
pane sagt er, dass man es sich in Deutschland mit den amerikanischen Evangelikalen zu leichtmache: »Zuerst wurden sie
ignoriert, nun werden sie dämonisiert.« Zu lange habe man
bei uns »Gottvergessenheit für Aufgeklärtheit« gehalten.

»Natürlich ist es für uns befremdlich, wenn der Irak-Krieg in religiöser Sprache gerechtfertigt wird … aber bei Martin Luther King haben wir dann wieder gar nichts gegen die enge Verbindung von Religion und Politik.«[241] Martin Luther King mit gemeingefährlichen Psychopathen zu vergleichen ist so erbärmlich, dass es sich selbst kommentiert. Allerdings: Solange kein uneheliches Kind (»Bastard«) unter eine U-Bahn gerät, wollen wir Merkels Zögling nichts nachsagen. Aber was nicht ist, kann ja noch kommen …

Ansonsten, frei nach Otto Waalkes: Wir würden ja gern noch mehr über Gröhe berichten, wenn es nur was zu berichten gäbe. Lediglich, dass er gegen Schwarz-Grün ist. »Gröhe stichelt gegen Grüne«, wortspielt am 26. November 2012 *Spiegel Online*.[242] Es gab schon CDU-Generalsekretäre vom Kaliber eines Kurt Biedenkopf oder Heiner Geißler. Sie mit Gröhe zu vergleichen hieße, Real Madrid mit der dritten Mannschaft des Kreisligisten Uedemer SV gleichzusetzen.

Peter Hintze (CDU), Pastor, Parlamentarischer Staatssekretär für Wirtschaft und Technologie – Provision vom Kabarett?

Peter Hintze, geboren am 25. April 1950 in Bad Honnef, ist ein gottesfürchtiger Diener im Kreuzzug gegen *Das Böse,* also einer, dem man nicht einmal die Ansage der Uhrzeit glauben sollte.

Von 1980 bis 1983 war er Pastor, von 1983 bis 1990 Bundesbeauftragter für den Zivildienst, seit 1990 im Bundestag, ab 1991 Parlamentarischer Staatssekretär für Frauen und Jugend, von 1992 bis 1998 CDU-Generalsekretär. Da man Hintze und insbesondere seiner *Rote-Socken-Kampagne* gegen die PDS selbst im eigenen Lager die Schuld für die Wahlniederlage 1998 gab, trat er nach der Wahl von seinem Amt zurück.

Seit 2002 ist er europapolitischer Fraktionssprecher und Vizepräsident der Europäischen Volkspartei (EVP), seit November 2005 Parlamentarischer Staatssekretär für Wirtschaft und Technologie, seit Februar 2007 außerdem Koordinator der Bundesregierung für die Luft- und Raumfahrt.

Da sich in Hintzes Lebenslauf nicht der leiseste Hinweis auf Fachwissen findet, liegt die Vermutung nahe, dass er seine Ämter als Belohnung für treue Vasallendienste erhielt. So stellte *FAZ*-Autor Eckart Lohse fest, Hintze stehe »mit großer Kontinuität in der zweiten Reihe. Er ist der Typ Politiker, der in dienender Funktion einem anderen gegenüber auftritt. Die Begriffe Sekretär und Stellvertreter tauchen unentwegt in seiner Vita auf.«[243]

Zyniker könnten argwöhnen, der Mann Gottes ersetze Kompetenz durch Glauben, was angesichts der Krisen von Weltwirtschaft, Finanzsystem, EU und Euro vielleicht das Beste wäre: Da hilft nur noch beten.

Dennoch sollte man seine Verschlagenheit nicht unterschätzen und seine Finger nachzählen, nachdem man ihm die Hand gegeben hat. Beispiel Christian Wulff: Als längst alles zu spät war, gerierte Hintze sich als einer der letzten Verteidiger des Bundespräsidenten. Dabei war er es gewesen, der bei *Günther Jauch* ein bislang geheimes Dokument öffentlich gemacht hatte, nämlich über die Bürgschaft des Landes Niedersachsen 2006 an den Filminvestor David Groenewold. Hintze: »Auf der Akte findet sich der Vermerk von Herrn Wulff, dass er mit dem (Groenewold) befreundet ist und sich deswegen in der

Sache für befangen hält und um besonders gründliche Prüfung bittet.« Die Pointe: staunende Blicke, nicht nur in der Diskussionsrunde. Weder die Abgeordneten des Niedersächsischen Landtags noch die Mitarbeiter der Staatsanwaltschaft Hannover hatten bis dahin etwas von diesem Vermerk gewusst.

Tatsächlich aber war fast alles falsch, was Hintze von sich gab, und damit löste er eine Welle aus, die sich immer höher auftürmte – und Wulffs politisches Ende einläutete: Zum ersten Mal in der Geschichte der Republik beantragte eine Staatsanwaltschaft die Aufhebung der Immunität des Bundespräsidenten und wollte wegen Vorteilsnahme ermitteln. Aber Wulff kam der peinlichen Prozedur zuvor und trat zurück. »Nach neun Wochen mit immer neuen Vorwürfen war seine politische Karriere beendet.«[244]

Hintze aber hat überlebt und wird wohl auch die nächste Sintflut und womöglich dereinst auch das Ende der Erde überstehen. Es gibt eben Mikroben, die alles überleben.

Aber Hintze ist durchaus auch nützlich. Wann immer Satireautoren eine »Schreibblockade« oder Kabarettisten keine Ideen haben, greifen sie auf Hintze zurück; er ist die personifizierte Lachnummer: der Mario Barth der Politik. Angeblich werden zuweilen Depressive und gar Suizidgefährdete ganz homöopathisch behandelt: Man spielt ihnen zwanzig Minuten Hintze in einer Talkshow vor, und schon brechen selbst die traurigsten und verzweifeltsten Menschen in schallendes, schenkelklopfendes Gelächter aus. Leidtragende sind begnadete Imitatoren wie Mathias Richling: Das Original ist einfach komischer als die beste Parodie. Realität schlägt Satire.

Thomas de Maizière (CDU), Jurist, Bundesverteidigungsminister – Macht und Einfluss aus dem stillen Kämmerlein

Thomas de Maizière, geboren am 21. Januar 1954 in Bonn als Sohn eines Generals, ist im Gegensatz zu der Betriebsnudel und Merkel-Büroleiterin Baumann eher unauffällig und gilt als »the brain«. In diesem Umfeld also Einäugiger unter Blinden, erarbeitet er die Lorbeeren, die Merkel erntet.

Seit 1971 ist er in der CDU, ab 1983 Mitarbeiter der Regierenden Bürgermeister von Berlin, Richard von Weizsäcker und Eberhard Diepgen, von 1985 bis 1989 Referatsleiter der Senatskanzlei und Pressesprecher der CDU-Fraktion. 1990 ist er beteiligt am Aufbau der letzten DDR-Regierung und in der Verhandlungsdelegation für den Einigungsvertrag, von 1990 bis 1994 Kulturstaatssekretär und von 1994 bis 1998 Chef der Staatskanzlei in Mecklenburg-Vorpommern, ab 1999 Leiter der Sächsischen Staatskanzlei, ab 2001 Finanzminister, ab 2002 Justizminister und ab 2004 Innenminister, jeweils in Sachsen, ab 2005 schließlich Kanzleramtsminister, seit 2009 Innenminister, seit 2011 Verteidigungsminister.

»Merkels Mann für den Hintergrund« (SZ) spielt natürlich in einer ganz anderen intellektuellen Liga als Baumann, wird aber ebenso unterschätzt. »Die Kanzlerin macht keine Fehler«, ist seine Devise. »Wenn jemand Fehler macht, bin ich das. Das ist Teil meines Gehalts, das muss man wissen.«[245]

Anfangs gerät er oft mit Baumann aneinander, jetzt teilt man sich die Arbeit: Sie ist für Merkels Auftritte zuständig, er für die Details des Regierens. Das aber bedeutet Hintergrundwissen, und das wiederum bedeutet Macht. Da macht es fast gar nichts, dass der »Antityp des Ministers«[246] gleichsam anonym der Kanzlerin die Lorbeeren kranzfähig serviert, ohne eignen Ruhm zu ernten; schließlich ist genau *das* sein Job. Und tatsächlich: Wenn Merkel zuweilen mit hochwichtiger, einstudierter Mimik und Rhetorik ungeheuer kompetent klingende Sprechblasen über Finanzkrise und Klimaschutz, NATO-Bündnis und Bildungsmisere von sich gibt, fragt man sich zuweilen, wo und wie sie das wohl alles aufgeschnappt und in halbwegs vernünftiges Deutsch gebracht hat.

De Maizière sieht sein stilles Wirken allerdings eher gelassen: »Ich kann in Berlin in jede Kneipe gehen, ich werde nicht gestört, mich kennt hier keiner.«[247] Seiner Macht und seinem Einfluss tut das ohnehin keinen Abbruch.

Nur von Zeit zu Zeit gönnt er sich einen Auftritt als Volksredner, zum Beispiel in seiner alten Jesuitenschule, dem Bonner Elite-Gymnasium Aloisiuskolleg. Selbst Stefan Braun von der *SZ* ist hingerissen: »Die Abiturklassen haben sich in der Aula versammelt, es folgen zwei Stunden Fragen und Antworten – mit einem Thomas de Maizière, der die Kanzlerin, die Politik in Berlin und die Welt erklärt. Der bei jedem Thema – ob China, BND oder Gesundheit – die Interessenkonflikte, die Kompromisssuche, die ›kommunikativen Missverständnisse‹ erläutert. Sie glauben ihm, sie hängen an seinen Lippen. Es gibt sehr viel Beifall. Er macht derlei Ausflüge immer wieder.« Zumeist allerdings fühlt er sich ganz wohl jenseits von Blitzlicht und Schlagzeilen.

»Büroklammer – mit Hang zur Nicht-Inszenierung«, nennt ihn Simone Meyer in *Welt Online* im Februar 2012. »Nach einem Jahr im Amt ist Verteidigungsminister Thomas de Maizière (CDU) angekommen und will nicht wieder weg.«

Als Kind habe er lieber Feuerwehrmann werden wollen als

Pilot, verrät er den Soldaten nach einem Probesitzen im Tornado. Und tatsächlich ist er eine Art Feuerwehrmann für Angela Merkel. Schließlich musste sie ja nach dem Guttenberg-Rücktritt im März 2011 »schnell jemand anderen finden, der die größte Reform in der Geschichte der Bundeswehr und damit ein zentrales Projekt der schwarz-gelben Regierung erfolgreich zu Ende bringt«.[248]

Aber man sollte sich von seinem Gehabe, lieber im Hintergrund zu bleiben und kein Wässerchen zu trüben, nicht täuschen lassen. »Deutsche Kampfdrohnen, Ausweitung der Bundeswehr-Auslandseinsätze, Waffenverkäufe nach Afrika: Verteidigungsminister de Maizière wagt sich an ein Tabu nach dem anderen – leise und geschickt.«

Schlagzeilen machte er allerdings als »Tabubrecher« *(Spiegel)* in der Drohnen-Diskussion. Und ausgerechnet bei diesem Prestigeobjekt musste »Herr Unauffällig« eine riesige Blamage einstecken. Euro Hawk wurde gestoppt. Der Schaden: über eine Milliarde Euro. Und es steht der hartnäckige Verdacht der Vertuschung auf allerhöchster Ebene im Raum. Das passt wirklich ins Bild.

Ebenso der Fall Mali. »Waffen nach Afrika liefern? Hätte die Opposition im Moment nicht mit den Drohnen zu tun, der Aufschrei wäre groß.« Fazit von *Spiegel Online:* »Merkel hat sich so positionslos gemacht, dass selbst die eigenen Leute manchmal nicht mehr wissen, wofür sie steht. Aber das macht es auch so schwer, die CDU-Vorsitzende anzugreifen. Bei de Maizière wäre das viel leichter.«[249]

Respektlose humanistische Demokraten würden ihn vielleicht als »Wolf im Schafspelz« oder als »nützlichen Idioten« bezeichnen. Aber versöhnlich, wie ich nun einmal bin, nenne ich ihn lieber – frei nach einer TV-Serie mit Harald Juhnke Ende der 70er Jahre – Merkels »Mann für alle Fälle«.

Johanna Wanka (CDU),
Diplom-Mathematikerin, Bildungsministerin –
die Verliererin als Gewinnerin

Johanna Wanka, geboren am 1. April 1951 in Rosenfeld (Sachsen), machte 1970 Abitur und wurde parallel dazu Agrotechnikerin, ist seit 1974 Diplom-Mathematikerin, seit 1993 Professorin und von 1994 bis 2000 Rektorin der Hochschule Merseburg, von 2000 bis 2009 Ministerin für Wissenschaft, Forschung und Kultur in Brandenburg. 2001 sorgte sie für Wirbel mit der Aussage: »Die Kultusminister wissen längst, dass die Rechtschreibreform falsch war. Aus Gründen der Staatsräson ist sie nicht zurückgenommen worden.«[250]

Vor der Wende ist sie in der FDJ, seit 2001 in der CDU, von 2003 bis 2010 im Landesvorstand Brandenburg, von 2004 bis 2010 im Landtag, seit 2009 CDU-Landeschefin, ab 2010 niedersächsische Ministerin für Wissenschaft und Kultur, seit Februar 2013 nach der verlorenen Landtagswahl Nachfolgerin von Annette Schavan als Bundesbildungsministerin. »Niederlagen in Siege verwandeln«, lautet ein geflügeltes Wort. Wanka hat es umgesetzt.

Vor nicht allzu langer Zeit war sie so unbekannt, dass sie sich selbst im Spiegel nicht wiedererkannt hat. »Aufstieg in die Machtlosigkeit«, lästerte *Spiegel Online* kurz nach ihrem Amtsantritt. Sie selbst kündigte das sensationelle Ziel an, für »gleiche Bildungschancen« zu kämpfen. »Eine reiche Nation wie Deutschland muss es ermöglichen können, dass jeder seinen Bildungsweg gehen kann – ungeachtet seiner sozialen Herkunft.« Ihre Taktik? »Keine Frau für lautes Getöse«, beschreibt sie sich selbst.[251] Fragt sich nur, ob sie sich unter all den Doktorarbeitsbetrügern, Lobbyisten, Korrruptis und hirnlosen machtgeilen Großkotzen wird durchsetzen können.

Peter Altmaier (CDU), Jurist, Umweltminister – der pflegeleichte Lakai

Peter Altmaier, geboren am 18. Juni 1958 in Ensdorf (Saarland), ist seit 1988 Volljurist, ab 1990 Beamter der Europäischen Kommission in der Generaldirektion für Beschäftigung, Arbeitsbeziehungen und soziale Angelegenheiten, von 1993 bis 1994 Generalsekretär der Verwaltungskommission für die soziale Sicherheit der Wanderarbeitnehmer. Seit 1994 ist Altmaier als EU-Beamter beurlaubt.

Seit 1976 ist er in der CDU, seit 1991 im Landesvorstand Saar, seit 1994 im Bundestag, von 2002 bis 2005 im Fraktionsvorstand, ab Oktober 2009 Erster Parlamentarischer Geschäftsführer, von 2005 bis 2009 Parlamentarischer Staatssekretär im Innenministerium, ab Mai 2012 Bundesumweltminister.

In den 1990er Jahren trat Altmaier für eine Modernisierung des Staatsbürgerschaftsrechts ein und hielt Kontakte zu Migranten, Flüchtlingsverbänden und Kirchen. Er befürwortete eine Öffnung der CDU zu Bündnis 90/Die Grünen. Helmut Kohl forderte er 1998 zum Rücktritt auf und kritisierte Roland Koch für den seiner Ansicht nach ausländerfeindlichen Wahlkampf, ferner wandte er sich 2003 gegen den Aufruf des Vatikans zur Bekämpfung von sogenannten Homoehen. 2002 wurde er CDU-Obmann des Ersten Untersuchungsausschusses der 15. Wahlperiode des Deutschen Bundestages, des sogenannten Lügenausschusses.[252]

Altmaier gilt als besonders devoter Lakai der Kanzlerin. »… in der Küche seiner 240 Quadratmeter großen Altberliner Wohnung hat Peter Altmaier Angela Merkels Rettungsschirm gerettet: Auf zwei Ceranfeldherden, von denen der eine mit normalen und der andere mit Induktionskochplatten bestückt ist, zauberte der Erste Parlamentarische Geschäftsführer der CDU/CSU-Fraktion Gastmähler für ›Abweichler‹. Nicht mit der Peitsche hat er sie traktiert (und teilweise bekehrt), sondern mit dem Kochlöffel.«[253]

Das Image von Kanzlerins Liebling als moderner Politiker ist ein Meisterwerk der PR-Profis. Genauso gut könnte man Eisbein mit Sauerkraut als Diät für Magenkranke verkaufen. In Wahrheit ist er zum Beispiel ein eiserner Verfechter der lebensgefährlichen Fukushima-Atomindustrie. »Bundesregierung will Ausbauziele für Erneuerbare Energien zurückschrauben/Altmaier auf Bremserkurs«, kritisierte der Bundesverband Erneuerbare Energie (BEE).[254]

Dann wieder entblödet er sich nicht, seine drei Amtsvorgänger für eine »zu zögerliche Umsetzung der Energiewende« zu kritisieren.[255]

> Es gibt Dinge, die sind so falsch,
> dass noch nicht einmal das absolute Gegenteil richtig ist.
>
> *Karl Kraus*

KLÄFFER

Patrick Döring (FDP) –
zwischen Fahrerflucht und Volksverachtung

Patrick Döring, geboren am 6. Mai 1973 in Stade; ist seit 1997 Diplom-Ökonom und machte diverse Jobs als Versicherungsfritze, ist seit 2002 Vorstand der Agila AG, seit 2005 der Wertgarantie AG, 2010 Aufsichtsrat der Deutsche Bahn AG und der Verkehrsinfrastrukturfinanzierungsgesellschaft (VIFG) sowie im Beirat der Deutschen Flugsicherung. Seit 1991 ist er in der FDP und bei den Jungen Liberalen, von 1994 bis 1997 deren Vizechef. Seit 1996 ist er im FDP-Landesvorstand, seit 2000 im geschäftsführenden Landesvorstand der FDP Niedersachsen, seit 2009 im Bundesvorstand, seit 2005 im Bundestag, seit 2010 Fraktionsvize, seit April 2012 Generalsekretär. Ende 2011 wurde gegen 1500 Euro Geldbuße sein Verfahren wegen Fahrerflucht eingestellt.[256]

Im März 2012 erklärte Döring mit seiner Kritik an der »Tyrannei der Masse« faktisch unserer Demokratie den Krieg.[257] Er gehört zum Schaumburger Kreis, einer Clique des liberal-konservativen Wirtschaftsflügels in der FDP.[258] Im Oktober 2012 griff er Peer Steinbrück wegen dessen Nebenverdiensten an, was ihm eine harsche Kritik von FDP-Parteifreund Wolfgang Kubicki einbrachte: »Ich weiß nicht, was er geraucht hat.«[259]

Er gilt als »Kumpel von Philipp Rösler«, mit dem ihn laut Parteifreunden ein »blindes Vertrauensverhältnis« verbinde. Zudem könne er »klar formulieren, nach innen motivieren und nach außen zum Angriff blasen«. Außerdem spiele er standesgemäß gern Golf.[260]

Obwohl formal Diplom-Ökonom, vermittelt Döring ständig

den Eindruck, als wisse er von seiner eigenen Ideologie, dem Neoliberalismus, nicht viel mehr als ein Gossenmedienkonsument. Sinngemäß: *Freie Marktwirtschaft ohne staatliche Einmischung; der Staat muss sparen, vor allem bei den Sozialausgaben; der grundgesetzliche Beitrag der Reichen – Vermögens-, Erbschafts- und Spitzensteuer – soll möglichst auf null gesenkt werden.* Es wäre interessant, Döring gegen einen begabten 14-Jährigen beim Wissenstest zum Neoliberalismus antreten zu lassen: Womöglich hält der Jazzfan Döring die Chicago Boys für eine Swing-Group, der Fußballfan Döring den neoliberalen Vordenker Walter Eucken für den Torwart von Arminia Hannover und Friedrich August von Hayek für den Vater von Filmstar Salma Hayek.

Renate Elly Künast (Bündnis 90 / Die Grünen), Juristin, Fraktionschefin – prinzipienlos aus Prinzip

Renate Elly Künast, geboren am 15. Dezember 1955 in Recklinghausen als Tochter eines Kfz-Mechanikers und einer Hilfsschwester, will vor allem Politik besser verkaufen. Nach einem Fachhochschulstudium von 1977 bis 1979 arbeitet sie in der Justizvollzugsanstalt Berlin-Tegel als Sozialarbeiterin, 1979 tritt sie der Westberliner Alternativen Liste bei, seit 1985 ist sie Rechtsanwältin, ab 1989 im Berliner Abgeordnetenhaus und zugleich Fraktionschefin: bis 1990 in der rot-grünen Koalition, dann bis 1993 und von 1998 bis 2000 in der Opposition, dazwischen rechtspolitische Sprecherin. Von Juni 2000 bis März 2001 ist sie (mit Fritz Kuhn) Grünen-Chefin, von 2001 bis 2005 Bundesministerin für Verbraucherschutz, Ernährung und Landwirtschaft, seit 2002 im Bundestag, ab 2005

Fraktionschefin. 2011 kandidierte sie als Regierende Bürgermeisterin Berlins, erhielt aber nur 17,6 Prozent der abgegebenen Stimmen. Ende 2012 verliert sie die Urwahl um die Spitzenkandidatur für den Bundestag 2013 gegen Jürgen Trittin und Katrin Göring-Eckardt.

Renate Künast mutierte im Interesse ihrer Karriere zielbewusst von einer »Fundi«- zu einer »Realo«-Frau.[261] Ihre nassforsche Art bewies sie schon bei ihrem Amtsantritt als Landwirtschaftsministerin: Ihre einzige Fachkompetenz bestehe darin, früher »mit meinen Eltern Urlaub auf dem Bauernhof« gemacht zu haben.[262]

Ihre besondere Spezialität sind wählerwirksame wortradikale Forderungen, deren Undurchsetzbarkeit sie sich vorher ausrechnen kann, zum Beispiel in ihrer Zeit als Bundesministerin:

- »Künast sagte, bisher habe man bei der EU-Kommission nicht durchsetzen können, dass auch der Einsatz von gentechnisch verändertem Futter kenntlich gemacht werden muss.«[263]
- »Das infolge der BSE-Krise verhängte EU-weite Tiermehlverfütterungsverbot wird nur befristet verlängert. Mit ihrer Forderung nach einem generellen Verbot konnte sich Künast bei den EU-Agrarministern nicht durchsetzen.«[264]
- »Verbraucherministerin Renate Künast verständigte sich mit den Tierschutzverbänden darauf, die Einführung der Verbandsklage im Koalitionsvertrag festzuschreiben. Diese Forderung konnte sie bei der SPD nicht durchsetzen.«[265]

Gegenüber den ärmeren Schichten ist sie – wie viele Grüne und ihre Wähler – ausgesprochen weltfremd und zynisch. So belehrte die Besserverdienerin die Einkommensschwachen, beim Kauf von Lebensmitteln doch nicht so geizig zu sein: »Vorsorgender Verbraucherschutz bleibt wirkungslos, wenn der Verbraucher nicht auch selbst einen Beitrag leistet und qualitätsbewusst einkauft. Wer nur den Preis im Auge hat, darf sich nicht wundern, dass die ausgewählten Produkte oft nur einfachste Mindestqualitätsstandards erfüllen.«[266] Andererseits verspricht sie, die unter Rot-Grün für die Absenkung des Spitzensteuersatzes und die Einführung der »Armut per Gesetz« (Hartz IV) mitverantwortlich ist, im Jahr 2005 ganz frech die »Bekämpfung der Armut von Familien«.[267] Manchmal gibt sie aber auch die Frauenrechtlerin. So verkündet sie im Februar 2012 in der *FAZ* die sensationelle Neuheit:»Die meisten Frauen wollen und müssen erwerbstätig sein.«[268]

Originell auch ihre These vom Mai 2012: »Schwarz-Gelb gefährdet die deutsche Autoindustrie.« Sie unterstütze sie nicht dabei, auf das veränderte Käuferverhalten zu reagieren. »Unsere Automobilindustrie registriert, dass der durchschnittliche Autokäufer ein Mann von 51 Jahren ist, während viele Frauen und vor allem junge Leute Vorstellungen von Mobilität haben, denen eine autofixierte Verkehrspolitik nicht mehr gerecht wird. Die wollen auch mobil sein, aber nicht mehr unbedingt durch den Besitz eines Autos, sondern im Rahmen eines flexiblen und digital vernetzten Verkehrssystems, in dem Fahrrad, Busse, Bahnen und energieeffiziente Autos sich ergänzen.«[269]

Ihre prinzipienfreie Machtbesessenheit verrät sie schon im September 2008 in einem Interview: »Regieren ist schöner.«[270] Überhaupt gelten Realos fälschlicherweise als »Rechte aus Überzeugung«. Ihr Credo ist – frei nach Otto Waalkes: Ob nun Schwarz-Grün, Schwarz-Gelb-Grün, Rot-Grün oder

Rot-Rot-Grün: Hauptsache, ich rutsche in ein Regierungsamt, sitze fett drin und muss nie wieder raus.

Ronald Pofalla (CDU), Rechtsanwalt, Chef des Kanzleramtes – die Entwicklung dummdreister Pöbelei zur Wissenschaft

Ronald Pofalla, geboren am 15. Mai 1959 in Weeze (bei Düsseldorf), machte 1975 die mittlere Reife, erwarb 1977 die Fachhochschulreife, ist seit 1981 FH-Diplom-Sozialpädagoge und seit 1991 Rechtsanwalt. Danach arbeitete er für die Anwaltskanzlei Holthoff-Pförtner in Essen und brachte es dort bis zum Sozius.

Schon als Student »förderte« ihn der Entsorgungsunternehmer Bernhard Josef Schönmackers jahrelang mit monatlich 1300 D-Mark. Schönmackers wurde – nach eigenen Angaben – vom damaligen Gemeindedirektor Wienen »um eine Förderung bzw. Unterstützung des Studiums des Herrn Pofalla gebeten … Sinn und Zweck unserer Zusammenarbeit war es grundsätzlich, Herrn Pofalla für sein Jurastudium eine gewisse finanzielle Basis zu geben.« Allerdings ging es auch um das Knüpfen politischer Kontakte sowie die Bearbeitung von Fragen des Miet- und Arbeitsrechts. Die weitere Zusammenarbeit mit Ronald Pofalla hat nach Angaben Schönmackers' dann aber auch in »der politischen Unterstützung des Aufbaus und der Erweiterung unseres Betriebes« bestanden.[271]

Seit 1975 ist er in der CDU, war von 1986 bis 1992 NRW-Chef der Jungen Union. Pofalla ist seit 1995 im CDU-Landesvorstand, sitzt seit 1990 im Bundestag, war 2004/05 Fraktionsvize, von November 2006 bis Oktober 2009 CDU-

Generalsekretär und ab Oktober 2009 als Chef des Bundeskanzleramts Merkels rechte Hand.

Dies ist ein Buch über unsere Spitzenpolitiker. Pofalla ist Kanzleramtschef und taucht deshalb und nur deshalb hier auf. Ansonsten wäre er aufgrund seiner intellektuellen, moralischen und menschlichen Beschaffenheit nicht einmal eine Fußnote in der Bückeburger *Bäckerblume* wert. Für den *Spiegel* war Pofalla schon von Anfang an »Merkels Pannen-Maschinist« oder »Strippenzieher mit Startproblemen«.[272] Wirklich Schlagzeilen gemacht hat Ronald Pofalla nur dreimal:

• Bereits 1996 war ihm die Steuerfahndung auf den christlichen Fersen, da Merkels Laufbursche im Jahr 1994 ein ungeklärter Betrag von 1,4 Millionen D-Mark zugeflossen sein soll. Aber welch Wunder – »die Großen lässt man laufen«: Der Fall wurde von der Staatsanwaltschaft unter den Teppich gekehrt, »da kein Anlass zu Ermittlungen vorlag«. Im Rahmen anderer Ermittlungen gegen seine erwähnte Anwaltsbude Holthoff-Pförtner, welche seit 1999 liefen, erhoben integre Finanzbeamte, die sich grundsätzlich auch durch mafiöse Drohungen nicht einschüchtern lassen, am 28. März 2000 eine weitere Anschuldigung: Pofalla habe für die Jahre 1993 bis 1997 einen »ungeklärten Vermögenszuwachs« in Höhe von 700 000 Mark gehabt. Die furchtlose Staatsanwaltschaft Kleve schloss sich dem Verdacht an und informierte Bundestagspräsident Wolfgang Thierse am 17. April 2000 darüber, dass man ein Ermittlungsverfahren wegen Steuerhinterziehung gegen Pofalla einleiten wolle. Zunächst hob der Immunitätsausschuss des Bundestages Pofallas Immunität – nicht zu verwechseln mit der Lizenz zu Betrug und Verbrechen – auf. Daraufhin gab es am 11. Mai peinliche Hausdurchsuchungen in Pofallas Privathaus, bei seiner geschiedenen Frau, in seinem Bundestagsbüro und bei drei Banken. Überflüssig zu sagen, dass das Verfahren gegen Pofalla im August 2000 mangels Beweisen eingestellt wurde.[273]

- Anfang Januar 2010 holte sich der Chef des Bundeskanzleramtes mit Karina Döhrn, 29, ein junges Ex-Model als persönliche Sprecherin in die Berliner Regierungszentrale. »Das schönste Gesicht im Kanzleramt« titelte *Bild* über einem Foto der hübschen Politikwissenschaftlerin.[274] Und *Volkes Stimme* beschrieb ihre hervorstechende Qualität: »Die gertenschlanke junge Dame gewann 2002 den deutschen Wettbewerb ›Elite Model Look‹ gegen … 4587 Schönheiten … Elite ist international die angesehenste Modelagentur. Hier arbeitete einst Heidi Klum.«[275]

- Seinen krebskranken Parteifreund Wolfgang Bosbach beschimpfte er im Herbst 2010 wegen dessen Skepsis gegenüber der Ausweitung des Euro-Rettungsschirms in der seinem Intellekt und seiner Kinderstube entsprechenden Sprache: »Ich kann deine Fresse nicht mehr sehen. Ich kann deinen Scheiß nicht mehr hören.« Das war selbst vielen in der Union und der FDP zu viel: »Ein führender Koalitionär nennt ihn den schlechtesten Kanzleramtschef aller Zeiten, Vertreter von Junger Union und Jungen Liberalen fordern seinen Rücktritt«, schrieb *Spiegel Online.*[276]

Wie ein Wüterich mit dem Wortschatz und dem IQ eines Hauptschulabbrechers Merkels rechte Hand und Anwalt werden kann, ist nicht Thema dieses Buches. Aber jeder, so gut er kann, und auch über rhetorisch Minderbemittelte sollte man sich nicht lustig machen, sondern lieber über die Kanzlerin urteilen: »Sage mir, wen du zu deiner Nummer zwei machst, und ich sage dir, wer du bist.«

In den Programmen unserer Spitzenkabarettisten ist diese amüsante Karikatur auf einen Politiker längst eine obligatorische Nummer. Schließlich ist Pofalla eine wandelnde Lachnummer und ein wahres Geschenk für jede Opposition.

Andrea Nahles (SPD), Germanistin, Mitglied des Parteipräsidiums – eine Frau will – vergeblich – nach oben

Andrea Nahles, geboren am 20. Juni 1970 in Mendig (bei Koblenz), hat bei den noch verbliebenen SPD-Mitgliedern den Ruf einer Parteilinken. Seit 1988 ist sie in der SPD, 2004 beendet sie nach 28 Semestern ihr Germanistikstudium und firmiert auf der Internetseite des Deutschen Bundestages als »Literaturwissenschaftlerin«. Das Jahr ihres Examens anzugeben ist ihr offenkundig zu peinlich. Immerhin ist sie vorher schon ab 1993 rheinland-pfälzische Landes- und von 1995 bis 1999 Bundesvorsitzende der Jusos, seit 1997 im Parteivorstand, seit 1998 im Bundestag, seit 2000 Kreisvorsitzende der SPD Mayen-Koblenz und seit 2003 im SPD-Präsidium. Seit 2005 ist sie wieder im Bundestag, seit Oktober 2007 eine von drei Parteivizes und seit 2007 arbeitsmarktpolitische Fraktionssprecherin, ab Juni 2009 im Schattenkabinett des späteren Bundestags-Loser Steinmeier ausgerechnet für Bildung zuständig,[277] seit November Generalsekretärin.[278]

Andrea Nahles wählt bei ihrer Karriereplanung die vermeintliche Marktlücke »Linker Flügel der SPD« und pirscht sich zum Job einer Juso-Vorsitzenden und von 1998 bis 2002 in den Bundestag vor. Hier stimmt sie im Juli 2000 gegen den neoliberalen rot-grünen Regierungsentwurf zur Rentenreform.[279] Aber integre Politik kommt nicht gut an in einer Partei, in der eine eigene Meinung von Anhängern des Leninschen Demokratischen Zentralismus wie damals Peter Struck und Franz Müntefering postwendend deren kalte Rache provoziert. Nun, aus Schaden wird man klug. Nachdem Nahles bei der Bundestagswahl im September 2002 nicht nur ihren Wahlkreis 101 Ahrweiler verliert,[280] sondern sie auch über die Landesliste nicht ins Hohe Haus flutschen kann, nimmt sie sich vor: »So was passiert mir nie wieder.«

Ab sofort agiert sie hinterhältig und eigennützig: Kurz nach dem Wahlfiasko fordert Juso-Chef Niels Annen, der im Juli 2002 herausgeworfene Verteidigungsminister Rudolf Scharping solle nicht zu einer Belastung für seine Partei werden und sich jetzt ehrenvoll aus seinen bundespolitischen Ämtern verabschieden. Der Clou: Wenn »Bin Baden« verschwindet, rückt Ex-Juso-Chefin und Karrieristin Nahles in den Bundestag nach.[281]

Aber Scharping hält bis 2005 durch, und so schiebt die Partei sie in die Projektgruppe Bürgerversicherung ab. In dieser Zeit folgt sie der Parole *Ärger vermeiden:* Ihre Beiträge wirken zumeist wie lieblose SPD-Flugblätter. Allerdings sagt man ihr einen beträchtlichen Anteil am Sturz bereits dreier Parteichefs nach: »Rudolf Scharping, Gerhard Schröder und Franz Müntefering haben die Frau aus der Eifel kennen und fürchten gelernt.«[282]

Ihren Höhepunkt als »Königsmörderin« hat sie am 31. Oktober 2005, als sie der Parteivorstand in einer Kampfabstimmung mit 23 zu 14 Stimmen gegen Münteferings Favoriten Kajo Wasserhövel zur Generalsekretärin nominiert. Als die damalige Parteiikone Franz Müntefering entnervt die Segel streicht, tritt auch die Taktikerin Nahles ihr neues Amt nicht mehr an und verordnet sich sogar eine »Denkpause«.

Mit ihrer beispielhaften Verbissenheit erinnert sie an die Comedy »Gute Andrea, böse Andrea«: Sie nörgelt, dass Reformen nachgebessert, ausgewogener und sozial verträglicher werden müssten und so weiter – maschinenartig spult sie das gesamte Kritikrepertoire ab, das Zeitungsleser und Fernsehzuschauer in immer kürzeren Intervallen ertragen müssen, je näher die Bundestagswahl rückt.

Dann geht die Germanistin los wie eine Rakete. Auf dem absoluten Tiefpunkt des weltweiten Marktwirtschaftsdesasters fordert sie »Konjunkturanreize in Milliardenhöhe zur Eindämmung der Folgen der Finanzkrise«[283] und will die Manager mit ihrem Privatvermögen zur Kasse bitten.[284]

Aber auch als Model präsentiert sie sich durchaus originell: »Andrea Nahles lässt tief blicken«, titelt *Bild* im bayerischen Wahlkampf im September 2008, als sie im roten Dirndl auf dem Oktoberfest erscheint.[285]

Inhaltlich scheint sie als »Parteilinke« schon deshalb heillos überfordert, weil der Hauptgegner derzeit gerade links von der SPD sitzt und im Wesentlichen exakt frühere SPD-Positionen vertritt. Ob die umtriebige Positionswechslerin zur »Geheimwaffe der SPD gegen Oskar Lafontaine« (*Welt*[286]) taugte, erschien jedenfalls mehr als fraglich. Wollte sie etwa demokratisch gesinnte linke Wähler zurückgewinnen, indem sie zum Beispiel im November 2007 den *Regierungsentwurf zur Neuregelung der Telekommunikationsüberwachung und anderer verdeckter Ermittlungsmaßnahmen sowie zur Umsetzung der Richtlinie 2006/24/EG* im Bundestag mit durchwinkte?[287]

Aber wenn keine eigenen Skrupel Nahles & Co. stoppen

konnten, das Bundesverfassungsgericht konnte es: Am 11. März gibt es einem Eilantrag von acht FDP-Politikern statt und setzt das neue Gesetz in großen Teilen aus.[288] Ob das in diesem Leben noch etwas wird mit Nahles' »linkem« Image und ihrer Karriere?

Über jeden Menschen gibt es irgendwas zu erzählen, sagt der Volksmund. Aber keine Regel ohne Ausnahme, und die heißt Andrea Nahles. Ihr Highlight: Ende Januar 2013 hängte sie sich an die Kritiker des Lustmolches Brüderle an: »Herr Brüderle muss die Vorwürfe klarstellen, er muss sich endlich erklären«, tönte sie todesmutig.[289]

Claudia Roth (Bündnis 90 / Grüne), Dramaturgin, Parteichefin – Herzschmerz in der Politik

Claudia Roth, geboren am 15. Mai 1955 in Ulm, ist die Antwort der neoliberalen Neuen Mitte auf Verona Pooth und mit ihrer Mischung aus Selbstdarstellung und Inkompetenz die idealtypische narzisstische Spitzenpolitikerin.
Von 1971 bis 1990 ist sie Mitglied der Jungdemokraten, von 1974 bis 1975 Theaterstudentin, von 1975 bis 1977 Theaterdramaturgin, von 1982 bis 1985 Managerin der Band Ton Steine Scherben, von 1985 bis 1989 Pressesprecherin der Grünen im Bundestag, von 1989 bis 1998 im Europaparlament, dort ab 1994 Fraktionschefin, ab 1998 im Bundestag und dort bis März 2001 Vorsitzende des Ausschusses für Menschenrechte und Humanitäre Hilfe, von 2001 bis Dezember 2002 Parteichefin (Doppelspitze), danach wieder im Bundestag,[290] ab März 2003 Menschenrechtsbeauftragte und ab

2004 erneut Parteichefin, 2008, 2010 und 2012 wiederge-wählt. Am 10. November 2012 verlor sie allerdings bei der Urwahl der Grünen-Parteimitglieder für das Spitzenduo für die Bundestagswahl 2013 mit 26 Prozent der Stimmen deut-lich gegen Jürgen Trittin und Katrin Göring-Eckardt.

Der Politikwissenschaftler Franz Walter charakterisiert Clau-dia Roth als eine routinierte Berufspolitikerin und als eine »unverfälscht gebliebene, vitale Repräsentantin der guten al-ten ›Neuen Sozialen Bewegungen‹«. Mit ihrem emotionalen Politikstil präsentiere sie sich als Vertreterin einer rebellischen Vergangenheit der Grünen und bediene damit nostalgische Sehnsüchte der Parteimitglieder.[291]
Etwas anders wird Roth von dem Schriftsteller Richard Wag-ner gesehen. Die »Emo-Bombe« *(Spiegel)* steht in seinen Au-gen für die Entpolitisierung der 68er und verwandelt »alles, vom Antifaschismus bis zur Ökologie … in Lifestylebilder. Von Politik keine Spur.«[292] Laut einer ZDF-Huldigung steht Roth »für linkes Engagement und Eigensinn«, und zwar »mit Herzblut und Leidenschaft«.[293] Auf Deutsch: Die Dame ge-nießt das Politikerleben, und das heißt für sie Volksreden hal-ten in überfüllten Sälen und vor jedem Mikrofon, das sich ihr in den Weg stellt, und posieren im Blitzlichtgewitter der Klatschpresse. Ob in Bayreuth, wo sie im Juli 2006 bei den Wagnerfestspielen der *Bild*-Gemeinde eine Modenschau gibt – »Was zieht man in Bayreuth an? Grüne (Claudia Roth) zeigen sich gern in Rosa …« –, oder in Beirut, wo sie einen Monat später medienwirksam mal eben die Lage im Libanon peilt: Wo immer sie sich öffentlich machen kann, ist sie dabei, mal als wiehernde Stimmungskanone, mal als Mutter-Teresa-Verschnitt, mal als »Heulsuse fürs grüne Spartenprogramm« *(WamS)* – aber meist als neoliberaler Gutmensch.

Und das geht so: Gegen Streubomben in Afghanistan ist sie nicht grundsätzlich, allerdings entschieden und vehement gegen ihren »unverhältnismäßigen« (!) Einsatz. Im November 2001 kämpft sie unter Einsatz aller Hollywood-Theatralik für das Ja der Grünen zum Afghanistaneinsatz und wirbt im Dezember gemeinsam mit der Medienexhibitionistin Nina Hagen für eine »Gala zugunsten afghanischer Frauen« – also vor allem zur Linderung der Folgen des von Roth unterstützten Krieges. Aber sie kann auch noch ganz anders, zum Beispiel bei der Verteidigung der »Armut per Gesetz«, denn Roth ist eine eiserne Agenda-Lady. So lehnt sie im Oktober 2007 den Vorstoß des damaligen SPD-Chefs Kurt Beck zur Verlängerung des Arbeitslosengeldes I rundweg ab: »Kurt Beck setzt falsche Prioritäten.«

Sichtlich geschockt reagiert sie auf das Ergebnis der Urwahl zum Spitzenduo für die Bundestagswahl. Die einzige Frage sei, hatten sie und Renate Künast noch kurz zuvor gescherzt, wer von uns beiden es (neben dem als Mann gesetzten Trittin) wird. Dass es eine »schwere Schlappe für Renate Künast und Claudia Roth« *(Welt)* gab, dass keine es wurde und sie selbst als Letzte hinter Künast landete, fand sie gar nicht komisch.[294] Innerhalb der grünen Partei gilt Roth als Vertreterin des »linken« Flügels, als das »linke Gewissen« der Partei.[295] So bekam sie schon 2007 Ärger mit der Kinderschänderorganisation namens katholische Kirche. Als sie den Augsburger Bischof Walter Mixa als »durchgeknallten, spalterischen Oberfundi« bezeichnete, da dieser Frauen als Gebärmaschinen und Kinderbetreuungseinrichtungen als Umerziehungsanstalten bezeichnet hatte, unterstellte ihr der Öffentlichkeitsreferent der Diözese Augsburg, Dirk Hermann Voß, »beunruhigende faschistoide Züge«.[296]

Für Roths pseudolinkes Image ist Kritik aus der klerikalbraunen Jauche natürlich Gold wert. Und so bleibt die Linkendarstellerin wohl weiter unbeschadet der Realität das »soziale Feigenblatt« der Grünen.

Ob sie sich allerdings von ihrem Karriereknick, der Niederlage bei der Urwahl zur Spitzenkandidatur bei der Bundestagswahl Ende 2012, je erholen wird, ist mehr als fraglich. Wem die Basis den Daumen dermaßen nach unten zeigt, der kann dies auch durch noch so viele Abstimmungssiege in der Führungsclique nicht ungeschehen machen.

Alexander Dobrindt (CSU), Soziologe, CSU-Generalsekretär – die ultrarechte Hand Gottes

Alexander Dobrindt, CSU, geboren am 7. Juni 1970 im oberbayerischen Peißenberg, machte 1989 Abitur, ist seit 1995 Diplom-Soziologe, war von 1996 bis 2001 kaufmännischer Leiter und von 2001 bis 2005 Geschäftsführer und stiller Gesellschafter einer mittelständischen Maschinenbaufirma. Römisch-katholisch ist er auch noch.

Seit 1986 war er in der Jungen Union, seit 1990 ist er in der CSU, seit 2002 im Bundestag, von Januar bis November 2005 war er Vizechef des Ausschusses für Wirtschaft und Arbeit; von Dezember 2005 bis November 2008 Vorsitzender des Arbeitskreises Wirtschaft, Technologie, Energie, Bildung und Forschung, Tourismus der CSU-Landesgruppe, von November 2008 bis Februar 2009 Vorsitzender der Arbeitsgruppe Bildung, Forschung und Technikfolgenabschätzung der CDU / CSU-Bundestagsfraktion, seit dem 9. Februar 2009 CSU-Generalsekretär.

Im Sommer 2011 legte Dobrindt ein europakritisches Positionspapier vor, in welchem er vor einem Automatismus warnte, »der zu einer fortschreitenden Machtverschiebung in Richtung Brüssel führt«. Der Europaabgeordnete Elmar Brok warf ihm nach der Veröffentlichung dieses Papiers vor, Dobrindts »Unkenntnis« werde »nur durch seinen Populismus übertroffen«.[297] Im gleichen Zusammenhang äußerte sich auch der CSU-Politiker Manfred Weber. Er sehe »einen ernsten Konflikt in der CSU«, wenn Dobrindt Rechtspopulisten nachlaufe, und befürchte, dass die CSU deshalb »in der Europapolitik nicht mehr ernst genommen wird«.[298] »Intellektueller Anstrich dank gängiger Brillenmode: CSU-Generalsekretär Alexander Dobrindt«, ätzte die *SZ*.[299] Ende 2012 berichtet das Blatt genüsslich über Dobrindt: »Längst halten ihn nicht mehr nur Kabarettisten für einen intellektuellen Tiefflieger.« Und: »Der 42-Jährige hat sich zwar optisch runderneuert, mehr als 20 Kilo abgespeckt, eine Intellektuellen-Brille verpassen lassen, schicke Anzüge und moderne Schuhe gekauft. Leider, so ist in der CSU zu hören, habe er den Imagewechsel nicht mit einer politischen Renovierung verbunden. Im Inneren ist Dobrindt der Schützenkönig aus dem oberbayerischen Peißenberg geblieben, der auch in der politischen Auseinandersetzung eher drauflosballert.«[300]

In der Tat: »Diejenigen, die gestern gegen Kernenergie, heute gegen Stuttgart 21 demonstrieren, agitieren, die müssen sich dann auch nicht wundern, wenn sie übermorgen irgendwann ein Minarett im Garten stehen haben«, sagte er auf dem CSU-Parteitag im Oktober 2012.[301]

Aber machen nicht gerade intellektuelle Unterbelichtung und plumper rassistischer Nationalismus ihn für die Union so wertvoll? Die Tatsache, dass die Union in den Städten kaum noch ein Bein auf den Boden kriegt, aber trotzdem stimmenstärkste Gruppe ist, heißt doch im Umkehrschluss: Ihre Klientel sind die Hinterwäldler, die Dorfdeppen, Amigos und Inzuchtprodukte. Und nicht nur bei den von der Evolution Benachteiligten kann Dobrindt punkten: Er ist der ideale Gegenspieler zu Leuten wie dem psychopathischen Ausländerhasser Thilo Sarrazin, der – natürlich rein inoffiziell – für die SPD am rechten Rand fischen soll: bei den Sympathisanten der Asylheimanzünder und Ausländermörder, der Holocaustleugner und Arbeitslosenhasser. Wohlgemerkt: Niemand behauptet, die Galionsfiguren pflegten persönlich dieses Gedankengut. Aber ein Blick in die vielen Internetforen genügt, um zu erkennen, dass diese Lichtgestalten den Faschistensumpf anziehen wie der Unrat die Küchenschaben.

Ein besonderes Ding leistete sich Dobrindt mit dem an die DDR erinnernden massiven Druck gegen das ZDF, einen Bericht über den SPD-Parteitag zu verhindern,[302] für den er den inzwischen abservierten CSU-Sprecher Hans Michael Strepp vorschob.

Doch ihm drohen schwere Wochen. »Seehofers Pannensekretär« *(Spiegel),* seit mehr als drei Jahren der Mann fürs Grobe, steht unter Druck. Mutmaßungen, Strepp habe womöglich nicht auf eigene Faust gehandelt, sondern auf Anweisung aus der CSU-Zentrale, zielen vor allem in seine Richtung. Dass Dobrindt Strepp anstiftete, klingt wie eine wilde Verschwörungstheorie. Aber viele inner- und außerhalb seiner Partei trauen es dem eifrigen Generalsekretär durchaus zu.[303]

DUMMSCHWÄTZER

Thomas Oppermann (SPD), Jurist, Fraktionsgeschäftsführer – kann alles, weiß alles, aber nichts richtig

Thomas Oppermann, geboren am 27. April 1954 in Freckenhorst (Münsterland), wurde 1986 Jurist und danach bis 1990 Richter am Verwaltungsgericht Hannover und später am Verwaltungsgericht Braunschweig. Seit 1980 ist er in der SPD, war von 1990 bis 2005 im Landtag Niedersachsen, von 1998 bis 2003 Wissenschafts- und Kultusminister in Niedersachsen, ist seit 2005 im Bundestag und seit November 2007 Erster Parlamentarischer Fraktions-Geschäftsführer.

Für die *Welt* ist er »der heimliche General der Sozialdemokratie«. Aber an ihm »scheiden sich die Geister. Viele Genossen finden ihn geschickt, einige zu arrogant.«

»Flexibel und geschmeidig und geschickt« beschreibt ihn einer. »Manchmal … setze Oppermann einen Gesichtsausdruck auf, ›als wolle er einen auffressen‹. Dabei macht er sich nur lustig, er hat etwas Mephistophelisches.« Dagegen findet ihn ein Landesvorsitzender »belehrend, agiert sehr machtpolitisch und von oben herab. Er handelt auf eigene Rechnung. Emotional tickt er anders als die Partei.«

Andererseits zähle er zu dem »überschaubaren Kreis der sichtbaren, medienpräsenten Bundespolitiker der Sozialdemokratie. Er steht damit gleich hinter Parteichef Sigmar Gabriel und dem Fraktionsvorsitzenden Frank-Walter Steinmeier – und vor Generalsekretärin Andrea Nahles. »Macht- und Kommunikationsbewusstsein«, lästert Daniel Friedrich

Sturm, »lassen ihn dort mitmischen, wo er sich gebraucht sieht. Also eigentlich überall: Betreuungsgeld und ESM, Kanzlerin, Dirk Niebel und Kristina Schröder, Daten-, Urheber- und Verfassungsschutz, Haushaltspolitik und NPD-Verbot. Nur zu den deutsch-albanischen Beziehungen lässt sich Thomas Oppermann nicht ein. Bislang.« All das mache Oppermann zu einem gefragten Gesprächspartner, zumal für das Fernsehen. »Seriöse Kleidung und ein für seine 58 Jahre ungewöhnlicher, geradezu jungenhafter Charme machen sich gut in *Tagesschau* und Talkshows. Oppermann ist die Fleisch gewordene Verbindlichkeit, meist lächelnd, oft mit einem Tonfall, der höchstrichterlich daherkommt.«

Seine im Vergleich mit anderen Polit-Dumpfbacken erträgliche Rhetorik täuscht zuweilen darüber hinweg, dass er im Herzen zum äußersten rechten Rand der SPD gehört. Er ist führendes Mitglied des Seeheimer Kreises, dabei aber nicht so blöde, wie Sarrazin den Primitivrassisten raushängen zu lassen. Als Minister träte er gern »in die Fußstapfen Otto Schilys, dessen Intellekt er bewundert und dessen Attitüde ihn amüsiert«.[304]

Katrin Göring-Eckardt (Bündnis 90 / Grüne), Studienabbrecherin, Spitzenkandidatin 2013 – wer nichts tut, macht auch keine Fehler

Katrin Göring-Eckardt[305], geboren am 3. Mai 1966 in Friedrichroda (Thüringen), ist die Tochter eines freiberuflichen Tanzlehrerehepaares. Der Vater verehrt Franz Josef Strauß, daheim gibt's Westfernsehen satt. Eigentlich will sie – na, was wohl als künftige Grünenpolitikerin? – Deutschlehrerin werden, studiert aber ohne Abschluss Theologie, engagiert sich in einer Kirchengemeinde und heiratet, wenn es schon nicht mit der Pfarrerin klappt, wenigstens einen Pfarrer.

1989 ist sie Gründungsmitglied von »Demokratie jetzt« und »Bündnis 90«, von 1990 bis 1993 in den Thüringer Landesvorständen beider Organisationen, 1993 in der Verhandlungskommission zur Vereinigung von Bündnis 90 und den Grünen, ab 1993 Mitglied und ab 1995 Sprecherin des Landesvorstands (bis 1998), von 1996 bis 1998 Beisitzerin im Bundesvorstand. Ihren Lebensunterhalt verdient sie von 1995 bis 1998 als Mitarbeiterin des Bundestagsabgeordneten Berninger.

Nach der Wahl 1998 ist sie dann selbst im Bundestag und wird gleich Gesundheits- und rentenpolitische Fraktionssprecherin, außerdem Parlamentarische Geschäftsführerin – erst als Stellvertreterin von Kristin Heyne und nach deren Krebstod im Februar 2002 als deren Nachfolgerin.

Ab Oktober 2002 ist sie gemeinsam mit Krista Sager Fraktionschefin, ab 18. Oktober 2005 Bundestags-Vizepräsidentin, ab Mai 2009 Chefin der 11. Synode der Evangelischen Kirche in Deutschland (EKD).

Im November 2012 wird sie gemeinsam mit Jürgen Trittin in einer Urwahl als Spitzenkandidatin zur Bundestagswahl 2013 gewählt.

Florian Gathmann nennt sie in *Spiegel Online* »Die Unsichtbare«: »Sie soll das neue Gesicht der Grünen sein: Gemeinsam mit Fraktionschef Trittin will Katrin Göring-Eckardt die Partei zurück in die Regierung führen. Die Spitzenkandidatin muss sich die nötige Aufmerksamkeit erst noch erarbeiten. Kann sie das? … Kein Außenstehender käme auf die Idee, dass diese Frau in den kommenden Monaten im Duo mit Trittin das Bild der Grünen prägen soll … Göring-Eckardt ist bürgerlicher als die meisten Grünen, leiser und weicher als der

Rest des Führungspersonals. Manche mögen das langweilig finden, aber diese Marke ist ihr Erfolgsrezept.«[306]
Kritik kommt auch aus den eigenen Reihen: »Wir sollten nicht versuchen, uns überholte wertkonservative Begriffe zurückzuerobern wie Heimat, um die letzten bürgerlichen Wähler auch noch anzusprechen«, sagt Sina Doughan, Sprecherin der Grünen Jugend. »Wenn es darum geht, das grüne Lebensgefühl und den Gestaltungsanspruch darzustellen, sollten wir solche alten Begriffe nicht benutzen.«[307]
Seit Jahren gilt Göring-Eckardt als »Karrierefuzzi«, wie selbst ihr damaliger Mentor Joschka sie 2003 nannte.[308] Aber ganz so unbedarft ist die Studienabbrecherin nun auch wieder nicht. Sie steht für die Option Schwarz-Grün. Schon 2004 klang sie wie eine neoliberale Freidemokratin, wie die *Welt* damals feststellte: »Radikal in der Reformrhetorik, im politischen Tagesgeschäft pragmatisch bis ins Mark … Ins Kalkül gezogen wird alles – auch ein Bündnis mit der Union. Kündigungsschutz? ›Eine Belastung für kleine Firmen.‹ Mehr Schulden und höhere Steuern in der Wirtschaftsflaute? ›Kommen für uns nicht in Frage.‹ Die heutige Rentnergeneration? ›Muss stärker herangezogen werden.‹ Wer bislang so redete in der Politik, kam aus einer westdeutschen Metropole und war in Guido Westerwelles FDP zu Hause.«[309]
So geht Arbeitsteilung bei den Grünen: »Katrin Göring-Eckardt gibt die Mutter der Nation und umgarnt die kleinen Leute. Jürgen Trittin schießt gegen ›Crazy Horst‹ Seehofer und Kanzlerin Merkel.« Oder mit den Worten der *Süddeutschen Zeitung:* »Trittin ist für die Hiebe zuständig, Göring-Eckardt für die Liebe … Jeder solle sich überlegen, was er antworten könne, ›wenn dein Kind oder Enkelkind dich morgen fragt: Hast du eigentlich genug getan, damit die Erde

nicht immer wärmer wird?‹ So gefühlig geht es weiter. ›Das regt mich total auf‹, ›das nervt mich‹, ›das ist mir echt peinlich‹, sagt sie in loser Folge. Und sie kennt ›die Probleme der Leute‹. Egal, ob es um das Schwimmbad geht, das ›dicht macht‹, oder um die Heizkostenabrechnung, teure Winterstiefel, die Pickel des pubertierenden Nachwuchses.« [310] Die Grünen wollen bürgerlicher sein als die Bürgerlichen: »Wir Grüne können mit Messer und Gabel essen. Besser als Union und FDP«, twittert der Bundestagsabgeordnete Sven Kindler.[311] Aber das können, was die grüne Versorgungskarawane nicht wissen kann, auch Hartz-IV-Empfänger und alle Normalbürger.

Hubertus Heil (SPD), Politik-Bachelor, MdB – Schwafeln auf Karriere komm raus

Hubertus Heil, geboren am 3. November 1972 in Hildesheim, ist der Inbegriff des inkompetenten, aber seilschaftsbegabten Politaufsteigers. Seit 1988 ist er bei den Jusos und in der SPD, von 1991 bis 1995 Juso-Chef des Bezirks Braunschweig, von 1994 bis 1998 Mitarbeiter im Landtag von Brandenburg. 1998 beendet er sein Studium, rutscht in den Bundestag und glänzt dort als Mitbegründer der neoliberalen SPD-Karriereseilschaft Netzwerk Berlin. Von 2002 bis 2004 ist er im Fraktionsvorstand, von 2001 bis 2007 Vizechef des SPD-Unterbezirks Peine und des SPD-Bezirks Braunschweig, von 2003 bis 2005 Netzwerk-Sprecher, von November 2005 bis November 2009 Generalsekretär seiner Partei.
Als Matthias Platzeck auf dem Parteitag bei der Wahl zum Nachfolger Münteferings als Parteichef 99,4 Prozent der Stimmen erhält, wird sein Ziehsohn Heil mit blamablen

61,7 Prozent Generalsekretär – offenbar die Quittung dafür, dass er kurz zuvor angeblich Stimmen des Netzwerks Berlin für die Wahl von Andrea Nahles als Generalsekretärin gegen Müntferings Favoriten Kajo Wasserhövel besorgt habe und damit an Müntferings Rückzug mit schuld gewesen sei. Dass man ihm vorwarf, er habe Teile seiner Parteitagsrede bei Platzeck abgeschrieben, passt ins Bild.

Nun könnte man Heil als Durchschnittsschwätzer abtun. So ist seine penetrante Inhaltsabstinenz bei gleichzeitiger Großspurigkeit sogar der *Süddeutschen Zeitung* einen ganzen Artikel wert. Über seinen Internetbericht von einem Globalisierungskongress in Denver im August 2008 mit sagenhaft viel Prominenz lästert *SZ*-Autor Carsten Matthäus: »Die SPD ist stolz auf ihren Generalsekretär. Der kann nämlich mit neuen Medien umgehen. Das kann nicht jeder. ›Hubertus Heil *twittert* aus den USA‹, steht als eine der Top-Meldungen auf der Startseite der Volkspartei. Voller Ehrfurcht wird auf der SPD-Seite auch den Technik-Laien die neue Technik erklärt, die der angesagte Genosse Heil gerade nutzt … Die gute Nachricht: Heil ist drin. Er kommt mit der Technik klar … Das macht es ihm möglich, alle Welt teilhaben zu lassen an seiner Begeisterung für Obama, dessen Frau Michelle, Ted Kennedy, Bill Clinton und alle, die ihm sonst noch über den Weg laufen.«[312]
Andererseits »die schlechte Nachricht: Heil hat nichts zu melden, gar nichts. Ein Beispiel (in dem wir aus Dokumentationszwecken die Rechtschreibung nicht korrigiert haben): ›Themen sind armutsbekaempfnung und klimawandel. Joschka ist moderator, clinton hielt impulsreferat. Kernthese: gute absichten reichen nicht.‹ Auch, dass seine Mitreisenden Skateboards und Schuhe eingekauft haben

und dass man in Denver Bier trinken gehen kann. Mehr nicht.« Matthäus mutmaßt zu Heils Ehrenrettung, »dass alles ein schlechter Scherz war. Kommt ja öfter mal vor, dass sich jemand unter einem Phantasienamen – und warum nicht Hubertus Heil – einloggt und dem echten Heil per verbalem Unsinn eine einschenkt.«[313]

Dennoch ist Heil durchaus ernst zu nehmen, wie schon seine Beihilfe zum Nahles-Coup gegen Müntefering beweist. Dass seine Netzwerker als gutsituierte Kinder der mehr mit ihrer Erbschaft als mit Politik befassten *Generation Golf* nicht gerade für geistige Höhenflüge berüchtigt sind, ändert nichts an ihrer Fähigkeit zu Wadenbeißerei und Intrigantentum. Nicht zufällig hat sich ihnen auch Frank-Walter Steinmeier seit seinem Aufstieg zum Kanzlerkandidaten angenähert, und Heil gilt inzwischen als »Steinmeier-Mann«. Wohl auch deshalb wird er von Franz Müntefering im September 2008 entmachtet: Nicht der Generalsekretär, sondern Geschäftsführer Wasserhövel soll den Wahlkampf leiten. Aber Heil weiß ja ohnehin, dass Müntefering ihn nur deshalb nicht gleich rausgeworfen hat, weil er keine neue Unruhe in die Partei bringen wollte. So bleibt Heil einstweilen nichts anderes übrig, als geduldig abzuwarten. Aber er ist ja im Gegensatz zu Müntefering noch jung und hat Zeit.

Als Silvesterscherz Ende 2012 präsentierte sich der machtpolitisch Gescheiterte erneut als Erbe von Don Quijote, also als »Ritter von der traurigen Gestalt«, diesmal als Atomverbrecher-Lobbyist. In dem internen schriftlichen Erguss heißt es laut *Spiegel Online*: »›Die Energiewende erfolgreich gestalten‹ betonen die Autoren Hubertus Heil, Rolf Hempelmann und Ulrich Kelber die finanziellen und sozialen Aspekte der Energiewende. So sollen Hartz-IV-Sätze an Energiepreissteigerungen gekoppelt und energetische Gebäudesanierungen

›für Mieter bezahlbar‹ gestaltet werden.« Und das wichtigste Anliegen der Heuchler: Es sollten »Unternehmen, die im internationalen Wettbewerb stehen, weiterhin von der Umlage nach dem Erneuerbare-Energien-Gesetz befreit werden können. Nicht berücksichtigt wurden Forderungen der Umweltpolitiker nach einem allgemeinen Tempolimit und nach Veränderungen bei der Entfernungspauschale und der Besteuerung von Dienstwagen.«[314]

Mehr ist zu Heil leider nicht zu sagen: Wäre sein IQ nicht so überschaubar, man könnte glatt ein paar Jahre Knast für den hoffentlich unbewussten Gesinnungsgenossen des SPD-Idols Sarrazin fordern.

Dirk Niebel (FDP), Diplom-Verwaltungswirt (FH), Entwicklungshilfeminister – der ehrenamtliche BDI-Sprecher

Dirk Niebel, geboren am 29. März 1963 in Hamburg, redet so, wie Westerwelle reden würde, wenn er sich Mut angetrunken hätte. Von 1984 bis 1991 ist er Zeitsoldat und 1988 sogar Jahrgangsbester seiner Division beim Feldwebellehrgang für Fallschirmjäger, seit 1990 FDP-Mitglied und Gründungsmitglied der Jungen Liberalen Heidelberg, seit 1993 Diplom-Verwaltungswirt (FH), von 1993 bis 1998 Arbeitsvermittler beim Arbeitsamt Heidelberg, zuletzt als Verwaltungsoberinspektor, seitdem im Bundestag und 2002 bis 2005 Chef der FDP-Landesgruppe Baden-Württemberg sowie von 1998 bis 2009 Fraktionssprecher für Arbeitsmarktpolitik. Seit 2003 sitzt er im Bundesvorstand, von 2004 bis 2005 Stadtrat in Heidelberg, seit Mai 2005 FDP-Generalsekretär. Nach der Bundestagswahl im Oktober 2009 übernahm er das Bundesministerium für wirtschaftliche Zusammenarbeit und Entwicklung, das er im Wahlkampf noch abschaffen wollte.

Prompt kam Kritik von Hilfsorganisationen wie Brot für die Welt: »Der FDP-Minister verstehe sich vorrangig als Förderer der deutschen Wirtschaft … Da wird etwas als Entwicklungshilfe ausgegeben, was im Grunde eine Hilfe für die deutsche Pharmaindustrie ist, die mit Armutsbekämpfung nichts zu tun hat«, sagt die Direktorin.[315]

Niebel liefert marktradikale Arbeitgeberpropaganda aus dritter Hand: Er fungiert als ehrenamtlicher Pressesprecher des BDI. Das Ganze schüttete er bereits 2006 als eine Art »Neoliberalismus in 30 Tagen« unter dem superoriginellen Titel *Niebel-Fibel – Freiheit für Einsteiger* auf 66 DIN-A6-Seiten unter den vermeintlich tumben Pöbel.

Dabei steht sogar Niebel selbst zuweilen als Linksaußen seiner Partei da. So kommentiert er im Oktober 2008 die Finanzkrise zwar erwartungsgemäß mit dem Tenor: »Der Staat hat versagt, nicht die Politik«, fängt sich aber von den Hardlinern herbe Kritik ein für den leisen Hinweis, in den USA habe »der Staat versäumt, den Finanzmarkt zu regulieren und mit einer ordnenden Aufsicht zu versehen«, ebenso wie für seine Kritik am »Dilettantismus« der deutschen Bankenaufsicht.[316] Andererseits stimmt nicht er als einziger FDP-Abgeordneter, sondern seine gesamte Fraktion am 17. Oktober im Bundestag für das außerordentlich marktwirtschaftsfeindliche Bankenrettungspaket.

Knallhart für die Belange der kleinen Leute setzt er sich nicht nur bei seiner Zustimmung zur Rückkehr der alten Pendlerpauschale, sondern auch bei seiner Ablehnung der Rente ab 67 ein: Da »von den über 60-Jährigen nur noch 28 Prozent arbeiten, ist eine starre Grenze ohne begleitende Maßnahmen eine Rentenkürzung durch die Hintertür«.[317]

Alles in allem ist Niebel eine Bereicherung für jedes Polit-Kaffeekränzchen von Günther Jauch bis Frank Plasberg. Das bislang größte Theater verursachte er aber mit einem Aufsatz im *Tagesspiegel* vom Januar 2008, in dem er die Politik der Großen Koalition mit DDR-Verhältnissen verglich, woraufhin der liberale Ex-Innenminister Gerhart Baum ihn zum Rücktritt aufforderte und Ex-Außenminister Hans-Dietrich Genscher Niebels Fieberphantasien als »inakzeptabel« abkanzelte.

Im Juni 2012 bekam Niebel Ärger wegen möglichen Steuerbetrugs. Er habe bei einem Besuch in der afghanischen Hauptstadt Kabul einen privat für umgerechnet 1100 Euro gekauften Teppich vom Bundesnachrichtendienst (BND) kostenfrei nach Berlin bringen lassen und zunächst nicht versteuert. Die Berliner Staatsanwaltschaft prüfte »einen Anfangsverdacht auf ein mögliches strafbares Verhalten«.[318]

Prompt warf die Opposition in Berlin dem Minister vor, in der Tradition anderer liberaler Steuerhinterzieher zu stehen. Niebels Ausrede: Der Teppich habe auf dem Rückflug nicht mehr in seine Linienmaschine gepasst und sei deshalb in der Botschaft aufbewahrt worden. Darauf habe BND-Präsident Gerhard Schindler bei seinem Rückflug aus Kabul das Paket mit dem Teppich mitgenommen. Na schön, aber: Ein Fahrer Niebels soll das wertvolle Stück dann am Flughafen Tegel abgeholt und am Zoll vorbei in Niebels Wohnung gefahren haben.[319]

Kurzum: Niebel ist ein typischer neoliberaler Freidemokrat.

Cem Özdemir (Bündnis 90 / Grüne), Sozialpädagoge (FH), Parteichef – nichts Halbes und nichts Ganzes

Cem Özdemir, geboren am 21. Dezember 1965 in Bad Urach (Kreis Reutlingen), ist als Deutscher türkischer Abstammung das wandelnde symbolische Multikulti.

Seit 1981 ist er bei den Grünen, nach mittlerer Reife und FH-Studium ab 1987 Erzieher und freier Journalist, von 1989 bis 1994 im Grünen-Landesvorstand Baden-Württemberg, seit 1994 Sozialpädagoge, ab 1994 im Bundestag, ab 1998 innenpolitischer Fraktionssprecher. Im Juni 2002 gibt er wegen eines Kredits von PR-Berater Moritz Hunzinger beide Ämter auf und verzichtet auf sein Bundestagsmandat, sitzt aber dafür von 2004 bis 2008 im Europaparlament. Im Juni 2008 kündigt er die Kandidatur für den Parteivorsitz an. Im Oktober verweigert ihm die Basis in Baden-Württemberg einen sicheren Listenplatz für die Bundestagswahl 2009. Auf dem Parteitag im November 2008 wird er gemeinsam mit Claudia Roth zum Parteichef erkoren und 2010 sowie 2012 wiedergewählt.

Özdemir gilt als neoliberaler Realo, zumal er schon im September 2004 den offenen Brief der neokonservativen US-amerikanischen Denkfabrik Project for the New American Century (PNAC) an die Staatsoberhäupter und Regierungschefs von NATO und EU gegen die Politik des russischen Präsidenten Wladimir Putin unterzeichnet, also mit den faschistoiden Guantanamo-Folterern gemeinsame Sache gemacht und sich damit unfreiwillig als Fan von George W. Bush und dessen Demokratieverständnis geoutet hatte.[320]

Bezeichnend, dass ihm das Attribut Realo peinlich ist und »zu sehr nach alten Grabenkämpfen« klingt, wie er 2008 in der Schlammschlacht um den Grünen-Vorsitz sagte. Er selbst nennt sich lieber Reformer und faselt über »soziale Gerechtig-keit«. Dennoch tut man ihm mit der Zuordnung zu irgendeiner politischen Richtung unrecht. Vermutlich interessiert ihn nur die eigene Karriere. Nach Meinung des kritischen Journalisten Friedrich Küppersbusch hat er sich »bei kaum einem Streitthe-ma je bei einer Meinung erwischen lassen«.[321] So äußert er in einer für die Grünen so elementaren Frage wie der Verlänge-rung des Afghanistaneinsatzes, jeder müsse nach seinem Ge-wissen abstimmen. Er selbst prahlt sogar: »Zumindest drücke ich mich nicht in der Sprache von Partei-Resolutionen aus.«[322] Wer bei Özdemir inhaltliche Kompetenz vermutet, der glaubt auch, dass braune Kühe Kakao geben. Für die machtbetriebe-ne, ungeachtet diverser Finanzkrisen stramm neoliberale Grundrichtung der Grünen sorgen all die Künasts und Kuhns und Roths. Özdemir ist der grüne Frühstücksdirektor, eine rei-ne Symbolfigur – was allerdings nicht nur abwertend zu ver-stehen ist: Natürlich haben ein schwarzer US-Präsident, ein weiblicher Bundeskanzler oder eben ein türkischstämmiger Bundestagsparteichef nichts mit der Hinwendung zu einer so-lidarischen, wohl aber mit einem Schritt zu einer aufgeklär-ten, »offenen« Gesellschaft zu tun: Zumindest werden die geistig-moralischen Brunnenvergifter, ob nun Ku-Klux-Klan-Einpeitscher, Mutterkreuz-Ideologen oder völkische Hasspre-diger, in ihre Schranken verwiesen.

Und so unehrlich das Integrationsgeschwätz angesichts syste-matischer Ausgrenzung von Menschen mit »Migrationshin-tergrund« schon allein im Bildungsbereich auch sein mag: Sogar ein geheucheltes Eintreten für Gleichberechtigung un-geachtet von Geschlecht, Abstammung, Glauben, sozialem Status oder politischer Anschauung ist das viel kleinere Übel gegenüber der unverblümten Hetze etwa gegen »Rabenmüt-ter«, »Ausländer« oder »faule Arbeitslose«.

Aber zuweilen zeigt sogar der Opportunist sein wahres Gesicht. »Özdemir warnt Grüne vor Linksruck«, titelte *Spiegel Online* am 16. November 2012. »Ab nach links? Auf ihrem Parteitag wollen die Grünen mit dem Thema Gerechtigkeit punkten. Parteichef Özdemir warnt die Delegierten vor unhaltbaren Versprechen. Im Interview fordert er, in der Sozialpolitik Maß zu halten – und spricht sich gegen eine Urwahl beim Parteivorsitz aus.«[323] Natürlich fürchtet Özdemir die Urwahl wie jeder Neoliberale die direkte Demokratie. Schließlich fetzen sich ja selbst im Bundestag Typen herum, die nur über Liste hineinkamen, die aber bei direkter Abstimmung – auch im Wahlkreis – kein halbwegs klar denkender Mensch jemals wählen würde. Und die Abstrafung von Künast und Roth kurz zuvor bei der Wahl für die Spitzenkandidaten 2013 muss für Özdemir mehr als ein Schock gewesen sein: Das kommt dabei raus, wenn die ehrliche, vielleicht naive Basis über das machtgeile Gesocks in der Parteiführung direkt entscheiden darf. Und dann noch sein grandioses Argument: »… eine Urwahl ist immer mit sehr hohem Aufwand und sehr hohen Kosten verbunden.«[324] Auf Deutsch: Die im Grundgesetz festgelegte Demokratie ist zu teuer. Besser hätte es kein Diktator ausdrücken können.

Philipp Rösler (FDP), Arzt, Parteichef, Bundesminister für Wirtschaft und Technologie, und Vizekanzler – Pechvogel oder einfach unfähig?

Philipp Rösler, geboren am 24. Februar 1973 in Khánh Hung, Vietnam, machte 1992 Abitur und 2002 Dr. med., allerdings bei der Bundeswehr. Ist seit 1992 in der FDP, war von 2000 bis 2004 Generalsekretär der FDP in Niedersachsen, von Februar bis Oktober 2009 Minister für Wirtschaft, Arbeit und Verkehr sowie Stellvertretender Ministerpräsident des Landes Niedersachsen und von 2009 bis 2011 Bundesgesundheitsminister. Hier setzte er die wählerwirksame Vision von einem *Gesetz zur Neuordnung des Arzneimittelmarktes* gegen »Sinnlos-Medikamente« *(Spiegel)* in die Welt. Danach dürfen Medikamente nur noch zu Höchstpreisen verkauft werden, wenn sie besser als bisherige Arzneien sind. »Doch kaum ist das entsprechende Gesetz in Kraft, will die Union es weitgehend entschärfen. Den Gewinn hätten die Pharmakonzerne, den Schaden die Patienten.«[325]

Ab Mai 2011 wurde er nach der Devise »Ist doch völlig wurscht, von welchem Ressort einer weniger Ahnung hat als ein Realschüler« allen Ernstes Wirtschaftsminister, außerdem FDP-Chef und Vizekanzler. Ein Mann, der vermutlich Volkswirtschaft nicht von Gastwirtschaft unterscheiden kann, Keynes für den Torwart von Manchester United, Karl Marx für den Blutsbruder von Winnetou und den Namen von Nobelpreisträger Krugman für die englische Übersetzung von Oberkellner hält. Wer so eine Lichtgestalt zum Wirtschaftsminister macht, der hält auch irgendwann Lothar Matthäus für den Autor des Matthäus-Evangeliums und macht Cindy aus Marzahn zur Kanzlerin.

Typisch für Rösler, der offenbar im Geiste vor allen mit weniger als 500 000 Jahreseinkommen vor Ekel ausspuckt, ist jener Satz über die Schlecker-Frauen: »Jetzt gilt es für die Beschäftigten – mehr als 10 000 vornehmlich Frauen, einzelne Mütter und ältere Frauen – schnellstmöglich eine Anschlussverwendung selber zu finden.«

Rösler verdient ein dickes Lob für seine Ehrlichkeit. Er bringt offen und mutig jenen abgrundtiefen Hass und Ekel zum Ausdruck, den die Mehrheit unserer politischen und wirtschaftlichen »Eliten« für »Humankapital«[326] und »Wohlstandsmüll«[327] – wie sie untereinander die arbeitenden und arbeitslosen oder kranken Menschen gewöhnlich nennen dürfen – ganz offensichtlich empfindet.

Damit hat er, wie Antje Sirleschtov vom *Tagesspiegel* es ausdrückt, für »eine Sternstunde der Politikverdrossenheit«[328] gesorgt und sich damit um den Kampf für eine grundgesetzkonforme Gesellschaft verdient gemacht. Für demokratische Bürger sind *asoziale Politik* und *Rösler* ein und dasselbe Wort.

Wolfgang Bosbach (CDU), Rechtsanwalt, Fraktionsvize – der Universalexperte

Wolfgang Bosbach, geboren am 11. Juni 1952 in Bergisch Gladbach, ist der Schnattermann der Union. Nach mittlerer Reife und Einzelhandelskarriere bis zum Supermarktleiter macht er das Abitur nach, studiert Jura und ist seit 1991 Rechtsanwalt. Seit 1972 ist er in der CDU, ab 1975 im Kreistag des Rheinisch-Bergischen Kreises, ab 1979 im Stadtrat Bergisch Gladbach, seit 1994 im Bundestag, von 2000 bis 2009 Unions-Fraktionsvize und seitdem Vorsitzender des Bundestags-Innenausschusses. Außerdem sitzt er im Innen- und im Rechtsausschuss. Bosbach ist Mitglied im Berliner Kreis, einer informellen CDU-internen konservativen Gruppe von Modernisierungs- und Merkel-Skeptikern.[329]

Wolfgang Bosbach war noch nicht im Big-Brother-Haus und auch noch nicht bei Dieter Bohlens Superstar-Casting. Aber sonst? Schon 2004 wurde er in der CDU-Zentrale als Justiz-minister, aber auch als Verteidigungsminister gehandelt.

»Ein Bosbach«, sagt man in der Bundestagslobby, »ist der Abstand zwischen zwei Talkshows.« Tatsächlich: Wo ande-re atmen, da quasselt Bosbach. Über Gott und die Welt und wieder über Gott. Mal greift er die türkische Presse scharf an, mal stellt er die Zustimmung zur Erbschaftssteuer in Frage. Mal will er Bundeswehreinsätze im Innern, mal die Abschaffung der doppelten Staatsangehörigkeit, mal eine Art »Videoüberwachung für alle«, weil niemand das Recht habe, »unerkannt durch die Stadt zu gehen«.[330] Normaler-weise ist das rechtslastige Polizeistaatspropaganda, aber bei Bosbach ist alles halb so wild, denn der hat die Lizenz zum Quatschen.

Er redet viel, wenn der Tag lang ist, und Bosbachs Tag ist sehr lang. Um 5 Uhr 30 beginnt das *Morgenmagazin,* um 23 Uhr 15 endet *Maybrit Illner,* dazwischen noch *heute* und *Tages-schau, heute journal* und *Tagesthemen,* N24, Phoenix und n-tv nicht zu vergessen – und immer »schnatter, schnatter, schnatter«, wie ihn *taz*-Autor Michael Ringel treffend be-schreibt. Wer wollte da jedes Wort auf die Goldwaage legen? Bosbach, die rheinische Frohnatur, sagt nix Böses, und wenn doch, dann meint er es nicht so, oder kann er seine eigenen Worte nicht durchschauen?

Seit Juli 2011 erklärte er wiederholt, dass er dem Gesetz über eine Ausweitung des europäischen Rettungsschirms und dem Hilfspaket für Griechenland in der Bundestagsabstimmung aus Gewissensgründen nicht zustimmen könne.[331] Als er am 29. September 2011 tatsächlich entsprechend abstimmte, wurde er von Ronald Pofalla übelst beschimpft: »Ich kann deine Fresse nicht mehr sehen.«[332]

PROVINZFÜRSTEN

Hannelore Kraft (SPD),
Diplom-Ökonomin, Ministerpräsidentin NRW –
Mutti der Nation auf Abruf

Hannelore Kraft, geboren am 12. Juni 1961 in Mülheim an der Ruhr, ist seit 1982 Bankkauffrau, seit 1989 Diplom-Ökonomin, seit 1994 in der SPD, seit 2000 Landtagsabgeordnete, ab 2001 Ministerin für Bundes- und Europaangelegenheiten, von 2002 bis Juni 2005 für Wissenschaft und Forschung, ab 2005 Fraktionschefin, seit 2007 SPD-Landesvorsitzende und seit 2009 eine der stellvertretenden Bundesvorsitzenden der SPD.

Von 1989 bis 2001 war sie Unternehmensberaterin und Projektleiterin beim Zentrum für Innovation und Technik in Nordrhein-Westfalen (ZENIT GmbH). 2009 entlarvte der Bottroper Journalist David Schraven in seinem Blog Ruhrbarone, dass dieser Job ab 2006 in Krafts offiziellem Online-Lebenslauf verschwiegen wurde.[333] Weil Schraven in diesem Zusammenhang an einen NRW-Förderskandal im Jahr 2007 erinnerte, in den die ZENIT GmbH verwickelt war, sah Kraft sich »rechtswidrig« in Verbindung mit dem Förderskandal gebracht und versuchte am 29. Juni 2009 vergeblich, Schraven mittels Unterlassungserklärung zur Zurücknahme der Aussage zu zwingen.

Aber das Ding ging nach hinten los: Die CDU-Geschäftsstelle ließ gleich eine bunte Postkartenaktion entwerfen, in der Kraft Zensur vorgeworfen wird. Mit der provokanten Frage: »Haben Sie etwas zu verbergen, Frau Kraft?« CDU-Sprecher Matthias Heidmeier strahlte: Die »Schönung des Lebenslaufes war für uns eine echte Steilvorlage«.[334]

Kraft gilt als heimliche künftige Kanzlerkandidatin: »Kraft hängt Steinbrück locker ab« ergab eine *Spiegel*-Umfrage im Dezember 2012. »59 zu 54« lautete die Antwort auf die Frage, wer in der Politik »eine wichtige Rolle« spielen solle.[335] Immerhin gibt sie sich volkstümlicher und vor allem humorvoller als die meisten Spitzenpolitiker. So sagte sie in der *heute show* des ZDF auf die Frage, ob es bei der übernächsten Bundestagswahl ein »Mutti-Duell« geben werde: »Natürlich nicht, denn bis dahin ist die andere Mutti weg.«[336] Jedenfalls agiert sie schon jetzt stromlinienförmig: für Mindestlohn, Ausstieg aus der Kernkraft und all das andere allgemeine unverbindliche Blabla: Kraft wirkt wie das wandelnde Kurzzeitprogramm der SPD, das sich allerdings von dem der Union kaum noch unterscheidet. Gut möglich, dass sie mit dieser Nummer durchkommt. Steinbrück kann man vergessen, und Merkel dürfte mittelfristig am Europroblem scheitern. Den Schritt von der »Miss World« zur »Buhfrau« Europas hat sie jedenfalls schon geschafft. Kraft kann genau das tun, was Merkel von Kohl gelernt hat, jetzt aber zumindest international kaum noch praktizieren kann: das sprichwörtliche »Aussitzen« von Problemen. Die Zeit arbeitet für Kraft.

Volker Bouffier (CDU), Jurist, Ministerpräsident Hessen – mit dem Grundgesetz auf Kriegsfuß

Volker Bouffier, geboren am 18. Dezember 1951 in Gießen, ist seit 1977 Volljurist, war von 1976 bis 1984 hessischer JU-Landesvorsitzender, seit 1978 im Landesvorstand, von 1982 bis 1987 und seit 1991 im Landtag, von 1993 bis 1999 Fraktionsvize, von 1991 bis zum 12. Juni 2010 stellvertretender

Landesvorsitzender, ab Juni 2010 Chef, ab November 2010 stellvertretender Bundesvorsitzender, von 1987 bis 1991 Hessens Justizstaatssekretär, ab April 1999 Innenminister, seit 2010 ist er Ministerpräsident.

1999 ermittelte die Gießener Staatsanwaltschaft gegen Bouffier wegen des Verdachts auf Parteiverrat. Das hat mit Politik nichts zu tun: Zwischen 1997 und 1999 hatte Bouffier in einem Ehescheidungsverfahren sowohl den Ehemann als auch später dessen Ehefrau juristisch beraten. Im August 1999 wurde das Ermittlungsverfahren gegen Zahlung einer Geldbuße in Höhe von lausigen 8000 DM eingestellt.[337]

Da es kurz zuvor ein Treffen zwischen dem Oberstaatsanwalt, dessen Mitarbeitern und dem Staatssekretär im Hessischen Justizministerium gegeben hatte, veranlasste die Opposition im Landtag die Einsetzung eines Untersuchungsausschusses, der die Umstände der Verfahrenseinstellung klären sollte.[338]

Bouffier galt als treuer Mitstreiter von Roland Koch und hat sich in der Innenpolitik für die Verschärfung oder den Einsatz neuer Überwachungsmethoden eingesetzt. Insbesondere sprach er sich für Rasterfahndung, Kennzeichenlesegeräte oder Telekommunikationsüberwachung in der Kriminalitätsverfolgung aus, was ihm den Spitznamen »Schwarzer Sheriff« einbrachte.[339]

Unter dem Vorwand der Terroranschläge in New York am 11. September 2001 führte er in Hessen die Rasterfahndung ein. Ursprünglich war diese Art der Fahndung nur im Ausnahmezustand zugelassen. Ein sudanesischer Student aus Gießen reichte beim Landgericht Wiesbaden Klage gegen die Neuregelung ein und bekam Anfang Februar 2002 recht.[340] Im April 2006 machte das Bundesverfassungsgericht in Karlsruhe mit der Entscheidung, nach der eine präventive polizeiliche Rasterfahndung nicht mit dem Grundgesetz vereinbar ist, dem faschistoiden Spuk ein juristisches Ende.[341]

Weiter startete Bouffier den Freiwilligen Polizeidienst und ließ Abschiebungen von Flüchtlingen kompromisslos umsetzen. Ferner setzte er sich für Onlineüberwachung und Datenspeicherung ein. Bouffier »modernisierte« als Innenminister die hessische Polizei und machte sie zum Vorreiter bei der Bekämpfung der Internetkriminalität.

Im Jahr 2002 stellte sich Bouffier hinter den Frankfurter Polizeipräsidenten Wolfgang Daschner, der dem Entführer im Fall Jakob von Metzler Folter angedroht hatte,[342] und wirkte bei kritischen Bürgern als glühender Verfechter faschistoider Foltermethoden.

Diese wandelnde Karikatur, dieser hämische Verächter des demokratischen Rechtsstaats hat viele DDR-würdige Aktionen vollbracht, die wir trotz ihrer moralischen Abartigkeit sowie ihrer intellektuellen und politischen Bedeutungslosigkeit hier nicht alle aufzählen, die aber mühelos im Internet unter seriösen Quellen nachzulesen sind.[343]

Nur noch ein Beispiel: Nach dem NSU-Mord im April 2006 in einem Kasseler Internetcafé, bei dem auch ein Mitarbeiter des hessischen Verfassungsschutzes anwesend war und als einziger Zeuge keine Schüsse gehört haben will, hinderte Bouffier die Polizei nach einem Bericht des ZDF-Magazins *Frontal21* daran, weitere Zeugen zu vernehmen, um eine eventuelle Verstrickung des Verfassungsschützers zu ermitteln.[344]

Der Fall Bouffier kommentiert sich selbst: Die reinen Fakten genügen. Die Gedanken sind frei, und wenn ein kritischer Bürger diesen Herrn für einen gemeingefährlichen Fascho halten sollte, so liegt das außerhalb der Verantwortung des Überbringers überprüfbarer Fakten.

Klaus Wowereit (SPD),
Jurist, Regierender Bürgermeister von Berlin –
Strahlemann hat ausgestrahlt

Klaus Wowereit, geboren am 1. Oktober 1953 in Berlin, ist seit 1971 in der SPD, ab 1979 in der Bezirksverordnetenversammlung, ab 1981 Fraktionschef und Volljurist, ab 1984 Bezirksstadtrat, ab 1995 im Abgeordnetenhaus und Fraktionsvize, ab 1999 Fraktionschef, seit 2001 Regierender Bürgermeister von Berlin, seit 2009 SPD-Bundesvize, seit 2003 im Aufsichtsrat der Flughafen Berlin Brandenburg GmbH, von 2006 bis Januar 2013 deren Vorsitzender.

Der ewig gutgelaunte feucht-fröhlich-frivole »Party-Prinz der SPD« *(Stern)* präsentiert sich als eine Art »großer Junge«, dem man einfach nicht böse sein kann. Sein legendäres Bekenntnis »Ich bin schwul, und das ist auch gut so« steigerte zum Entsetzen der schwarzbraunen Homosexuellenhasser seine Popularität noch zusätzlich. Kritik lässt er einfach an sich abprallen.

Dabei gab es Gründe für Kritik mehr als genug. So tritt das Land Berlin im Januar 2003 aus der Tarifgemeinschaft der Länder aus, und seit Mitte 2003 gilt im öffentlichen Dienst Berlins ein Sondertarifvertrag mit einer Kürzung der Löhne und Gehälter um acht bis zwölf Prozent bei entsprechend reduzierter Arbeitszeit. Damit sind Berlins Staatsdiener von der Einkommensentwicklung in anderen Bundesländern abgekoppelt. Erhöhung der Kita-Gebühren, Abschaffung der Lehrmittelfreiheit, Kürzungen beim Blindengeld oder Streichung des Urlaubs- und Weihnachtsgeldes im öffentlichen Dienst:[345] »Das kann doch unseren Wowi nicht erschüttern«, lautet stets die Devise. Schon 2006 beschrieb Josef Depenbrock in der *Berliner Zeitung* Wowereits Masche. Er »plaudert mit erstaunlicher Nonchalance über harte Einschnitte. Viele nehmen ihm nicht übel, dass gespart wird, bis es quietscht, so Wowereits volkstümliche Umschreibung. Seine große Kunst ist, dass er den Menschen trotz schlechter Lage ein gutes Gefühl vermittelt, weltoffen, mit Lebensfreude – auch wenn er dazu Plüschbären ins Publikum wirft und so den Bärlinator gibt; ein weiterer Titel in der Chronologie von Wowinator, Partynator, Landesmutter, bestangezogener Businessmann und mehr. Wowereit vermittelt mehr Emotion als Inhalt – sein Erfolgsgeheimnis.«[346]

Aber hinter der Fassade des Strahlemanns verbirgt sich ein knallharter, zielstrebiger Karrierist. So gibt Wowereit 2007 beim innerparteilichen Streit um den damaligen Parteichef Kurt Beck den weisen Schlichter und Mahner. Er kritisiert die »stabile Mobbingkultur« in der SPD-Führung und empfiehlt: »Die Parteispitze könnte mal ein 14-tägiges Ruderseminar gebrauchen.«[347]

Ein nicht zu unterschätzendes Plus ist auch, dass Wowereit zehn Jahre lang erfolgreich mit der Linkspartei regierte. Sollte Rot-Rot im Bund irgendwann einmal spruchreif werden, wäre Wowereit erste Wahl als Kanzlerkandidat.

Einen bösen Karriereknick bedeutete allerdings das Desaster um den Bau des neuen Airports, das ihn im Januar 2013 zum Rücktritt als Aufsichtsratschef der Flughafen Berlin Brandenburg GmbH zwang.

Kritiker sehen in Wowereits Arbeit in der GmbH einen Grund für die Kosten- und Terminüberschreitungen des Projekts. So habe er von den sich abzeichnenden Problemen nichts wissen wollen und wütend auf entsprechende Hinweise reagiert. Zudem habe er das Gremium mit Freunden statt Fachleuten besetzt.[348]

Und auch für immer mehr Berliner ist Schluss mit lustig.

»Wowereit stürzt in Umfrage dramatisch ab«, meldet *Spiegel Online* am 4. Februar 2013. »Vor allem bei der Glaubwürdigkeit büßte der SPD-Regierungschef dramatisch 27 Punkte im Vergleich zum April 2011 ein. Nur noch 32 Prozent der 1007 befragten Berliner halten Wowereit für glaubwürdig. Lediglich 60 Prozent halten den Bürgermeister für sympathisch (statt vorher 73 Prozent), nur noch 47 Prozent finden ihn kompetent (statt 64), nur noch 29 Prozent würden von dem Sozialdemokraten sagen, er stehe auf der Seite der ›kleinen Leute‹ (statt 44). Zugelegt hat Wowereit dagegen bei negativen Zuschreibungen wie ›launisch‹ und ›sprunghaft‹.«[349]

Die *SZ* jedenfalls sieht schwarz für Wowereit: »Selbst wenn Wowereit an gar nichts Schuld hätte, trägt er doch für alles die Verantwortung … Verantwortung übernehmen sieht anders aus. Wowereit … gibt jetzt den Aufsichtsratsvorsitz ab an den Kollegen Platzeck. So aber übernimmt man keine Verantwortung, so nimmt man sich nur aus der Schusslinie. Die Berlin-Brandenburger Rochade ist so unglaubwürdig, dass sie Wowereits Niedergang in dem Amt, das er retten möchte, eigentlich noch beschleunigen müsste. Und den von Platzeck gleich mit.«[350]

Winfried Kretschmann (Bündnis 90 / Grüne), Lehrer, Ministerpräsident Baden-Württemberg – der schwarz-rote Grüne

Winfried Kretschmann, geboren am 17. Mai 1948 im württembergischen Spaichingen, ist seit 1977 Gymnasiallehrer. Wegen seiner studentischen Vergangenheit – er war kurzzeitig im maoistischen KBW[351] – drohte ihm jedoch aufgrund des damaligen faschistoiden Radikalenerlasses ein Berufsverbot, und er unterrichtete zunächst an einer privaten Kosmetikschule in Stuttgart. Unter dem Druck der Demokraten und Antifaschisten wurde das Relikt aus Adolfs Zeiten zurückgenommen, und er wurde verbeamtet und war bis 1995 Gymnasiallehrer für Biologie, Chemie und Ethik. Seit 1980 – mit Ausnahme der Jahre 1984 bis 1988 – ist Kretschmann im Landtag. Für die Erfüllung seines parlamentarischen Mandats ist er als Staatsdiener beurlaubt und seit dem 12. Mai 2011 Baden-Württembergs Ministerpräsident – der erste Grüne in diesem Amt.

Dieser Wahlerfolg kam für die Grünen zu früh, denn nun hatte die Partei reichlich Zeit, sich bis zur Wahl 2013 als Truppe von Berufslügnern zu entlarven.

Und die Grünen wurden auch im »Ländle« ihrem Ruf gerecht. Kein Wort mehr von der Verhinderung von Stuttgart 21 und mehr Geld für die Bildung. »Kretschmann will 11600 Lehrer-Stellen streichen«, titelte *Spiegel Online* am 10. Juli 2012. Ironisch könnte man sagen, das kommt ausgerechnet vom Chef eines Landes, das mit »Wir können alles außer Hochdeutsch« wirbt, einem Mann, dessen Interviews angeblich demnächst mit deutschen Untertiteln ausgestrahlt werden sollen.[352]

Selbst Träumer und Schönredner können Kretschmann schwerlich als »links« verkaufen. Jahrelang kämpfte er für Schwarz-Grün. »In Baden-Württemberg ist das schwarzgrüne Projekt 2006 bekanntlich nicht an mir gescheitert, sondern an der CDU«, sagte er noch als Ministerpräsident Ende 2012 und verstieg sich zu der Behauptung: »Für die Wirtschaft ist Nachhaltigkeit zu einem zentralen Thema geworden.«[353]

Markus Söder (CSU),
Volljurist, bayerischer Finanzminister –
der Weißwurst-Rechte

Markus Söder, geboren am 5. Januar 1967 in Nürnberg, war von 1991 bis 1993 Volontär beim Bayerischen Rundfunk, ist seit 1998 Dr. jur., war von 1995 bis 2003 Landesvorsitzender der JU Bayern, ist seit 1983 in der CSU, seit 1995 im Präsidium, von 2003 bis 2007 Generalsekretär, seit 1994 im Landtag, ab 2007 Staatsminister für Bundes- und Europaangelegenheiten, ab 2008 für Umwelt und Gesundheit, seit 2011 für Finanzen.

Söder ist für »deutschen Patriotismus« und eine »christlich-abendländische Prägung Europas«, gegen einen EU-Beitritt der Türkei sowie für ein Kopftuchverbot in bayerischen Schulen. In die Schulen gehörten »Kruzifixe und keine Kopftücher«.[354] Er ist gegen einen »falsch verstandenen Dialog ohne Resultate« mit muslimischen Zuwanderern und findet, dass derjenige, der auf Dauer hier leben will, sich lückenlos zu hiesigen Werten bekennen muss. Wer sich nicht dazu bekenne, habe hier keine Zukunft.[355]

Söder will den Kündigungsschutz bei Neueinstellungen lockern und die Möglichkeiten befristeter Arbeitsverhältnisse ausweiten. Und er ist gegen einen Mindestlohn. Zu seiner Meinung über Hartz-IV-Empfänger titelte *Spiegel Online* treffend: »Söder will Arbeitslose zu Leibeigenen machen«.

Unter anderem will er ihnen den Urlaub streichen,[356] Anreize zur Arbeitsaufnahme verschärfen, die Hinzuverdienstmöglichkeiten bei einer Arbeitsaufnahme verbessern und dabei gleichzeitig die laufenden Unterstützungszahlungen absenken.

Dass diese Type sich christlich nennt, ist kein Witz: So fordert er ein klares Verbot von Gotteslästerung im Strafrecht.[357]

Und 2012 fordert er, dass Griechenland bis zum Ende des Jahres 2012 aus der Eurozone ausscheiden solle. »Weitere Hilfen für Griechenland ist, wie Wasser in der Wüste vergießen. Schuld an den Problemen in Griechenland sind die Griechen und sonst keiner.«[358] Wetten, dass kein NPD-Funktionär ihm widersprechen würde?

Dazu passt der Skandal um die SED-würdigen Versuche der Einflussnahme auf die bei uns relativ freien Medien. Ausführlich berichtet das große Hamburger Nachrichtenmagazin: »Nach SPIEGEL-ONLINE-Informationen intervenierte Söder zwischen 2003 und 2007 mehrfach schriftlich beim damaligen ZDF-Intendanten Markus Schächter. In mindestens einem Fall ermahnte Söder den Intendanten, die CSU stärker in der Berichterstattung zu berücksichtigen. Söder saß zu dieser Zeit auch im Fernsehrat des ZDF.« Und weiter: »Ende Oktober war öffentlich geworden, dass CSU-Sprecher Hans Michael Strepp sich mit einem Anruf in die redaktionelle Arbeit des ZDF eingemischt hatte. Strepp war daraufhin zurückgetreten. Auch Söders Sprecherin Ulrike Strauß war nach Berichten über eine Einmischung beim Bayerischen Rundfunk in die Kritik geraten … In leitenden ZDF-Kreisen wird Söder als Beispiel für Einmischungsversuche seitens der Politik gesehen … So habe Söder auch versucht, auf die Gästelisten im Morgenmagazin und in politischen Talkshows wie Maybrit Illner Einfluss zu nehmen.«[359] Sehr viel anders dürfte auch die Stasi nicht bei der *Aktuellen Kamera* interveniert haben.

Eigentlich passen Totalitarismus und faschistoides Schüren von Rassenhass mit hemmungslosem Neoliberalismus nicht zusammen: So will die Wirtschaft natürlich auch in der Türkei und in Griechenland Geschäfte machen, vor allem ihre Produkte verkaufen. Und da ist es natürlich wenig hilfreich, wenn deutsche Politiker blindwütig und mit Schaum vor dem Mund gegen diese Länder hetzen. Auch die Tourismusbranche dürfte wenig begeistert sein, wenn immer mehr Urlauber ihre Reisen nach Kreta oder Antalya aus Angst vor den zu Recht empörten Einheimischen absagen. Umgekehrt schadet es dem »Standort Deutschland«, wenn der Eindruck entsteht, dass »Nicht-Arier« bei uns mit ihrem Leben spielen. »Billige Arbeitskräfte kriegen wir auch in Indien«, werden sich die potenziellen Investoren sagen.

Kurzum: Innenpolitisch ist Söder eine Steilvorlage für alle Kapitalismuskritiker, außenpolitisch bestätigt er das Bild vom »hässlichen Deutschen«.

Aber Vorsicht: Söder steigt unaufhaltsam in seiner Partei auf und ist insofern eine Art »heimlicher Landesfürst«. Schließlich gilt bei allen Rückschlägen noch immer »Die CSU ist Bayern und Bayern die CSU«.

SOLL DAS EIN WITZ SEIN?

Kristina Schröder (CDU), Bundesministerin für Familie, Senioren, Frauen, Jugend – die Böckin als Gärtnerin

Kristina Schröder, geboren am 3. August 1977 in Wiesbaden, war seit 1991 in der Jungen Union, ist seit 1994 in der CDU, ist seit 2002 tatsächlich Diplom-Soziologin und im CDU-Landesvorstand Hessen, im Bundestag, seit 2009 Bundesministerin für Familie, Senioren, Frauen und Jugend.

Dass sie Diplom-Soziologin sein soll, darauf wäre der unbeteiligte Beobachter nie gekommen, und bei Nennung ihres

Doktortitels hätte er einen Lachkrampf gekriegt. »Dann ist unser Hauswart sicherlich ›Herr Professor‹.« Würde man Kristina Schröder in einem Café treffen, man würde eher auf Sekretärin, Versicherungsdrückerin oder Edel-Kellnerin tippen: »Heute können wir Ihnen Schwarzwälder Kirsch empfehlen.«

Seit 2009 ist sie Frau Doktor, was bei echten Akademikern für schallendes Gelächter gesorgt haben soll. Ihr Doktorvater war der TV-bekannte Professor Jürgen Falter, und »betreut« wurde die Arbeit von dessen Assistenten. Thorsten Denkler von der *Süddeutschen Zeitung* hält Schröders Promotion denn auch für einen Witz: »Kristina Köhler hat trotz Bundestagsmandat promoviert. Ohne ihr Netzwerk aus Uni, Politik und privatem Umfeld wäre die Ministerin aber nicht Frau Doktor.« Und spitzensatirereif vergleicht er sie weiter mit einer amtlich festgestellten Promotionsbetrügerin: »Die FDP-Frau Silvana Koch-Mehrin hat mit diesem Argument ihren ›Dr.‹ groß auf sämtliche Europawahlplakate drucken lassen: Blond, sympathisch, kompetent. Das sollte die Kernaussage sein … Kristina Köhler ist zwar nicht ganz so blond, aber erst 32 Jahre alt. Auch da macht sich ein Doktortitel gut. Der beeindruckt Gesprächspartner und potentielle Wähler. CDU-Aufsteigerin Köhler[360] hat ihre Dissertation im Februar nach fünf Jahren Arbeit fertiggestellt. Mitte Dezember wird sie veröffentlicht. Doktorvater war der aus Funk und Fernsehen bekannte Mainzer Politikwissenschaftler Jürgen Falter… Als Bundestagsabgeordnete arbeitet Köhler bis zu 16 Stunden am Tag. Unmöglich, bei einem solchen Pensum nebenbei noch eine Doktorarbeit zu schreiben, würden einige sagen, die die Tortur einer Dissertation hinter sich haben. Und doch, es geht: Wenn das Thema stimmt und viele Helfer tatkräftig zur Hand gehen: With a little help from my friends.«[361]

Dazu passt ihr Mäzenengesocks: »Sie hatte auch mächtige Fürsprecher in der Partei. Ausdrücklich dankt sie im Vorwort Ronald Pofalla, damals Generalsekretär der CDU.« Denkler analysiert äußerst gründlich: »Eine empirische Stichprobe der CDU-Mitglieder zu ziehen, ist für normalsterbliche Sozialwissenschaftler eine nahezu unlösbare Aufgabe. Köhler aber konnte – dank Pofalla – auf die Mitgliederdatenbank der CDU-Parteizentrale zurückgreifen. O-Ton Köhler: ›Ein Privileg, das Parteien nicht oft gestatten.‹ Mitarbeiter im Konrad-Adenauer-Haus haben für die Neu-Ministerin nicht nur die repräsentative Stichprobe gezogen, sondern auch noch, quasi als Dienstleistung an der Nachwuchskraft, die Fragebögen verschickt.«

Die fremde Hilfe für die höchstens mittelmäßig begabte Hessin »ging bei Köhler so weit, dass ein wissenschaftlicher Mitarbeiter ihres Doktorvaters Falter die sieben-, beziehungsweise zehnseitigen Fragebögen an die CDU-Mitglieder und CDU-Bundestagsabgeordneten gestaltet, die Daten aus den Fragebögen in den Computer eingegeben hat und die Dissertation ›komplett layoutet und formatiert‹ hat, wie Köhler freimütig schreibt. Das Ganze gegen Bezahlung, auf Mini-Job-Basis.« Denklers korrektes Fazit: »Ein eingekaufter Luxus, von dem andere Doktoranden nur träumen können. Sie müssen sich meist wenigstens für die Schlussredaktion der Arbeit vier bis fünf Wochen Zeit nehmen … So hat sich Köhler ein engmaschiges Netzwerk aus Uni, Politik und privatem Umfeld aufgebaut. Ohne diese Unterstützung läge diese Dissertation jetzt noch nicht vor, schreibt Köhler.«[362]

Immerhin: Der Chef der Mainzer Gutenberg-Universität (nomen est omen), Georg Krausch, verstieg sich zu der Behauptung, es habe sich »kein Hinweis auf ein mögliches wissenschaftliches Fehlverhalten der Kandidatin ergeben«. Zuarbeiten von Hilfskräften seien »wissenschaftlich legitim und im Rahmen vieler Dissertationen üblich«. Die Tätigkeiten des

Mitarbeiters seien »gegen entsprechende Honorierung für Frau Schröder erledigt« worden. »Doktorvater Falter und der Mitarbeiter seien bereit, eidesstattlich zu versichern, dass alles korrekt ablief.«[363] Ach, wer hätte das gedacht!

Im Klartext: Wenn jemand in Physik eine Niete ist und nicht einmal den Unterschied zwischen Kilowatt und Kilogramm kennt, dann schafft er und sogar seine Zwergpudeldame Kristinchen mit einem »Betreuer« Albert Einstein in der Doktorarbeit trotzdem ein summa cum laude.

Eine clevere Opposition würde zum Thema Kristina Schröder ausschließlich deren Doktortitel behandeln. Und natürlich die im Februar verabschiedete Herdprämie, die dreierlei Ziele oder wenigstens Folgen hat:

• Verwahrloste können das Geld versaufen.
• Kinder Verwahrloster werden hermetisch von anderen Kindern und von Erziehern ferngehalten.
• Weniger Frauen gehen arbeiten, verdienen Geld und sind damit ökonomisch vom nicht selten gewalttätigen Machopack anhängig.

Schröders sonstigen meist rechtslastigen Kram sollte man wegen Irrelevanz einfach ignorieren – wie die Leserbriefe von Hauptschulabbrechern ja auch.

Annette Schavan (CDU), ohne Ausbildungsabschluss, MdB

Annette Schavan, geboren am 10. Juni 1955 in Jüchen, machte 1974 Abitur, studierte danach volle 12 Semester

Erziehungswissenschaften, Philosophie und katholische Theologie in Bonn und Düsseldorf, beendete ihr Studium 1980 unmittelbar mit einer Promotion in Erziehungswissenschaften in Düsseldorf, war danach Referentin im katholischen Cusanuswerk und ab 1984 Abteilungsleiterin für außerschulische Bildung im Generalvikariat in Aachen. Von 1987 bis 1988 war sie Bundesgeschäftsführerin der Frauen Union, danach Geschäftsführerin und von 1991 bis 1995 Leiterin des Cusanuswerks. Seit dem Wintersemester 2009/10 lehrt sie als Honorarprofessorin katholische Theologie an der FU Berlin.

Seit 1996 ist sie im CDU-Landesvorstand von Baden-Württemberg, von November 1998 bis Dezember 2012 eine der stellvertretenden CDU-Bundesvorsitzenden. Von 2001 bis 2005 im Landtag. Schavan zählte bis zur Nominierung von Horst Köhler am 4. März 2004 zu den möglichen Kandidaten der Koalition für das Bundespräsidentenamt. Nach der Ankündigung von Ministerpräsident Erwin Teufel im Oktober 2004, sowohl das Amt des Ministerpräsidenten als das des CDU-Parteivorsitzenden in Baden-Württemberg aufgeben zu wollen, meldete Schavan ihre Ansprüche auf beide Ämter an. Bei einer Mitgliederbefragung der baden-württembergischen CDU erreichte sie jedoch nur 39,4 Prozent der Stimmen und zog ihre Kandidatur zurück. Stattdessen übernahm der damalige Landtagsfraktionschef Günther Oettinger beide Ämter. Von 1995 bis zu ihrem Einzug in den Bundestag am 5. Oktober 2005 war Schavan baden-württembergische Ministerin für Kultus, Jugend und Sport. Seit dem 1. Januar 2012 ist sie Vorsitzende der Gemeinsamen Wissenschaftskonferenz. Am 18. August 2012 kündigte Schavan nach 14 Jahren an der CDU-Parteispitze an, nicht mehr als stellvertretende CDU-Vorsitzende zu kandidieren.

Und dann die vorhersehbare Katastrophe: »Am 5. Februar 2013 stellte der Fakultätsrat der Universität Düsseldorf den Tatbestand einer vorsätzlichen Täuschung durch Plagiat« fest: »Die Häufung und Konstruktion dieser wörtlichen Übernahmen, auch die Nichterwähnung von Literaturtiteln in Fußnoten oder sogar im Literaturverzeichnis ergeben der Überzeugung des Fakultätsrats nach das Gesamtbild, dass die damalige Doktorandin systematisch und vorsätzlich über die gesamte Dissertation verteilt gedankliche Leistungen vorgab, die sie in Wirklichkeit nicht selbst erbracht hatte. Die Entgegnungen von Frau Schavan konnten dieses Bild nicht entkräften.« Als Konsequenz beurteilte der Fakultätsrat mit 12 Ja-Stimmen, 2 Nein-Stimmen und einer Enthaltung die Promotionsarbeit Schavans für ungültig und entzog ihr den Doktorgrad.[364]

Annette Schavan hat fertig: Selbst wenn ihr das Gericht den »Doktor« lassen sollte – »semper aliquid haeret«, wusste schon der griechische Schriftsteller Plutarch (45–125): »Etwas bleibt immer hängen.«[365] Das heißt: Völlig unabhängig vom Urteil irgendwelcher Gerichte werden sich mit dem Namen Schavan im Bewusstsein der Bürger für immer Begriffe wie »verlogen, scheinheilig, Plagiat« verbinden. Selbst einen Sieg vor Gericht würde die Mehrzahl der Bürger nicht als Beweis für Schavans Unschuld, sondern als Beleg für die Kumpanei innerhalb gewisser Kreise der politischen Klasse werten.

Diese Frau ist politisch erledigt, und für die unterkühlte Machtpolitikerin Merkel bedeutete ein Festhalten an ihrer vermeintlich »engsten Vertrauten«, dass der Ruf der Verlogenheit und des Machterhalts um jeden Preis auch auf sie überschwappen könnte.

So lautet denn auch die sehr richtige Analyse der *SZ* vom

7. Februar unter dem Titel *Das Grauen des Merkel'schen Vertrauens:* »Kanzlerin Merkel hat ihrer Bildungsministerin in der Plagiatsaffäre ihr ›volles Vertrauen‹ ausgesprochen. Das hat noch keiner politisch überlebt. Mal sehen, wie lange Annette Schavan noch durchhält.«[366] Genau zwei Tage: Am 9. Februar trat sie zurück.

Ministerin Schavan trifft die Aberkennung des Doktortitels besonders hart, denn Schavan hat ihr Studium mit der Promotion abgeschlossen, ohne vorher den Magister gemacht zu haben, so dass sie jetzt keinen akademischen Abschluss mehr hat. Sie ist schlicht eine Lady ohne jegliche abgeschlossene Ausbildung.[367]

RECHTSAUSSEN

Hans-Peter Friedrich (CSU), Jurist, Innenminister

Hans-Peter Friedrich, geboren am 10. März 1957 in Naila (Oberfranken), war seit 1973 in der Jungen Union, ist seit 1974 in der CSU, seit 1988 Dr. jur. und Regierungsrat im Bundeswirtschaftsministerium, war 1990 bei der deutschen Botschaft in Washington, ab 1991 wissenschaftlicher Mitarbeiter der CDU/CSU-Bundestagsfraktion und ab 1993 persönlicher Referent des CSU-Landesgruppenvorsitzenden Michael Glos.

Seit 1998 ist er im Bundestag, von 1999 bis 2002 war er stellvertretender Vorsitzender des Untersuchungsausschusses Parteispenden und von 2002 bis 2004 des Untersuchungsausschusses Wahlbetrug, seit 2009 Chef der CSU-Landesgruppe. Seit März 2011 ist er Innenminister.

Friedrich setzt sich ausdrücklich für Telekommunikationsüberwachung direkt am Computer durch den Einsatz des sogenannten Bundestrojaners ein.[368] Ende Februar 2012 plädierte er für einen Ausstieg Griechenlands aus der Eurozone. Dafür wurde Friedrich u. a. von Bundeskanzlerin Angela Merkel gerügt, worauf Friedrich seine Aussagen teilweise zurücknahm.[369]

Anfang 2013 fordert er erneut schärfere Antiterrorgesetze. »Die Sicherheitslage ist angespannt.« Konkret: »Gewalttätige Extremisten müssten leichter aus Deutschland ausgewiesen werden können«, Videoüberwachung und Vorratsdatenspeicherung ausgeweitet werden. Wieder war die FDP dagegen.[370]

Eine dubiose »Studie« aus dem Innenministerium des CSU-Rechtsaußen, wonach die Hälfte aller Muslime zwischen 14 und 32 Jahren integrationsfeindlich sei, führte zu scharfer Kritik aller aufrechten Bürger. Dass er die Studie überdies zuerst in der *Bild* erscheinen ließ, erweist ihn als würdigen Nachfolger von »Bildzeitungsminister« zu Guttenberg.[371]

Dazu passt seine Hetzkampgane gegen die »Zigeuner«, wie man im rechten Sumpf wie zu Adolfs Zeiten sagt. »Damals ermordet, heute verfolgt«, stellt Heribert Prantl die Verbindung zur NS-Zeit her: »Die toten Sinti und Roma haben nun ihr Denkmal. Die lebenden werden auch in Deutschland kaserniert und abgeschoben. Während die Bundeskanzlerin der bis zu 500 000 Ermordeten gedenkt, überlegt der Bundesinnenminister, wie man sich die Enkel und Urenkel vom Leib hält.«[372]

Kurzum: Friedrich ist das wandelnde Demokratieverständnis der Union und gibt dem Begriff *Rechts*-Staat einen neuen Sinn.

Wolfgang Schäuble (CDU), Jurist, Bundesinnenminister – Wer einmal lügt, wird Innenminister

Wolfgang Schäuble, geboren am 18. September 1942 in Freiburg, gilt als Sicherheitsrisiko für die Demokratie.
Ab 1961 ist er in der Jungen Union, seit 1965 in der CDU, seit 1970 Volljurist, von 1969 bis 1972 JU-Bezirkschef Südbaden, seit 1972 im Bundestag. Ab 1973 ist er im CDU-Vorstand Baden-Württemberg, ab 1978 als Anwalt zugelassen, ab 1981 Parlamentarischer und ab 1982 Erster Parlamentarischer Fraktionsgeschäftsführer, von 1984 bis 1989 Bundesminister für besondere Aufgaben und Chef des Bundeskanzleramtes, Kohls engster Berater und zuständig für die Deutschlandpolitik. Ab 1989 ist er Innenminister, führt von Juli bis August 1990 die Verhandlungen über den Einigungsvertrag zwischen den beiden deutschen Staaten, ist ab September 1990 im CDU-Vorstand. Am 12. Oktober 1990 wird er bei einer Wahlveranstaltung in Oppenau niedergeschossen und ist seitdem vom dritten Brustwirbel an abwärts gelähmt und an den Rollstuhl gebunden. Schäuble ist von 1991 bis 2000 Chef der CDU/CSU-Bundestagsfraktion, wird 1992 von Kohl als möglicher Nachfolger erwähnt, 1997 durch dessen erneute Kanzlerkandidatur düpiert, gleichzeitig aber auch erneut als Kronprinz gehandelt. Nach der Wahlniederlage 1998 und Kohls Rücktritt wird Schäuble Partei- und erneut Fraktionschef. 1999 initiiert er für die CDU die als »Ausländer-raus-Kampagne« aufgefasste Unterschriftenaktion gegen die doppelte Staatsbürgerschaft, mit der Roland Koch prompt die hessische Landtagswahl gewinnt. Im Jahre 2000 im Laufe der CDU-Spendenaffäre musste er als Partei- und Fraktionschef zurücktreten.

Im Dezember 1999 belog er das Parlament über eine illegale Parteispende über 100 000 D-Mark, wofür er sich im September 2000 vor dem Hohen Hause entschuldigte. Spekuliert wurde damals, »ob es womöglich zwei Mal 100 000 D-Mark von Schreiber gab: einmal als ›unverfängliche Wahlkampf-Spende für die CDU, ein anderes Mal unter der Hand als Bestechungsgeld für ein Rüstungsprojekt‹.«[373]

2004 und 2010 war er als Bundespräsident im Gespräch, 2009 als EU-Kommissar. 2005 wurde er Innenminister, 2009 Finanzminister.

Zwischendurch präsentiert sich Schäuble immer wieder als Rechtsaußen. So sagt er 2008, trotz globalen Regierens und durch das Schengener Abkommen praktisch verschwundener Grenzen in Europa sei die Bewahrung der nationalen Identität und heimatlichen Verwurzelung wichtig.[374]

Schon ein Jahr zuvor nennt er die gezielte Tötung von Verdächtigen ein »rechtliches Problem«. Stalin und Erich Mielke wären stolz auf ihn gewesen. Außerdem will er neben Handy- und Internetverboten die »vorsorgliche Internierung von Gefährdern«. Wer da nicht an die KZs und den Holocaust denkt, hat im Geschichtsunterricht nicht aufgepasst. Wenigstens hat Schäuble das alte NS-Schild *Arbeit macht frei,* das damals über den KZs prangte, für die neuen Lager nicht vorgeschlagen.[375]

Tiefe Einblicke in Schäubles Charakter und in seine im psychiatrischen Sinne geistige Verfassung wirft die »Zehn-Minuten-Brüllerei« zwischen Schäuble und dem SPD-Abgeordneten Johannes Kahrs. Im Haushaltsausschuss des Bundestags gerieten die beiden nach Angaben von Teilnehmern so heftig aneinander, dass die Ausschussvorsitzende Petra Merkel (SPD) eingreifen musste. »Schäuble und Kahrs haben sich zehn Minuten lang angebrüllt«, berichtet ein Zeuge.[376]

Auslöser waren Nachfragen von Abgeordneten zur Griechen-land-Rettung, auf die Schäuble »gereizt reagiert« habe. »Er ist schon mit schlechter Laune in den Ausschuss gekom-men«, so ein Teilnehmer. Der Minister sei dann einigen Par-lamentariern ›ziemlich über den Mund gefahren‹.« Und selbst *Welt Online* lässt sich nicht als Pressestelle eines ver-bitterten, rechtsgerichteten alten Mannes missbrauchen: »Zur Erinnerung: Vor zwei Jahren hatte Schäuble seinen damali-gen Ministeriumssprecher Michael Offer bei einer Presse-konferenz vor laufenden Kameras rüde zurechtgewiesen (›Herr Offer, reden Sie nicht‹). Offer war nach der öffentli-chen Empörung über den Vorfall von seiner Aufgabe zurück-getreten.«[377] Aber Schäuble war und ist ein Überraschungsei. Eben noch Nationalist im Geiste von Filbinger und Konrad Adenauers Intimus, dem Rassegesetze-Autor Hans Globke, fordert er 2012 einen mächtigen »EU-Oberaufseher für die nationalen Haushalte«.[378]

Unterm Strich ist Schäuble der klassische Loser: Viele Jobs versucht; kein einziger hat wirklich geklappt. Entgegen seiner Gewohnheit will der Autor diesmal Milde walten lassen, wie man sie alten Leuten eben zuweilen entgegenbringt. Viel Schaden, so die Hoffnung, kann er jedenfalls nicht mehr an-richten. Einstweilen jedenfalls scheint es seine selbst gewähl-te Mission zu sein, unter dem Vorwand des »Kampfes gegen den Terrorismus« möglichst viele Bürgerrechte abzubauen.

Da ist allerdings noch das Bundesverfassungsgericht, das un-zählige Male die faschistoiden Fieberphantasien des damali-gen Innenministers stoppte, zum Beispiel die Vorratsdaten-speicherung,[379] die vermutlich manch einen Diktator vor Neid erblassen ließe.

Und umgekehrt kritisiert Schäuble proletenhaft das höchste deutsche Gericht zu jedem Anlass und fast jedem Thema. Beispiele von seiner Pöbelei gegen die Karlsruher Richter finden sich im Internet zu Hunderten. »Bei Adolf hätte es das nicht gegeben«, hat er allerdings nicht gesagt. Ob er es gedacht hat, bleibt sein Geheimnis.

Spötter meinen, 2009 hätte Angela Merkel die Notbremse gezogen und ihn ins Finanzressort abgeschoben, damit Deutschland nicht irgendwann weltweit »Das Vierte Reich« genannt wird.

Norbert Geis (CSU), Jurist, Rechtsaußen – die NPD rechts überholt?

Norbert Geis, geboren am 13. Januar 1939 im unterfränkischen Großwallstadt, geht im schwarzbraunen Sumpf für die Union auf Stimmenfang. Seit 1970 ist er Rechtsanwalt und war zunächst Kreisvorsitzender der Jungen Union, von 1972 bis 2007 Kreisvorsitzender und seit 2007 Ehrenkreisvorsitzender der CSU im Landkreis Aschaffenburg, von 1971 bis 1972 Bürgermeister von Edelbach, danach bis 1978 im Gemeinderat Kleinkahl-Edelbach, außerdem seit 1972 im Kreistag Aschaffenburg. Von 1981 bis 1986 ist er im Bayerischen Landtag, seit 1987 im Bundestag, hier von 1990 bis 2002 Vorsitzender der Fraktions-Arbeitsgruppe Recht. 2005 gewinnt er den Wahlkreis Aschaffenburg mit 52,5 Prozent der Erststimmen.

Der Franke Geis verkörpert den Typ des braun angeschmuddelten frömmelnden Katholiken. Er erfüllt nahezu jedes Klischeebild, das Demokraten von Rechtsextremen haben:

• Im Juni 2001 schreibt er in seinem Buch *Homo-Ehe – Nein zum Ja-Wort aus christlicher Sicht:* »Homosexualität ist die

Perversion der Sexualität. Die Aufdringlichkeit, mit der sich Homosexuelle öffentlich prostituieren, ist nur noch schwer zu ertragen. Der Verlust der sexuellen Scham … ist ein Zeichen von Schwachsinn.«[380]

- Im Februar 2002 fordert er bei *Vorsicht Friedman!*, dass Deutschland den Deutschen gehören solle, »so wie den Franzosen Frankreich und den Italienern Italien. Warum lasst ihr nicht Deutschland den Deutschen?«[381]
- Im März 2002 bezeichnet er im Bundestag die geplante generelle Aufhebung von NS-Unrechtsurteilen gegen Deserteure und Homosexuelle als »Schande«.[382] Im Mai 2008 meint er, »Kriegsverräter« hätten auch nach »heutigen Maßstäben verwerflich gehandelt« und »in einer verbrecherischen Weise den eigenen Kameraden geschadet«.[383]
- Im November 2003 kämpft er leidenschaftlich dagegen, den Bundestagsabgeordneten Martin Hohmann wegen Antisemitismus aus der Unionsfraktion auszuschließen.[384]
- Seit Ende 2006 ist Norbert Geis regelmäßiger Kolumnist des rechtsradikalen Schmierblatts *Junge Freiheit*. Wäre er nicht so abgrundtief dämlich und schriebe er nicht auf dem Niveau eines Zehnjährigen – Joseph Goebbels wäre stolz auf ihn.
- Im Juli 2007 fordert er die »gezielte Tötung von potenziellen Aggressoren« als Präventivmaßnahme sowie die Sicherheitsverwahrung »anerkannter Gefährder« ohne Prozess.[385]
- Bis 2009 blockierte er als Berichterstatter der Unionsfraktion die generelle Rehabilitierung für Kriegsverrat im Nationalsozialismus.

Geis' Funktion als Unionslautsprecher wird deutlich anhand einer Überlegung des legendären Franz Josef Strauß: Rechts von der CSU dürfe es keine demokratisch legitimierte Partei geben.[386] Anders ausgedrückt: Selbst für den unmenschlichsten, gemeingefährlichsten braunen Abschaum muss die Union wählbar sein. Die Stimmen der Leugner oder gar Befürworter des Holocausts, der Asylantenmörder, Schwulenjäger und »Rübe-ab«-Fanatiker könnten ja am Ende zur Regierungsbildung fehlen. Motto: Eine Wählerstimme stinkt genauso wenig wie Geld. Das entsprechende Strategiepapier der Union, »Moderner bürgerlicher Konservatismus«, legen Geis und Gesinnungskameraden wie Markus Söder und Philipp Mißfelder im September 2007 vor.[387]

Ob dieses faschistoide Kalkül aber aufgeht, ist fraglich. Roland Koch kostete seine Ausländerkampagne fast das Ministerpräsidentenamt, Günther Oettingers Laudatio für den Nazirichter Hans Filbinger erzeugte in den Umfragen eine »Oettinger-Delle« *(Handelsblatt*[388]*)*, mit Schwulenhass braucht man seit einem CDU-Bürgermeister Ole von Beust erst gar nicht mehr zu kommen, und durch Polizeistaat-Propaganda dürfte die Union in der »Mitte der Gesellschaft« mehr verlieren, als sie am rechten Rand gewinnt.

- 2012 bekannte sich Geis als Anhänger des Kreationismus,[389] deren Anhänger die Welt für 6000 Jahre alt halten. Diese »Lehre« für gemeingefährliche Irre will er sogar an den Schulen unterrichten lassen.
- 2013 wollte er erneut Direktkandidat für den Bundestag werden, unterlag jedoch im Oktober 2012 bei der parteiinternen Kandidatenwahl seiner Konkurrentin Andrea Lindholz in der Stichwahl mit 71 zu 87 Stimmen.

DIE HINTERMÄNNER DER POLITIK

Ganz grob gesprochen, hat die Politik zwei Probleme: Jemand muss die Arbeit machen, zu der sie selbst ja offenbar nicht willens oder in der Lage ist, und jemand muss das Gesamtkunstwerk Politik finanzieren.

DIE WAHREN GESETZEMACHER – DIE LOBBYISTEN

Inkompetente Politiker und überbezahlte Blender als externe Berater: Was liegt da näher, als dass die Wirtschaft nach der Devise *Selbst ist der Mann* sich ihre Gesetze selbst schreibt.
Im Grunde ist in einer westlichen Marktwirtschaft die Zusammenarbeit zwischen Wirtschaft und Politik nicht nur nicht »pfui«, sondern sogar »hui«. Weil es ja tatsächlich »der Gesellschaft nur gutgeht, wenn es der Wirtschaft gutgeht«, wäre es geradezu hirnrissig, würden Politik und Wirtschaft gegeneinander arbeiten.
Auch rechtlich sei die enge Zusammenarbeit mit den Beratern »kaum angreifbar«, sagt der Bochumer Juraprofessor Martin Burgi, der sich seit Jahren mit der Zusammenarbeit von Staat und Unternehmensberatern befasst. »Solange das Parlament letztendlich die Entscheidung fällt, ist das nicht zu beanstanden.«[390]
Aber »dös ist ja gerad dös«, sagt der Bayer: Zumeist haben

die Abgeordneten keinen blassen Schimmer, worüber sie überhaupt abstimmen, nicht einmal die Fachminister. Erinnert sei an den legendären Streich des Nachrichtenmagazins *Fakt:* Im Wahlkampf 2002 präsentierte man dem Finanzgenie Hans Eichel eine Textstelle aus dem CDU-Wahlprogramm als angebliche Passage aus dem SPD-Programm – und Eichel verteidigt das Unions-Konzept äußerst engagiert und euphorisch.[391] Dieser »Experte« schafft dann im Jahre 1999 die Steuerpflicht für Unternehmensverkäufe ab, lässt die Heuschrecken ins Land und öffnet damit dem Raubtierkapitalismus Tür und Tor. Und sein Nachfolger Steinbrück preist die Heuschrecken als »wahren Segen«, kennt aber nicht einmal den Unterschied zwischen der Abwicklung und der Rettung einer Bank.[392]

Und hier kommen nun die selbstlosen »Experten« aus der Wirtschaft ins Spiel. Derzeit vertreten knapp 5000 Lobbyisten die Interessen von fast 2000 Organisationen gegenüber Parlament und Regierung. Sie besitzen nicht nur Büros rund um die Berliner Machtzentrale, sondern betreiben auch geheimbundähnliche Treffs wie das Collegium der 30 Dax-Unternehmen, die Junge Lobby und den Dreißiger Multiplikatoren-Kreis. Von hier dringt nichts nach außen, so dass die Kontakte mit Ministeriumsmitarbeitern »intensiv gepflegt werden können. Hier werden auch Marschrouten bei größeren Vorhaben festgelegt, Sachbündnisse geschmiedet und Kontaktnetzwerke geknüpft.«[393]

Da liegt es auf der Hand, dass die Konzerne ihre Mitarbeiter direkt in den Ministerien einnisten. Weit über hundert externe Mitarbeiter haben in Bundesministerien ihren Schreibtisch, greifen Behördeninterna ab und schreiben an Gesetzestexten mit. Ihr Einsatz dauert laut Bundesrechnungshof von wenigen Wochen bis zu fünf Jahren, zwei Drittel länger als sechs Monate. Und in mehr als 60 Prozent der Fälle tragen die obersten Bundesbehörden die Kosten gar nicht oder nur in geringem Umfang.

Grund genug für die obersten Finanzprüfer, die Bundesverwaltung vor einem zu sorglosen Einsatz von Mitarbeitern aus Verbänden und Unternehmen zu warnen und ausdrücklich auf »erhöhte Risiken von Interessenkonflikten« hinzuweisen. Dabei stellt der Rechnungshof keinesfalls den Austausch zwischen Verwaltung und Unternehmen grundsätzlich in Frage. Allerdings dürfe ein vorübergehender oder ständiger Personalmangel nicht als Ausrede für den Einsatz externer Kräfte herhalten. Zudem sollten die externen Mitarbeiter sich höchstens sechs Monate in den Ministerien herumtreiben und nicht unbedingt federführend Gesetzentwürfe formulieren oder gar »Leitungs- oder Kontrollfunktionen« in den Ministerien ausüben. Ebenso sollten sie weder »ihre entsendende Stelle beaufsichtigen noch öffentliche Aufträge vergeben, noch Funktionen ausüben, die die Geschäftsinteressen ihres Arbeitgebers berühren«. Und schließlich solle – last, not least – der Status als externer Mitarbeiter intern und extern stets deutlich werden.

Der wohl folgenreichste Fall datiert aus rot-grüner Zeit: Nach *Monitor*-Recherchen hatte eine Hausjuristin des Bundesverbands Investment und Asset Management (BVI) von Januar bis August 2003 einen eigenen Schreibtisch in der Abteilung »Nationale und Internationale Finanz- und Währungspolitik« des Bundesfinanzministeriums, wurde aber weiter von ihrer Firma bezahlt. Die »Heuschreckenlady« soll genau jenes *Investmentmodernisierungsgesetz* mitformuliert haben, das den Hedgefonds, deren öffentlicher Vertrieb bis dato bei uns verboten war, den Weg auf den deutschen Markt ebnete. Entlarvende Ausrede der damaligen

Staatssekretärin Barbara Hendricks (SPD), einer gelernten Lehrerin: »Für diese Arbeiten werden vertiefte Spezialkenntnisse aus dem Bereich des Kapitalmarkts benötigt, insbesondere um eine Einschätzung der möglichen Auswirkungen von den Gesetzgebungsvorhaben der Bundesregierung auf die betreffenden Unternehmen und den Kapitalmarkt als Ganzes vornehmen zu können.«[394]

Sogar die Verfassungsrichterin Christine Hohmann-Dennhardt hält den »Einfluss von Lobbyisten auf die Gesetzgebung in Deutschland« für »in der derzeitigen Form nicht akzeptabel«. Wenn in Ministerien Interessenvertreter an Gesetzen mitarbeiteten, fehle es an der erforderlichen Unabhängigkeit und Transparenz. »Wenn in den Ministerien nicht mehr Beamte, die auf das Gemeinwohl verpflichtet sind, an Gesetzen arbeiten, sondern Interessenvertreter, dann kann das Parlament, die Öffentlichkeit, nicht mehr durchschauen, was die Zielrichtung dieses Gesetzes ist und was das Gesetz begründet hat. Das ist nicht gut und nicht richtig«, sagt sie. Sie habe den Eindruck einer schleichenden Unterwanderung. Ein typisches Beispiel sei »der Einfluss des Spitzenverbandes der Lebensmittelindustrie BLL auf die sogenannte Ampel zur Kennzeichnung von Lebensmitteln. Verbraucherschützer halten die Ampel für eine gute Lösung, um Kunden zu warnen und mit Rot auf zu viel Zucker oder Fett aufmerksam zu machen. Die Industrie fürchtet dagegen um ihren Umsatz – und stoppt die Ampel. Ein Erfolg für die Zuckerlobby und BLL-Präsident Theo Spettmann. Er ist gleichzeitig Chef des Unternehmens Südzucker.«[395]

Lobbyisten nach Ministerien[396]

Bundeskanzleramt
AOK
BKK
Kreditanstalt für Wiederaufbau

Auswärtiges Amt
BDI
BP
Daimler
Deutsche Bank
DGB
DW – Media Services
EADS
E.ON
Kreditanstalt für Wiederaufbau
Lufthansa
Robert-Bosch-Stiftung
SAP
Siemens
Wintershall

Bundesministerium für Bildung und Forschung
Deutsche Ausgleichsbank
Deutsche Bank

Bundesministerium der Finanzen
BASF
Bundesverband Deutscher Banken

Bundesverband Investment und Asset Management (BVI)
Bundesverband Öffentlicher Banken Deutschlands (VÖB)
Deutsche Bank
Deutsche Börse
Deutsche Telekom
DZ Bank AG
Dresdner Bank
HSH Bank
IBM
Kreditanstalt für Wiederaufbau
Zentraler Kreditausschuss

Bundesministerium für Gesundheit
Bertelsmann-Stiftung
Deutsche Bank
Kassenärztliche Vereinigung Bayern (KVB)
Werbe- und Vertriebsgesellschaft Deutscher Apotheker

Bundesministerium des Innern
Deutsche Bank
SAP

*Bundesministerium für Umwelt, Naturschutz und Reaktor-
sicherheit*
BASF
Bayer
Henkel

Bundesministerium für Verkehr, Bau und Stadtentwicklung
Bundesverband Öffentlicher Banken Deutschlands (VÖB)

Daimler
Deutsche Flugsicherung
Deutscher Aero Club
Fraport
Hauptverband der Deutschen Bauindustrie
Invest in Germany
Kreditanstalt für Wiederaufbau

Bundesministerium für Verteidigung
BwFuhrparkService GmbH
CC CompuNet
CONET
ESG
IABG
IBM
Roland Berger
Schenker
SEAR
Teleplan
weisser und böhle
Wels

Bundesministerium für Wirtschaft und Technologie
ABB
AKA Ausfuhr GmbH
Alstom
BASF
Bayer
BDI
Berliner Volksbank

Bundesverband der deutschen Gas- und Wasserwirtschaft
Commerzbank
Daimler
Deutsche Industriebank
Deutsche Telekom
Deutscher Industrie- und Handelskammertag (DIHK)
EFEZ Deutschland
Euler Hermes
EuroNorm
HypoVereinsbank
IBM
ING BHF Bank
Institut für Angewandte Wirtschaftsforschung
Kreditanstalt für Wiederaufbau
Landesbank Baden-Württemberg
Landesbank Berlin
Lanxess
Laubag
LichtBlick
Morgan Stanley
PricewaterhouseCoopers
Thyssengas
TÜV Süd
Verband der chemischen Industrie
Verband deutscher Maschinen- und Anlagenbau
Verband forschender Arzneimittelhersteller
Verband kommunaler Unternehmen
Vivento
Wingas
Wuppertaler Stadtwerke

*Bundesministerium für wirtschaftliche Zusammenarbeit
und Entwicklung*
Alstom
ABB
Berliner Wasserbetriebe
Kreditanstalt für Wiederaufbau
PricewaterhouseCoopers

Bundespresseamt
BASF

Denkt man diese Entwicklung konsequent zu Ende und erinnert sich an den neoliberalen Privatisierungswahn, dann fragt man sich, warum die Bundesregierung nicht gleich an eine Heuschrecke oder andere gemeingefährliche Wirtschaftsverbrecher verkauft wird.

HAUPTSACHE, DIE KASSE STIMMT – DIE GELDQUELLEN DER POLITIK

Wenn Geld die Welt regiert, ist die finanzielle Ausstattung und damit Abhängigkeit der Politik sicher nicht das Unwichtigste, und auch laut Grundgesetz müssen die politischen Parteien ebenso wie die Volksvertreter die materiellen Voraussetzungen erhalten, um die ihnen in der parlamentarischen Demokratie zugewiesenen Aufgaben erfüllen zu können. Gleichwohl liegt es im Wesen der Marktwirtschaft, dass der Staat sich die Finanzierung des politischen Betriebs mit den Privaten teilt.

Die Staatskasse als Selbstbedienungsladen

Grundidee für die staatliche Bezahlung der Volksvertreter ist es, dass jeder Bürger unabhängig von seinen finanziellen Verhältnissen ein Amt oder Mandat wahrnehmen kann. Wer also *pauschal* gegen Diäten und andere Politikereinkommen hetzt und »das Parlament als Raffkartell beschimpft« (Heribert Prantl) wie etwa die Lumpenjournaille, der hat womöglich grundsätzlich etwas gegen unsere Spielart der Demokratie und hätte lieber ein System wie in den USA, wo grundsätzlich fast nur die Superreichen oder deren Strohmänner in politische Spitzenämter gelangen können.

Eine ganz andere Frage ist die Höhe der Einkommen: Je üppiger die Amtsgehälter und Diäten, desto mehr hängt man an ihnen und desto weniger möchte man sie aufs Spiel setzen. Das aber bedeutet: desto eher vermeidet man – unabhängig von der eigenen Meinung – jeglichen ernsthaften Ärger mit den entscheidenden Leuten in der Regierung oder der Partei. Auch ein Angestellter, der eine vierköpfige Familie ernähren muss, setzt ja nicht leichtfertig seinen Job aufs Spiel. Ebenso haben in der Politik »unpolitische« Dinge wie Qualifikation, Berufschancen und natürlich die eigenen Finanzen ein großes Gewicht: Studienabbrecher, Erzieher oder Handwerker sind erpressbarer als Unternehmer, Professoren oder Juristen.

Unverschämt und entlarvend zugleich ist allerdings die Rechtfertigung hoher Politikereinkommen mit dem Argument, sie würden dann lieber »in der Wirtschaft« oder in anderen lukrativen Jobs arbeiten. Sollen sie es doch tun! Wieso ist es eigentlich nicht möglich, unter 80 Millionen Menschen einige »Idealisten« zu finden, die sich nicht gleich verdrücken, wenn ihnen der Politikjob nicht zu überdurchschnittlichem Wohlstand verhilft? Absurderweise achtet gerade manch ein Volksvertreter darauf, dass bei ihm die Kasse stimmt, zitiert aber gegenüber den sozial Schwachen das große Kennedy-Wort: »Fragt nicht, was euer Land für euch tun kann – fragt lieber, was ihr für euer Land tun könnt.« Vor allem, wenn das von Typen à la Steinbrück kommt, der für einen einzigen prolligen Stottervortrag vier Monatsgehälter eines ehrlich arbeitenden Menschen erhält, kommt da ein gewisser Unmut auf.

Ärger um Politikerentlohnung gibt's sowieso nur bei mieser Arbeit. Einen Willy Brandt oder einen Helmut Schmidt hat man nie wegen seines Einkommens kritisiert. Seit einiger Zeit aber sorgt dieses Thema für Dauerstress: »Das Wort ›Diäten‹ oder gar ›Diätenerhöhung‹ funktioniert wie das Klingelzeichen beim Pawlow'schen Experiment«, stellt Heribert Prantl fest. Ärgern sich die Bürger zu Recht?

Im Mai 2012 beschloss die Bundesregierung per Gesetzentwurf die Erhöhung ihrer eigenen Einkommen. Die Gehälter für Bundeskanzlerin, Minister und Staatssekretäre stiegen bis August 2013 um insgesamt 5,7 Prozent. Das Gehalt von Kanzlerin Angela Merkel (CDU) erhöht sich demnach um 930 Euro auf rund 17 016 Euro. Dazu kommt die steuerfreie »Dienstaufwandsentschädigung« von unverändert gut 1000 Euro im Monat. Künftig erhielte die Kanzlerin 11 160 Euro mehr im Jahr, Minister 9000 Euro mehr.

Die Ministergehälter stiegen bis August 2013 um 750 Euro auf rund 13 795 Euro, die der Parlamentarischen Staatssekretäre um 580 Euro auf rund 10 573 Euro.[397]

Ebenso können sich die Übergangsgelder sehen lassen. So erhält ein Minister, solange er nichts anderes findet, für drei Amtsjahre rund 250 000 Euro in den drei darauffolgenden Jahren. Sogar bei einer Amtszeit von einem Tag bekäme er noch rund 57 000 Euro.[398]

Auch die Abgeordneten nagen nicht am Hungertuch: Sie kassieren seit 1. Januar 2013 – wenn auch steuerpflichtig – monatlich 7960 Euro. Die steuerfreie Kostenpauschale von derzeit 3782 Euro wird jährlich den Lebenshaltungskosten angepasst. Die Erhöhungen an die Beamtenbesoldungsgruppen B6 und R6, also an die Bezüge von Bürgermeistern mittelgroßer Städte mit bis zu 250 000 Einwohnern und von Richtern an einem obersten Gerichtshof des Bundes, zu koppeln, vermeidet zum einen die leidige öffentliche Debatte. Zum anderen führt der Innenminister die Verhandlungen über Beamteneinkommen: Da er meist auch MdB ist, bestimmt er über sein eigenes Einkommen mit.

Zudem genießen die Abgeordneten noch Sonderleistungen: So können sie alle Verkehrsmittel der Deutschen Bahn gratis nutzen, und im Raum Berlin steht ihnen zusätzlich ein Dienstwagen aus der Flotte des Bundestages zur Verfügung. Außerdem werden die Kosten von Flug und Schlafwagen auf Nachweis sowie die Ausgaben für Telekommunikation, Büro und Geschäftsbedarf bis zu 9000 Euro beglichen.

Und auch für das Alter ist vorgesorgt: Nach einem Jahr Bundestag stehen einem Abgeordneten rund 192 Euro zu, vom zweiten bis zum 27. Jahr erhöht sich die Pension um 3 Prozent pro Jahr auf maximal 67,5 Prozent oder derzeit 5175 Euro. Wer vor 2008 schon MdB war, dem bringen acht Jahre Bundestag ab dem 65. Lebensjahr immerhin monatlich 1722 Euro Pension, 18 Jahre sogar 4697 Euro, und zwar schon mit 55 Jahren.

Die Kanzlerin sowie die meisten der Minister und Staatssekretäre haben aber nicht nur wegen des Vergleichs mit den Einkommen und Altersvorsorgeleistungen der Normalbürger Grund für ein schlechtes Gewissen: Abgeordnetenmandate für Regierungsmitglieder sind nämlich grundsätzlich verfassungsrechtlich bedenklich.[399] Erstens gehören sie damit der Exekutive *und* der Legislative an, was gegen das Gebot der Gewaltenteilung verstößt, und zweitens können sie ihr Bundestagsmandat de facto gar nicht wahrnehmen und folglich auch nicht die entsprechenden Bezüge beanspruchen. Sogar der spätere saarländische Ministerpräsident Peter Müller befand schon 1993, »dass derjenige, der Minister ist, für die Abgeordnetentätigkeit ausfällt ... deshalb soll er als Abgeordneter auch nicht mehr besoldet werden«.[400]

Auch die staatliche Parteienfinanzierung soll verhindern, dass die Parteien zum Spielball der Superreichen und ihrer Konzerne werden. Dennoch ist auch der staatliche Zuschuss abhängig von »privat«, nämlich von Mitgliedsbeiträgen und Spenden. Damit dies aber nicht ein Fass ohne Boden wird, liegt die absolute jährliche Obergrenze derzeit bei 133 Millionen Euro, wird aber jährlich angepasst.

Im Einzelnen gibt's jährlich je 0,85 Euro für die ersten vier Millionen Stimmen[401] bei Europa-, Bundestags- und Landtagswahlen, danach 0,70 Euro. 0,38 Euro kommen für jeden Euro an Beiträgen oder Spenden dazu; dabei werden aber nur 3300 Euro pro natürliche Person berücksichtigt.

2012 kassierte die CDU 46,44 Millionen Euro, die SPD 45,59, die Grünen 15,15, die FDP 14,07, die Linke 12,25, die CSU 11,30, die NPD 1,44 und die Piratenpartei 0,79 Millionen Euro.

Der wichtigere Aspekt aber ist: Der Gesetzgeber zieht offenbar Parteispenden nicht einmal hypothetisch als Bestechungslohn in Betracht und zahlt zu Spenden noch 38 Prozent dazu. Dies verführt förmlich dazu, durch »Luftbuchungen« Staatsgelder abzuschöpfen, wie ein Beispiel zeigt: Ein steuerlich gemeinsam veranlagtes Paar spendet 1500 Euro, der Staat schenkt ihm (über die Steuerabsetzbarkeit) 337,50 Euro, der Partei 570 Euro.[402] Wenn die Partei dem Spenderpärchen für eine fiktive »Studie« 1616,25 Euro zahlt, dann haben Pärchen und Partei je 453,75 Euro vom Steuerzahler abgegriffen.[403]

Parteispenden: Bestechung? Ach was!

Natürlich sind Parteispenden nicht von vornherein etwas Verwerfliches, und es wäre auch naiv zu glauben, der Spendende würde keine Gegenleistung erwarten. Natürlich wollen die vielen Millionen von Kleinspendern für ihr Geld, dass die Partei ihrer Wahl eine Politik in ihrem Interesse durchsetzt. Dennoch würde niemand eine Partei für korrupt erklären, weil sie das Geld der »kleinen Leute« angenommen und ihnen im Gegenzug eine solche Politik versprochen hat.

So will selbstverständlich eine Seniorin für ihre fünf Euro Spendengeld ebenso eine Gegenleistung sehen wie der Großkonzern für seine fünf Millionen.

Allerdings gibt es da einen kleinen Unterschied: Omas fünf Euro können kaum etwas bewirken, die Millionen aus der Wirtschaft aber sehr wohl, weshalb man sie auch »Landschaftspflege« nennt.[404]

Im kleinen, von der Öffentlichkeit meist unbemerkten Kreis können sogar Konzernmanager ehrlich sein. So sagte Hans-Joachim Klenk, bis 1991 Leiter der Rechtsabteilung der Thyssen Industrie AG, im Oktober 2000 vor dem Parteispenden-

Untersuchungsausschuss des Bundestages: »Wir sind doch hier nicht unter Jungfrauen.« Auch in Deutschland sei es üblich, dass Unternehmen Politiker um Unterstützung bäten, insbesondere bei der Vergabe öffentlicher Aufträge. »Sich dann bei den Parteien oder den jeweils Beteiligten durch Spenden oder ähnliches erkenntlich zu zeigen, das ist doch nichts Besonderes.«[405]

Wenn aber alles so klar und selbstverständlich ist, dann fragt sich der Bürger doch, warum Parteispendenaffären ständig die Justiz und die Öffentlichkeit beschäftigen, warum CDU, SPD und FDP gar ihre Parteispendenskandale hatten.

Fast sämtlichen anrüchigen Spenden ist eines gemeinsam: die Heimlichtuerei. Dies erscheint zunächst nicht zwangsläufig: Schließlich kommen die Politiker selbst bei windigsten Spendengeschichten mit der Methode *Frechheit siegt* mühelos durch:

- 1998 kauft das Hamburger Ehepaar Ingrid und Karl Ehlerding vom Bund 112 000 Eisenbahnerwohnungen und spendet der CDU kurz darauf umgerechnet drei Millionen Euro. Der damalige Kanzler Kohl und sein Verkehrsminister Matthias Wissmann streiten jeden Zusammenhang ab, und der Ausschuss »Parteispenden« gibt sich damit zufrieden.

- 2005 wird Holger Pfahls wegen Vorteilsannahme und Steuerhinterziehung zu zwei Jahren und drei Monaten verurteilt, weil er vom Waffenhändler Karlheinz Schreiber für Rüstungsgeschäfte rund zwei Millionen Euro Schmiergeld auf ein Schweizer Tarnkonto angenommen und nicht versteuert hatte. Hier sagt Helmut Kohl, Pfahls habe das Rüstungsgeschäft nicht beeinflusst – und das war's dann.

Man stelle sich einmal vor, man erwischte einen Schiedsrichter, der soeben fünf Elfmeter für den FC XY gepfiffen hätte, mit einer »Spende« vom FC, und er behauptete, er hätte die Elfer auch so gepfiffen …

Wenn aber Politiker mit der bloßen Behauptung durchkommen, selbst die zeitliche Nähe von Spende und Empfängerleistung beweise keinen Kausalzusammenhang, dann sind als wirkliche Gründe für die Geheimhaltung neben Steuerhinterziehung handfeste politische Motive zu vermuten: Auch wenn es als »legal« durchgeht, will keine Partei als von der Industrie oder »den Reichen« finanziert dastehen. Und umgekehrt wollen weder die Reichen noch die Konzerne zu deutlich zeigen, von welcher Partei sie sich die beste Beihilfe zur Gewinnmaximierung versprechen und mit welchen Beträgen sie nachhelfen wollen.

Geld aber kann auch in der Politik entscheidend sein: Dass die Parteien mit etwa 20 bis 30 Prozent ihrer jährlichen Ausgaben die Wahlkämpfe finanzieren, lässt den banalen Schluss zu, dass es sich lohnt: dass man mit Geld Wählerstimmen und letztlich auch Wahlen gewinnen kann.

Bezeichnend ist daher auch die Liste der Großspender (ab 50 000 Euro) von 2008. So gab etwa die Deutsche Bank insgesamt 500 000 Euro – je 200 000 an CDU und FDP sowie 100 000 an die SPD –, alles übrigens im letzten Quartal des Jahres. Das Bankhaus Sal. Oppenheim ließ jeweils 100 000 Euro für CDU und FDP springen, die Commerzbank spendete CDU und SPD je 100 000 Euro. Die Linke erhielt als einzige Bundestagspartei keine einzige Großspende.

Insgesamt aber gehen die Großspenden zurück. Stattdessen wendet man »elegante Tricks« *(Spiegel)* an. Da ist einmal das berüchtigte *Stückeln.* »Ein eleganterer Weg, Geldflüsse zu kaschieren, besteht darin, Immobilien oder Firmenbeteiligungen aus Parteibesitz zu erwerben. In solchen Fällen werden gern eindrucksvolle Preise gezahlt. Vorteil: Im Rechenschaftsbericht der Partei taucht der Name des Geschäftspartners nicht auf. Teuer bezahlte Anzeigen in Parteizeitungen gehören ebenso zum Instrumentenkasten wie kostspielige Kampagnen in der Tagespresse, die das Anliegen einer Partei befördern (›Der nächste Kanzler muss ein Niedersachse sein‹). Einiger Beliebtheit erfreuen sich weiterhin großzügige Vortragshonorare an Politiker.«[406]

Regierungssponsoring – kleine Geschenke erhalten die Freundschaft

Der *Vierte Bericht des Innenministeriums über die Sponsoringleistungen an die Bundesverwaltung für die Jahre 2009 und 2010* vom Juni 2011 weist eine Gesamtsumme von rund 93,4 Millionen Euro aus,[407] gegenüber 55,2 Millionen für 2003 / 04.

Wert der Geld- und Sachleistungen pro Behörde in Mio. Euro

Gesundheit   61,158
Kultur und Medien   13,218
Bildung und Forschung   0,25
Auswärtiges Amt   3,521[408]
Wirtschaft und Technologie   0,662[409]
Inneres   2,015[410]
Justiz   0,184

Bundespräsidialamt   3,023
Verteidigung   0,323
Finanzen   0,014
Ernährung, Landwirtschaft und Verbraucherschutz   0,148
Verkehr, Bau und Stadtentwicklung   1,770
Arbeit und Soziales   0,65
Bundesrat   0,190
Bundeskanzleramt   0,39
Umwelt, Naturschutz und Reaktorsicherheit   0,183
Familie, Senioren, Frauen und Jugend   0,08
Wirtschaftliche Zusammenarbeit   0,260

Offenbar sind die Grenzen zwischen »kleiner Aufmerksamkeit« und »Landschaftspflege« durchaus fließend. Ein Kriterium ist dabei die »Beachtlichkeit« (Juristenjargon): Wenn wir unserer Briefzustellerin zu Weihnachten eine Flasche Wein schenken, wird sie uns deshalb noch lange nicht die Post des Nachbarn aushändigen. Laden wir dagegen einen Baustadtrat auf eine Kreuzfahrt ein, wird's schon problematischer.

So sponsern Privatfirmen das Sommerfest des Bundespräsidenten mit fast einer Million Euro. Nun könnte man meinen, dies könne der Staat locker selbst bezahlen, aber im erwähnten *Vierten Bericht des Innenministeriums über die Sponsoringleistungen an die Bundesverwaltung*[411] heißt es, »dass die Geld-, Sach- und Dienstleistungen aus Sponsoring erneut überwiegend Projekten zugutegekommen sind, die ohne die Leistungen Dritter nicht oder nur in geringerem Umfang hätten verwirklicht werden können«.

Gleichzeitig bekennt man sich unverhohlen zum do ut des,

zum Geben, um zu nehmen: »Sponsoring unterstützt einerseits die öffentliche Hand bei der Erfüllung ihrer Aufgaben, andererseits eröffnet es dem Sponsor die Möglichkeit, einen Werbeeffekt oder sonst öffentlichkeitswirksamen Vorteil zu erreichen.«

Aber auch hier stellt sich die Frage: Wann geht Sponsoring in Korruption über? Der Bericht spricht das Problem durchaus an: »Beim Sponsoring sind die Integrität und Neutralität des Staates zu wahren. Daher ist schon jeder Anschein zu vermeiden, die Dienststellen oder ihre Beschäftigten ließen sich von den Interessen des Sponsors leiten oder behördliche Entscheidungen seien durch sachfremde Erwägungen beeinflusst.«

Diese Grenze zur Korruption wurde 2007 eindeutig überschritten bei der Spende von 5,1 Millionen Euro für »Präventionsmaßnahmen zum Nichtrauchen von Kindern und Jugendlichen«: Sponsoren waren der Verband der Cigarettenindustrie, die Philip Morris GmbH, die British American Tobacco (Germany) GmbH, die Reemtsma Cigarettenfabriken GmbH, die JT International Germany GmbH, die Austria Tabak GmbH und die Tabak- und Cigarettenfabrik Heintz van Landewyck.[412]

Die Gegenleistung der Politik: Als der EU-Ministerrat am 2. Dezember 2002 ein Verbot für Tabakwerbung beschließt, geschieht dies gegen die Stimmen Deutschlands und Großbritanniens. Und gegen die entsprechende Tabakwerberichtlinie der EU-Kommission vom 26. Mai 2003 klagte die Bundesregierung kurz darauf beim Europäischen Gerichtshof.

Zugegeben: »Diese Klage wird Ihnen präsentiert von Marlboro« stand nicht im Text …

Der psychologische Faktor

Aber auch kleinere Geschenke oder Nettigkeiten sollte man nicht unterschätzen. Viele Manager versuchen, persönliche Kontakte bis hin zu Freundschaften mit Politikern aufzubauen. Wir kennen das ja selbst: Wenn jemand nett zu uns ist – und sei es nur eine Geburtstagskarte oder eine Einladung zu einer kleinen »privaten« Party –, entsteht bei uns unwillkürlich ein Gefühl der Sympathie. Kluge Chefs machen das: Sie gehen zum Beispiel mit einer Pralinenschachtel durch ihre Abteilung und haben für jeden Mitarbeiter neben der einen Praline ein freundliches, persönliches Wort. Die Kosten für den Chef sind lächerlich, aber viele Mitarbeiter werden sich daraufhin scheuen, jede Überstundenminute geltend zu machen. Ebenso werden Politiker, die sich mit einem Topmanager duzen oder sogar dessen Familie kennen, im Konfliktfall, etwa bei der Vergabe eines Staatsauftrags, Skrupel haben, gegen dessen Konzern zu entscheiden. Das Fatale: Es handelt sich um ganz normales, fast selbstverständliches Verhalten. Natürlich werden wir unsere Geburtstagsfeier im Lokal unseres Freundes ausrichten, auch wenn wir es woanders billiger haben könnten. Der Unterschied ist nur: Wir zahlen mit unseren eigenen Euros, der Politiker mit Steuergeldern.

KORRUPTION – »GEHT NICHT, GIBT'S NICHT« – OFFIZIELL ...

Zur Unterscheidung von aufrichtigen und käuflichen Politikern ist unser Strafgesetzbuch wenig hilfreich. So machen sich unsere Abgeordneten lediglich durch den Verkauf ihrer Stimme strafbar – was man bei den in der Regel geheimen Abstimmungen eh nicht überprüfen kann. Schmiergeld für ihre sonstige politische Arbeit dürfen sie unbesorgt annehmen. Die entsprechende UNO-Konvention United Nations Convention against Corruption (UNCAC) über das umfassende Korruptionsverbot vom 31. Oktober 2003 trat zwar schon am 14. Dezember 2005 in Kraft und wurde bislang von 126 Staaten ratifiziert, nicht aber von Deutschland.

Und laut einem Gutachten »Rechtsfragen im Kontext der Abgeordnetenkorruption« des wissenschaftlichen Dienstes des Bundestages »ist im Ergebnis zu konstatieren, dass die Abgeordnetenbestechung in Deutschland durch den Tatbestand des § 108 e StGB hinsichtlich des mit der Norm intendierten Schutzes der Integrität und Unabhängigkeit der Mandatsausübung keine ausreichende strafrechtliche Regelung erfahren hat und diesbezüglich Reformbedarf besteht«.[413]

Wir sollten daher Politiker, die bei uns legal etwas tun, wofür sie in den meisten anderen Ländern der Welt im Knast landen würden, nicht unbedingt unseren Kindern als Vorbild für Integrität präsentieren.

Korruption ist leicht erklärt: Der Bestochene bricht einen Vertrag oder eine Abmachung durch eine (meist geheime) weitere Abmachung mit *Dritten*. Bestes Beispiel ist der Bäckereiprokurist, der durch überteuerten Mehleinkauf den Inhaber schädigt und sich mit dem Lieferanten den Gewinn teilt. Ebenso haben Amts- und Mandatsträger einen Vertrag mit dem Volk in Gestalt seines Staates, und zwar nicht nur, weil der sie bezahlt. Begünstigt etwa ein Regierungsmitglied oder ein Volksvertreter irgendwelche *Dritte* und nimmt dafür eine Gegenleistung, so ist dies Korruption.

Wer aber sind diese ominösen *Dritten?* Wenngleich uns in diesem Buch vor allem etwaige korrupte Verflechtungen von Politikern mit »der Wirtschaft« interessieren, sollte man doch die Korruption innerhalb der Politik nicht unerwähnt lassen: Wenn beispielsweise ein Pazifist plötzlich für Kriegseinsätze stimmt und kurz darauf Staatssekretär wird, so ist die Vermutung nicht ganz abwegig, er habe sich »kaufen« lassen.

Bargeldloser Bimbes: Kein Trick ist zu plump

Überhaupt ist es ja ein Irrglaube, Politiker ließen sich nur mit Geld kaufen. Eher ist das Gegenteil der Fall. Nur die wenigsten gehen in die Politik, um steinreich zu werden. Viel wichtiger sind für sie das Gefühl der politischen Macht, die Medienpräsenz und das Sozialprestige – was dem zu Recht miserablen Ansehen der politischen Klasse keineswegs widerspricht.

»Wer Politiker auf schnelle Autos reduziert«, schreibt *Zeit*-Autor Patrik Schwarz, »unterschätzt ihre wahre Leidenschaft.«[414] Und Wolfgang Clement beantwortet die Frage: »Was ist das Brot des Politikers, woraus bezieht er Genugtuung?«, ganz offen und eitel: »Für die Politik ist das die öffentliche Wahrnehmung.« Auch die frühere Familienministerin Renate Schmidt, die vor ihrer Politkarriere Versandhausangestellte war, bekennt unverblümt: »Ich bin seit 1987 dran gewöhnt, wichtig zu sein.«[415] Unvergessen bleibt auch das selbstmitleidige »Und was wird dann aus mir?« der schleswig-holsteinischen Ministerpräsidentin Heide Simonis nach der verlorenen Landtagswahl im Frühjahr 2005 auf die Frage nach einer Großen Koalition unter einem CDU-Ministerpräsidenten – ebenso wie ein Jahr später ihr öffentlichkeitsheischender Auftritt in einem mit abgehalfterter Pseudoprominenz bestückten Tanzklamauk bei RTL.

Insofern ist auch gegenüber den politischen »Rampenhuren« (Medienjargon), die von einer Talkshow zur nächsten spazieren, Misstrauen angebracht: Erkaufen sich solche Leute ihre permanente Medienpräsenz mit gespielten Rollen als kritikloses Parteisprachrohr, als Parteilinker vom Dienst oder als ewiger »Querdenker«?

Die schleichende bargeldlose Korruption

Dass dieses System des Lobbyismus so gut funktioniert, liegt sicherlich nicht an einem angeborenen »schlechten Charakter« unserer Volksvertreter – obwohl wir ja gesehen haben, dass sich nur ein gewisser Menschenschlag durchsetzt: Das ist in der Politik eben kaum anders als in der Zunft der Heiratsschwindler, Schlammcatcher oder Paparazzi.

Vielmehr liegt es – so abgenutzt und nach Universalausrede das klingen mag – »am System«: Der humanistisch gesinnte Bundestagsnovize sieht sich von Anfang an und nicht zu Unrecht in der Situation eines Fastfood-Leiharbeiters, der den gesamten Konzern auf Nouvelle Cuisine umstellen will. Was würde er wohl auf seine bloße Frage hin erleben, ob ein MdB gleichzeitig im Beirat einer Versicherung und im Sozialausschuss, oder im Aufsichtsrat eines Pharmariesen und im Gesundheitsausschuss sitzen darf? Hinzu kommt, dass der Hinweis der Fraktionsführung, ohne die Partei säße er gar nicht im Bundestag, zweifellos richtig ist. So wird er also über kurz oder lang Bedenken Bedenken und Gewissen Gewissen sein lassen und seine eigenen Deals machen, sich vielleicht sogar einem Netzwerk, einer Seilschaft oder einem Parteiflügel anschließen. Schon bald jedenfalls werden ihm Kungelei und Kuhhandel nicht mehr als korrupte Verflechtungen zu Lasten des Volkssouveräns, sondern als »notwendige Kompromisse im Dienste der guten Sache« vorkommen, wobei die »gute Sache« oft sein eigener Aufstieg ist: Als Fraktionsvorstand, Staatssekretär oder gar Minister kann er ja schließlich viel mehr für das »Gemeinwohl« erreichen, oder? Soll er dieses hehre Ziel jetzt durch die einzige Gegenstimme seiner Fraktion bei Gesetzen zur Legalisierung der Heuschrecken oder der Staatsschnüffelei aufs Spiel setzen? Im günstigen Fall würde man ihn für einen »humanistischen Streber« halten, der sich auf Kosten der anderen profilieren will, im ungünstigen für einen Nestbeschmutzer: Isoliert wäre er so oder so. Aber der einzige altruistische Hering im Haifischbecken der Karrieristen will er jedenfalls nicht sein.

Und was ist denn schon dabei, wenn man die angenehmen Seiten des Politikerlebens genießt, zum Beispiel das Gefühl, eine »geachtete Persönlichkeit« zu sein, zu Talkshows und Empfängen eingeladen zu werden, Ausstellungen oder Sommerfeste eröffnen zu dürfen? Hat nicht schon Montesquieu den Drang der Menschen, sich in den Vordergrund zu spielen, als eine Art Urtrieb beschrieben?

Bereichern will dieser Politiker sich keinesfalls, sein »Auskommen« haben will er schon: Allein eine gute Ausbildung für die Kinder verschlingt ein Heidengeld, und was würde es am Bildungssystem ändern, wenn sein Nachwuchs statt eines Elitegymnasiums die Gesamtschule im Problemkiez besuchte? Warum soll die Älteste nicht beim Parteifreund promovieren, warum soll seiner Schwiegermutter nicht durch »Vitamin B« die Wartezeit für die Nierentransplantation verkürzt werden? Würde nicht jeder andere an seiner Stelle genauso handeln?

Nicht nur Geld verdirbt den Charakter, auch »das Sein bestimmt das Bewusstsein«: Wenn sogar ein Günter Wallraff während seiner kurzen Stippvisite als »Hans Esser« bei *Bild* beängstigende Deformationen der Persönlichkeit bei sich feststellte, warum sollte es einem Politiker da anders gehen? Helmut Schmidts Polemik, »Wer Visionen hat, soll zum Arzt gehen«, erscheint ihm zusehends plausibler. Schon bald ertappt er sich dabei, seine früheren Gesinnungsgenossen als »Gutmenschen«, »Phantasten« oder »Populisten« zu empfinden. Und irgendwann wird das ursprüngliche *Mittel* zum *Zweck* der »Weltverbesserung«, die Politikerlaufbahn, zum *Selbstzweck*.

Zum Glück aber ist unser MdB nur einer von über 600 und folglich auch an der schlimmsten Entscheidung nicht einmal zu 1,7 Promille beteiligt. Sogar Kanzlerin, Minister und Fraktionschefs können sich ja formal korrekt darauf berufen, dass das Hohe Haus die Gesetze hätte ablehnen können. Und alle gemeinsam können sie dem Bürger erklären, dass er sie ja nicht hätte wählen müssen …

Jobs als Dankeschön

Die Dankeschönjobs werden bei uns – ähnlich wie die hierzulande trotz UNO-Anmahnung immer noch erlaubten Dankeschönspenden – als eine völlig überraschende Geste eines zufriedenen Unternehmens hingestellt. Dazu ein Beispiel: Geht ein Elfjähriger für seine gebrechliche Nachbarin einkaufen, so macht er es beim ersten Mal vielleicht einfach nur aus Hilfsbereitschaft, und die 5 Euro Trinkgeld von der Nachbarin kommen völlig überraschend. Wenn er aber nach einer Woche erneut 5 Euro fürs Einkaufen erhält und sich dies eine Zeitlang wiederholt, dann ist es ein »Deal«: Einkaufen gegen Geld. Natürlich ist dazu keinerlei Vertrag nötig, und der Knirps spielt auch stets den Überraschten …

Genauso verhält es sich mit den Dankeschönjobs: Ein konzernfreundlicher Minister kann ziemlich sicher sein, später einmal mit irgendeinem lukrativen Job belohnt zu werden. Das muss auch so sein, denn jeder Dankeschönjob ist ein Wink für aktive Politiker, sich ebenfalls eine solche Gefälligkeit zu verdienen.

Die Dankeschönliste deutscher Spitzenpolitiker würde ganze Bücher füllen. Daher hier nur einige besonders eklatante Fälle:

- Werner Müller genehmigt als rot-grüner Wirtschaftsminister trotz strikter Ablehnung durch das Bundeskartellamt die Fusion von E.ON mit Ruhrgas und wird anschließend Chef der Ruhrkohle AG (RAG), die zu einem Drittel der E.ON gehört.

- Alfred Tacke gibt 2002 als Müllers Staatssekretär die Ministererlaubnis und wird danach Chef der RAG-Tochter Steag. »Nicht legitim, aber anrüchig« findet das der *Spiegel*,[416] und die wirtschaftspolitische CDU/CSU-Fraktionssprecherin Dagmar Wöhrl fragt, »ob die Fusionsgenehmigung »in irgendeinem Zusammenhang mit dem finanziell sicher äußerst lukrativen Berufswechsel Tackes« stehe.

- Gerhard Schröder fördert 2005 massiv die Ostsee-Pipeline und sitzt jetzt im Aufsichtsrat der Betreiberfirma Nord Stream AG, eines Gemeinschaftsunternehmens von E.ON und BASF und Schröders Brötchengeber Gazprom.

- Wolfgang Clement liberalisiert Ende 2002 als Wirtschaftsminister mit dem *Gesetz für moderne Dienstleistungen am Arbeitsmarkt* die Zeitarbeit und sitzt anschließend im Aufsichtsrat der Zeitarbeitsfirma Deutscher Industrie Service AG, außerdem der Dussmann-Gruppe, der Landau Media AG, der RWE Power AG und des DuMont Verlags sowie im Beirat der US-Bank Citigroup.

- Otto Schily setzt sich als Innenminister massiv für die Einführung des biometrischen Reisepasses ein und sitzt anschließend im Aufsichtsrat von Byometric Systems AG und SAFE ID Solutions AG, beides Hersteller biometrischer Anwendungen.

- Caio Koch-Weser ist von 1999 bis November 2005 beamteter Finanzstaatssekretär und seit Anfang 2006 Berater des Vorstandschefs (»Vice Chairman«) der Deutschen Bank, sprich: »Teuerster Frühstücksdirektor des Konzerns« *(Spiegel)*. Noch im Oktober 2005 zeichnet Koch-Weser eine Regierungsbürgschaft für Kredite der Deutschen Bank zur Finanzierung der Ostsee-Pipeline ab. Transparency International sieht darin einen Interessenkonflikt, da Koch-Wesers Abteilung im Finanzministerium für die nationale und internationale Finanz- und Währungspolitik zuständig und daher auch für den Verkauf von deutschen Auslandsforderungen gegenüber Russland verantwortlich gewesen sei. Ein Ermittlungsverfahren gegen Koch-Weser stellt die Staatsanwaltschaft Berlin jedoch 2007 ein.

- Matthias Berninger (Grüne) ist 2001 bis 2005 Parlamentarischer Staatssekretär bei der Bundesministerin für Verbraucherschutz, Ernährung und Landwirtschaft, seit Februar 2007 beim US-Süßwarenkonzern Mars und seit August 2008 als Global Head of Public Policy weltweit für »Gesundheit, Ernährung und Nachhaltigkeit« zuständig.

- Matthias Wissmann (CDU) ist ab 2005 Verkehrsminister und wechselt Mitte 2007 in den Chefsessel des Verbandes der Automobilindustrie. Gerade in der Klimadebatte, so die

Welt süffisant, »fehlt es vor allem an einem eloquenten, Talkshow-affinen Außendarsteller und an einem Strippenzieher, der weiß, wie die Politik im Bund und auf europäischer Ebene läuft. Beide Aufgaben sind Wissmann wie auf den Leib geschneidert.«[417]

- Hildegard Müller (CDU) ist ab 2005 Staatsministerin im Bundeskanzleramt und wechselt im Oktober 2008 zum Bundesverband der Energie- und Wasserwirtschaft (BDEW). Schon als Chefin der Jungen Union wird Müller von der Wirtschaft gefördert. So beschließt der Vorstand der Dresdner Bank im August 2000, ihr für drei Jahre einen Betrag von 20 000 Mark jährlich für eine Halbtagsstelle bei der Jungen Union zur Verfügung zu stellen. Genauso lange soll ihr die Bank sogar eine Sekretärin für ihre politische Arbeit gestellt haben. Schlagzeilen macht sie Anfang 2005, als bekannt wird, dass sie auch nach ihrer Wahl in den Bundestag 2002 bis zu 2000 Euro monatlich von der Dresdner Bank kassiert hat. Zudem war sie als Aufsichtsrätin der Nova und Beirätin der Barmenia eng mit der Versicherungsbranche verbandelt.

- Margareta Wolf (Grüne), von 2001 bis 2002 Staatssekretärin für Wirtschaft, dann bis 2005 für Umwelt, Naturschutz und Reaktorsicherheit, ist seit Anfang 2007 Managing Director bei der Strategie- und Kommunikationsberatung Deekeling Arndt Advisors (DAA), hockt aber trotzdem noch ein volles Jahr im Bundestag und dessen Wirtschaftsausschuss. Da Wolf keinerlei Berufsausbildung angibt, dürfte es DAA vor allem auf ihr Insiderwissen und ihre Kontakte ankommen. Weil sie für die DAA vor allem die Öffentlichkeitsarbeit der Kernenergie-Lobby betreut, gibt es im Juli 2008 Ärger mit den Grünen, der mit Wolfs Parteiaustritt endet.

Um derlei Treiben ein Ende zu bereiten, plädiert LobbyControl für eine dreijährige Karenzzeit. »Es darf nicht sein, dass Spitzenpolitiker nahtlos in Vorstände und Aufsichtsräte wechseln oder ihre noch warmen Kontakte und Insiderinformationen durch Beratungstätigkeiten für die Privatwirtschaft in privilegierten Einfluss umsetzen.«[418]

Nur so nebenbei: Die Nebenjobs

Statt Schlips und Kragen sollten die Politiker im Bundestag Trikots tragen, mit den Logos der Firmen, von denen sie bezahlt werden. Um Kontakte zu vereinfachen, könnte auch gleich die Kontonummer des Politikers auf dem Rücken gut lesbar angebracht sein.[419]

Die Nebentätigkeit von Abgeordneten erinnert irgendwie an den Schüleraustausch: Weil so viele Wirtschaftsvertreter in den Ministerien die Arbeit der Politiker machen, müssen auch möglichst viele Volksvertreter nebenbei für die Wirtschaft arbeiten.

Und da die Politiker ebenso wie die Konzerne nichts anderes im Sinn haben als das Wohl des deutschen Volkes, können ein gegenseitiges Kennenlernen und ein gemeinsames Arbeiten bis hin zum Zusammenwachsen unserem Gemeinwesen eigentlich nur förderlich sein.

Nun sieht das unsere Neidgesellschaft allerdings bedeutend humorloser und rückt diese zwischenmenschlichen Beziehungen in die Nähe der Korruption. Abgeordnete würden vom Staat ja gerade deshalb so fürstlich entlohnt, damit ihre grundgesetzliche Unabhängigkeit garantiert bliebe. Dies wäre aber bei einem Nebenjob für Unternehmen oder Verbände – frei nach der Maxime *Wes' Brot ich ess, des' Lied ich sing* – nicht mehr gewährleistet.

Und entsprechend weisen aufmerksame Mitbürger darauf hin, ihnen selbst erlaube ihr Arbeitgeber Nebenjobs nur eingeschränkt oder gar nicht, weil er von ihnen den vollen und nicht den teilweisen Einsatz der Arbeitskraft erwarte. Und manch ein Zeitgenosse hätte gewisse Politiker vermutlich gar nicht erst in den Bundestag gewählt, wenn sie erklärt hätten, sie stünden für einen Riesenbatzen Geld im Dienste von Konzernen, und wenn dann noch Zeit übrig sei, kümmerten sie sich gern auch ein wenig um die Interessen des Volkes.

Zwar behaupten »Nestbeschmutzer« wie der Rheinländer CDU-Abgeordnete und Lobbyverweigerer Uwe Schummer, er sei mit seiner 70-Stunden-Woche Volksvertretung voll ausgelastet. Er verpflichtet sich auf seiner Internetseite in einem unterschriebenen Bürgervertrag sogar dazu, keine Nebeneinkünfte anzunehmen und seine Bezüge einmal im Jahr offenzulegen.

Auch sein SPD-Kollege Ulrich Kelber hat für bezahlte Nebenjobs einfach keine Zeit: »Bundestagsabgeordneter ist auf jeden Fall ein Vollzeit-Job. Ich bin persönlich meistens morgens um 7.00 Uhr im Büro und selten vor Mitternacht wieder raus.«[420]

Die meisten anderen aber können sich die Arbeit offenbar besser organisieren, wie etwa die Rechtsanwältin Anette Kramme (SPD) mit ihren fast 200 (!) Mandanten oder Heinz Riesenhuber (CDU) mit seinen 19 Nebenjobs, darunter Posten in elf Aufsichts-, Verwaltungs- oder Beiräten.[421]

Dass diese Effektivitätsgenies mit ihrer Genialität nicht hausieren gehen und ihre Nebeneinkünfte nicht an die große Glocke hängen, spricht eigentlich für ihre an Selbstverleugnung grenzende Bescheidenheit.

So viel sympathische Zurückhaltung allerdings konnte selbst das Bundesverfassungsgericht nicht mit ansehen: Im Juli 2007 erklärten die Karlsruher Richter das Abgeordnetengesetz vom Oktober 2005 für rechtens, wonach die Nebenverdienste der Bundestagsabgeordneten – wenn auch nur recht vage anhand von drei Stufen[422] – für jedermann einsehbar sein müssen. Damit wies das Gericht eine Klage von Friedrich Merz und acht anderen MdB zurück, wonach ihre Nebeneinkünfte niemanden etwas angingen und auch der Bundestag keineswegs im Mittelpunkt der Abgeordnetentätigkeit stehen und folglich die meiste Zeit in Anspruch nehmen müsse. Kritiker wie der Parteienrechtler Hans Herbert von Arnim fordern allerdings nun die Offenlegung der exakten Summe. »Der Wähler muss selbst einschätzen können, ob ein Abgeordneter Diener zweier Herren ist.«[423]

Nebenjobs bedeuten außer Geld natürlich auch Zeitaufwand. Wann soll einer da noch das Volk vertreten?

Nun können Hinzuverdiener aber gerade *nicht* vorbringen, der Nebenjob sei nur eine Kleinigkeit. Denn Lohn fürs Nichtstun ist ja noch anrüchiger, wie auch Hans Herbert von Arnim hervorhebt: Zahlungen ohne normale Gegenleistung »begründen den bösen Schein, dass politischer Einfluss oder Insiderwissen gekauft wird«.[424] Dabei geht es beileibe nicht nur um den Einfluss auf parlamentarische Entscheidungen: »Auch der Zugang zum Machthaber, den Abgeordnete vermitteln, ist Unternehmen und Verbänden oft viel Geld wert. Das gleiche gilt für die frühzeitige Information, was politisch ansteht. Dürfte das ›große Geld‹ sich unbeschränkt politischen Einfluss kaufen, hätten wir Plutokratie statt Demokratie.«[425]

Die Spitzenverdiener im Bundestag 2012[426]

Peer Steinbrück	SPD	mind. 698 945 Euro[427]
Michael Glos	CSU	mind. 546 000 Euro
Heinz Riesenhuber	CDU	mind. 380 000 Euro
Rudolf Henke	CDU	mind. 315 000 Euro
Frank Steffel	CDU	mind. 288 000 Euro
Peter Wichtel	CDU	mind. 218 750 Euro
Franz-Josef Holzenkamp	CDU	mind. 213 000 Euro
Norbert Schindler	CDU	mind. 211 000 Euro
Patrick Döring	FDP	mind. 185 400 Euro
Michael Fuchs	CDU	mind. 155 500 Euro

Im aktuellen Bundestag haben gut 60 Prozent der 620 Volksvertreter einen Nebenjob in der Privatwirtschaft. Nimmt man Tätigkeiten in staatlichen oder gemeinnützigen Einrichtungen mit hinzu, wie etwa in der Kreditanstalt für Wiederaufbau, beim Roten Kreuz oder bei den Kirchen, so kommt man auf über 80 Prozent.[428] Kommentar des *Spiegel:* »Nebenjob Abgeordneter«[429].

Ziemlich deutlich wird das bereits erwähnte Gutachten des wissenschaftlichen Dienstes des Bundestages: »Verfassungsrechtlich zulässig ist es hingegen, dass übermäßig dotierte Nebentätigkeiten unter den Straftatbestand der Abgeordnetenbestechung (§ 108 e StGB) fallen können.«[430]

DIE MUSIK SPIELT IN DEN AUSSCHÜSSEN

Nur besonders unbedarfte Mitbürger glauben, dass im Bundestagsplenum großartig um »die Wahrheit«, sprich um politische Überzeugungen und Beschlüsse, gerungen wird. Sieht man einmal von den erwähnten Gesetzesvorlagen der Konzernvertreter in den Ministerien ab, so werden die Weichen bereits in den Ausschüssen gestellt. Sie sind nach der Geschäftsordnung des Deutschen Bundestages nur »vorbereitende Beschlussorgane«, in Wahrheit aber »haben ihre Beschlüsse faktisch zumeist Entscheidungscharakter«.[431] Auch nach einem Urteil des Bundesverfassungsgerichts arbeiten die Ausschüsse stets auf die endgültige Beschlussfassung durch das Plenum hin und nehmen damit zugleich einen Teil des Entscheidungsprozesses entlastend vorweg.[432]

Es liegt also auf der Hand, dass vor allem in den Ausschüssen die Lobbyarbeit der Abgeordneten gefragt ist. Wie aber kommen die Interessenvertreter in diese wichtigen Gremien? Offenbar viel leichter als ohnehin schon befürchtet. »Persönliche Neigungen und Karriereinteressen spielen eine große Rolle, ebenso die Intention von Verbänden und Interessengruppierungen der Fraktionen«, sagt der Parlamentsforscher Wolfgang Ismayr, obwohl – rein theoretisch – auch die »fachliche und kommunikative Kompetenz … gewährleistet« sein soll.

Kein Wunder also, dass diese Gremien wahre Tummelplätze der einschlägigen Nebenjobber sind.

Im Ausschuss für Bildung, Forschung und Technikfolgenabschätzung zum Beispiel sind mindestens 14 der 36 Mitglieder[433] mit einem an der Arbeit des Gremiums interessierten Privatunternehmen verbandelt:

- Vorsitz Klaus W. Lippold (CDU): Geschäftsführer Industrieverband Kunststoffbahnen e. V. (IVK), Frankfurt / Main, Geschäftsführer Vereinigung Hessischer Unternehmerverbände e. V., Beirat Deutsche Flugsicherung GmbH, Langen
- Georg Brunnhuber (CDU): Aufsichtsrat Deutsche Bahn AG
- Enak Ferlemann (CDU): Geschäftsführer Dr. Mingramm Immobilien, Handel, Unternehmensberatung GmbH, Cuxhaven, Vertreter des Gesellschafters Flughafenbetriebsgesellschaft Cuxhaven-Nordholz GmbH
- Dirk Fischer (CDU): Beirat Deutsche Flugsicherung GmbH, Langen
- Wilhelm Josef Sebastian (CDU): Geschäftsführer Bel Ahr GmbH, Berlin
- Gero Storjohann (CDU): Beirat Deutsche Bahn AG
- Gerhard Wachter (CDU): Aufsichtsrat Tectum Dienstleistungen GmbH, Paderborn
- Uwe Beckmeyer (SPD): Beirat BLG Logistics Group AG & Co. KG, Bremen, Aufsichtsrat Bremer Lagerhaus-Gesellschaft – Aktiengesellschaft von 1877
- Rainer Fornahl (SPD): Aufsichtsrat Leipziger Wohnungs- und Baugesellschaft mbH
- Hans-Joachim Hacker (SPD): Rechtsanwalt
- Jörg Vogelsänger (SPD): Beiratsvorsitzender Busverkehr Oder-Spree GmbH, Fürstenwalde
- Petra Weis (SPD): Kuratorin Bundesverband für Wohneigentum e. V., Beirat Verband Wohneigentum e. V.
- Margrit Wetzel (SPD): Gesellschafterin Eisenbahn- und

Verkehrsbetriebe Elbe-Weser GmbH (EVB), Zeven, Beirat Hydro Aluminium Beschäftigungsgesellschaft mbH (HAB), Stade, Gesellschafterin Verkehrsgesellschaft Nord-Ost-Niedersachsen mbH (VNO), Stade

- Horst Friedrich (FDP): Berater SUPOL Tank GmbH, Göritz/Thüringen, Beirat Deutsche Flugsicherung GmbH, Langen
- Winfried Hermann (Grüne): Beirat Deutsche Flugsicherung GmbH, Langen

Noch extremer geht es im Finanzausschuss zu, wo gleich 21 der 36 Mitglieder Lobbyisten in eigener oder fremder Sache sind:

- Vorsitz Eduard Oswald (CSU): Beirat Deutsche Flugsicherung GmbH, Langen, Kurator Hochschule der Sparkassen-Finanzgruppe GmbH, Bonn
- Otto Bernhardt (CDU): Unternehmensberater mit 21 Mandanten
- Leo Dautzenberg (CDU): Beirat Bundesverband der Dienstleistungswirtschaft (BDWi), Stellvertretendes Mitglied Verwaltungsrat Bundesanstalt für Finanzdienstleistungsaufsicht, Geschäftsführer NEUPHONE Handels GmbH, Unternehmensberater mit drei »Vertragspartnern«
- Klaus-Peter Flosbach (CDU): Finanzberater mit acht »Vertragspartnern«
- Olav Gutting (CDU): Rechtsanwalt Kanzlei Gutting Steuerberater und Rechtsanwälte, Oberhausen, Aufsichtsrat Volksbank-Bruhrain-Kraich-Hardt eG, Oberhausen-Rheinhausen, Aufsichtsrat WirSol AG, Waghäusel
- Manfred Kolbe (CDU): Notar mit fünf Mandanten
- Hans Michelbach (CSU): Unternehmer, Industrie- und

Handelskammer Würzburg-Schweinfurt, Industrie- und Handelskammer zu Coburg, Präsidium Bundesvereinigung der Deutschen Arbeitgeberverbände, Vorsitz Steuerausschuss Bundesvereinigung Deutscher Handelsverbände

- Albert Rupprecht (CSU): Beratung Rupprecht Consulting, Weiden, Beirat Fronteris Biodiesel VC GmbH, Regensburg
- Norbert Schindler (CDU): Aufsichtsrat CropEnergies AG, Mannheim, Ausschuss Vorsorge und Versicherungsfragen R+V – Lebensversicherung
- Christian Freiherr von Stetten (CDU): Vorsitz Aufsichtsrat Schloß Stetten Betreuungs AG, Künzelsau, außerdem Beteiligung an: Dr. v. Stetten Grundstücks KG, Hohenloher-Ticket-Service GmbH, Messe- und Betriebsgesellschaft Stetten mbH, Residenz Dienstleistungsgesellschaft mbH, Schloß Stetten Betreuungs AG, Stetten Bau GmbH, Künzelsau, Unternehmensentwicklungs- und Förderungsgesellschaft Hohenlohe mbH, alle Künzelsau
- Lothar Binding (SPD): Beteiligung an: Bildungsstätte Stangenrod, Angelika und Lothar Binding GbR, Grünberg
- Gabriele Frechen (SPD): Beteiligung an: Steuerkanzlei Frechen Melzer Pilz, Hürth
- Florian Pronold (SPD): Rechtsanwalt Kanzlei Paluka, Sobola & Partner, Regensburg
- Ortwin Runde (SPD): Beirat Barmer Ersatzkasse, Schlichtungsstelle Verband Kirchlich Diakonischer Arbeitgeber (VKDA) in der Nordelbischen Kirche
- Bernd Scheelen (SPD): Aufsichtsrat Städtische Werke Krefeld AG, Verwaltungsrat Sparkasse Krefeld
- Reinhard Schultz (SPD): Geschäftsführender Gesellschafter von Schultz Projekt Consult GbR und Schultz Projektentwicklungs GmbH, Everswinkel, Aufsichtsrat Vattenfall

Europe Mining AG, Vertrauensmann Landesbausparkasse NRW

- Frank Schäffler (FDP): »Berater« Frank Schäffler, Finanzdienstleistungen, Berater MLP AG, Wiesloch
- Hermann Otto Solms (FDP): Aufsichtsratsvorsitz Piper Generalvertretung Deutschland AG, Calden, Beirat Thelen-Consult, Berlin, Beirat Bundesverband der Dienstleistungswirtschaft (BDWi), Beirat Universum Verlagsanstalt GmbH & Co. KG
- Carl-Ludwig Thiele (FDP): Geschäftsführer Schindhelm Rechtsanwaltsgesellschaft mbH, Osnabrück, Aufsichtsrat SIGNAL Krankenversicherung a. G, Aufsichtsrat Stephanswerk GmbH Wohnungsbau, Osnabrück, Verwaltungsrat Sparkasse Osnabrück
- Axel Troost (Die Linke): Gesellschafter Beschäftigungs- und Qualifizierungsgesellschaft mbH, Bremerhaven, Geschäftsführender Gesellschafter PIW Progress-Institut für Wirtschaftsforschung GmbH, Bremen

DER WÄHLER: VOLKSSOUVERÄN ODER STIMMVIEH?

Künftig soll das aktive Wahlrecht nicht mehr automatisch an jeden gehen, der das 18. Lebensjahr vollendet hat. Die FDP hat einen entsprechenden Gesetzesentwurf ins Kabinett eingebracht. Generalsekretär Patrick Döring ... schlägt vor, in Zukunft jeden potenziellen Wähler auf seine Eignung hin zu prüfen. »Wir machen immer öfter die Erfahrung, dass die Wähler ganz offenbar zu dumm sind, um beispielsweise die FDP zu wählen«, so Döring. Die zunehmende Blödheit der Deutschen mache seiner Partei große Probleme.[434]

Nur eine gelungene Satire? Dirk Pfeil, Präsidiumsmitglied der hessischen FDP, findet es »*schlimm,* dass die Mehrheit der Bevölkerung keine politische Bildung genossen hat. Die Masse ist meinungslos, sprachlos.« Die Masse der Wähler sei mit anderen Worten zu ungebildet, um die FDP-Botschaft zu kapieren. Ironisches Fazit von *Süddeutsche Zeitung*-Autor Thorsten Denkler: »Heißt: Nicht die FDP macht Fehler, die Wähler sind einfach zu dumm für die FDP.«[435]

Lässt man einmal die liberale Losertruppe beiseite, so stellt sich dennoch die Frage nach dem Körnchen Wahrheit. So behauptet eine Studie der amerikanischen Cornell-Universität, unsere Variante von Demokratie könne »nicht richtig funktionieren, weil die Wähler schlicht zu dumm seien, den richtigen

Kandidaten zu finden«. Statt die besten Politiker mit den besten Ideen zu erkennen, werde »das Mittelmaß gewählt«. Beim Thema Steuern zum Beispiel verfügten die wenigsten über fundiertes Wissen, um zu entscheiden, welcher Politiker ein Experte sei.[436]

Aber was heißt hier zu dumm, wenn nicht einmal der Bundestag über wichtigste Entscheidungen, wie etwa die blutige Rüstungskumpanei des Merkel-Regimes mit dem faschistischen Schwerverbrecherstaat Saudi-Arabien, informiert wird. »Die sensiblen Geschäfte werden bislang im Bundessicherheitsrat behandelt, dem zentralen Entscheidungsgremium der Regierung in Fragen von Rüstungsexporten«, befindet der *Spiegel.* »In dem Gremium, das unregelmäßig tagt, sind die wichtigsten Minister (Finanzen, Außen, Innen, Verteidigung, Wirtschaft, Justiz und Entwicklungshilfe) weitgehend unter sich. Nur wenige Beamte dürfen an den Beratungen teilnehmen. Der Sicherheitsrat entscheidet über einzelne Geschäfte sowie über Grundsatzfragen des Rüstungsexports. Er tagt geheim, Inhalte der Beratungen gelangen allenfalls durch Indiskretionen an die Öffentlichkeit.« So kritisierte etwa der außenpolitische Sprecher der FDP-Bundestagsfraktion, Rainer Stinner: »Wir werden als Abgeordnete mit Fragen zu Rüstungsexporten konfrontiert, zu denen wir nichts sagen können.« Aber wie sollte man auch von einer Frau Transparenz und das Eintreten für Menschenrechte erwarten, die im Mauermörder- und Stasistaat DDR sozialisiert wurde und Karriere machte?[437]

Es mag ja sein, dass das Gros des Resthäufchens der Nochwähler zur Stimmabgabe weniger geeignet ist als ein Sechsjähriger zur Vergabe der B-Note bei der Eislauf-WM. Oder dass manche die Kanzlerin in der SPD und Peer Steinbrück in der FDP wähnen und glauben, mit der Erststimme wähle man die Regierung und mit der Zweitstimme die Opposition. Wenn aber Volksvertreter die Kompetenz des Volkes kritisieren, so werfen sie mit Steinen aus einem schon zur Hälfte eingestürzten Glashaus.

Zu völligen Undurchsichtigkeit politischer Entscheidungen und der Verwechselbarkeit der Parteienprofile, die größer ist als bei eineiigen Zwillingen, kommt die Frage der Glaubwürdigkeit.

Selbst wenn ein Bilderbuchbürger gewissenhaft die Parteiprogramme miteinander vergleicht, muss er sich nach der Wahl wie 2006 von Typen wie Franz Müntefering sagen lassen, es sei »unfair«, die Parteien an ihren Wahlversprechen zu messen.[438]

Kein Wunder also, dass immer mehr Bürger ihre Kompetenz gerade durch Wahlboykott beweisen. Verglichen mit unseren Spitzenpolitikern, sagen sie sich, sind ja sogar die Hütchenspieler ehrbare Leute.

> Je weniger die Leute davon wissen, wie Würste und Gesetze gemacht werden, desto besser schlafen sie.
>
> *Otto von Bismarck*

Seine Majestät, das Volk, ist derzeit allerdings »not amused«, wie sich an der seit Jahren stetig abnehmenden Wahlbeteiligung zeigt.

»Obwohl sich die beiden großen Parteien zusammentun«, stellt *Freitag*-Herausgeber Jakob Augstein fest, »vertreten sie jetzt nur etwas mehr als 40 Prozent der Wahlberechtigten. Das ist ein Ergebnis der erschreckend niedrigen Wahlbeteiligung. Was die Wahlforscher ›asymmetrische Demobilisierung‹ nennen, wird zum Normalfall der Wahlkampfstrategie: Die Politik setzt absichtsvoll darauf, dass möglichst wenig Leute zur Wahl gehen – aber von der Gegenseite noch weniger. Die CDU fährt damit regelmäßig besser. Sie hat die Voraussetzung dieses besonderen Politikstils zur Vollkommenheit getrieben: politische Unkenntlichkeit.«[439]

Das wahre Ergebnis der Wahlen

Bundestagswahl 2009
Wahlbeteiligung 72,2 Prozent
Nichtwähler 27,8 Prozent
CDU / CSU 23,7 Prozent
SPD 16,2 Prozent
FDP 10,2 Prozent
Linke 8,4 Prozent
Grüne 7,5 Prozent

NRW 2012
Wahlbeteiligung 59,6 Prozent
Nichtwähler 40,4 Prozent
SPD 23,3 Prozent
CDU 15,7 Prozent
Grüne 6,7 Prozent
FDP 5,1 Prozent
Piraten 4,6 Prozent
Linke 1,5 Prozent

Niedersachsen 2013
Wahlbeteiligung 59,4 Prozent

Nichtwähler 40,6 Prozent
CDU 21,4 Prozent
SPD 19,4 Prozent
Grüne 8,1 Prozent
FDP 5,9 Prozent
Linke 1,8 Prozent
Piraten 1,2 Prozent

Inzwischen erkennen also immer mehr Bürger, dass der Kaiser nackt ist, und schließen daraus, dass sie im Grunde bei den Wahlen keine Wahl haben.

Nun konnten wir ja schon sehen, dass nicht nur die Regierung und ihre Koalitionsmehrheit »Politik machen« können. Anders als in Diktaturen hat das Volk durchaus mehr als nur theoretische Möglichkeiten zur Einflussnahme auf die Politik. Schon heute können die internationalen NGOs – von Amnesty International über Greenpeace bis hin zum Weltsozialforum – nicht mehr ignoriert werden, und auch durch Meinungsumfragen, Demos, Bürgerinitiativen, Volksentscheide und Ähnliches artikulieren die Wähler zuweilen die schlimmste aller Drohungen: bestimmte Parteien und Politiker bei der Wahl abzustrafen. Und ganz so unwichtig sind Wahlen selbst für frustrierte Bürger nun auch wieder nicht – nur durch Beschluss der gewählten Volksvertreter wird schließlich eine Forderung verwirklicht.

Festzuhalten bleibt das Banale, das so schwer zu machen scheint: Die Demokratie ist nur so gut wie das Volk selbst, denn, wie der frühere Bundesverfassungsrichter Ernst-Wolfgang Böckenförde schreibt: »Der freiheitlich säkularisierte

Staat lebt von Voraussetzungen, die er selbst nicht garantieren kann.«[440]

Allerdings muss sich für eine wirkliche Ausübung der Volksherrschaft durch das Volk einiges ändern. So stimmen nach einer Umfrage von Infratest dimap Anfang 2009 rund 66 Prozent unserer lieben Mitbürger der Aussage zu: »Es genügt mir als politische Teilhabe, dass ich alle paar Jahre wählen kann.« Und 29,8 Prozent sind gar »bereit, zum Teil auf demokratische Mitspracherechte zu verzichten, wenn dadurch der Wohlstand gesichert wird«.[441]

Um viel mehr darf das Stimmvieh allerdings nicht mehr schrumpfen. Schon jetzt macht der Horrorbegriff von der *Legitimationskrise* die Runde. »In wessen Namen redet und mit welchem Recht entscheidet die Politik eigentlich noch für das Volk?«, fragen sich immer mehr Staatsbürger. Kein Wunder, dass besorgte Politiker nach buchstäblich jedem Strohhalm greifen. Da findet man sogar bei der – wegen ihrer noch mangelnden Eingemeindung in das korrupte Politiksystem bei den Etablierten verhassten – Piratenpartei etwas Positives. Sie habe wenigstens eine »gute Wirkung auf Nichtwähler«, lobt SPD-Boss Sigmar Gabriel.[442]

Fehlt nur noch, dass einer ähnlich gegen das NPD-Verbot argumentiert: »Besser Naziwähler als Nichtwähler.«

Steht unserem System also die *Apokalypse,* die *Götterdämmerung* bevor?

Jedenfalls warnt selbst das *Manager Magazin:* »Die Einkommen der Deutschen driften immer schneller auseinander. Trotz Aufschwungs fürchten die Mittelschichten den sozialen Absturz. Der Marktwirtschaft droht eine Legitimationskrise – mit gefährlichen Folgen.«[443]

SCHLUSS:
DIE ZUKUNFT
UNSERER DEMOKRATIE –
EIN AUSLAUFMODELL?

> Die Demokratie ist die schlechteste aller Gesellschafts-
> formen, ausgenommen alle anderen.
>
> *Winston Churchill*

Dass der Raubtierkapitalismus – trotz Finanzkrisen, weltwei-
ter Vergrößerung der Arm-Reich-Schere und jährlich Hun-
derttausender Hungertoter und zunehmender Verelendung
sogar in den reichen Ländern – noch immer konkurrenzlos
erscheint, spricht weniger für diese Gesellschaftsordnung, als
dass es den Entwicklungsstand der Menschheit beschreibt.
Schließlich war ja auch der Leibeigenen-Feudalismus ein
Fortschritt gegenüber der Sklaverei.

Unsere Volksvertreter sind dem *Gemeinwohl* verpflichtet,
aber was bedeutet dieser wohlklingende Begriff? Und wer
entscheidet, was *Gemeinwohl* ist? Die gewählten Politiker?
Klingt plausibel, wird aber angesichts rapide rückläufiger
Wahlbeteiligung immer zweifelhafter.

So regieren bei uns teilweise Figuren, für die nicht einmal
20 Prozent der Wahlberechtigten gestimmt haben. *Legitimationskrise* nennen das die Politologen.

So sieht der Politologe Hans Herbert von Arnim in der Verpflichtung auf das Gemeinwohl den Gegensatz zur »Demo-

kratie im Sinne von Selbst- beziehungsweise Mitentscheidung des Volkes (Partizipation)«.[444] Sie sei »der Versuch, den Interessen und Belangen des Volkes *unabhängig*[445] von seinem Willen Geltung zu verschaffen«.[446] Auf Deutsch: Ein paar inkompetente Dünnbrettbohrer maßen sich an, besser zu wissen, was für das Volk gut ist, als das Volk selbst. Einige dieser »Volksverarscher« wurden ja hier vorgestellt.

Aber gerade angesichts einer »Demokratie« in der Endphase und angesichts der allgemein grassierenden Politikerverdrossenheit sollte man nicht resignieren, sondern – wie immer im Leben – »das Beste daraus machen« und einige »Eckpunkte« und »Prüfsteine« für den Kampf gegen Dilettantismus und für eine menschenwürdige Gesellschaft benennen.

Zuallererst sollte man mit der Chuzpe und dem Leichtsinn, mit denen einige Volksvertreter sogar Milliardenschäden anrichten, wirkungsvoll aufräumen. Wieso müssen Politiker nicht genauso haften wie Normalbürger auch? Auch ein Arzt begeht ja seine »Kunstfehler« nicht absichtlich – das wäre ja noch schöner! –, sondern handelt nach bestem Wissen. Dennoch wird er zur Rechenschaft gezogen und hat daher eine Haftpflichtversicherung. Wieso gilt dies nicht auch für Politiker? Dann blieben die kostspielige Schlamperei und Stümperei wenigstens nicht am Steuerzahler, sondern an der hochgelobten Privatwirtschaft hängen.

Auch das Strafrecht sollte – vor allem bei Untreue in Millionenhöhe – konsequenter angewandt werden. Dass Schwarzfahrer zu Haftstrafen verurteilt werden, während hochkriminelle Wirtschaftskapitäne und Politiker frei herumlaufen, bringt selbst besonnene Zeitgenossen in Rage. Dieser Abschaum gehört für Jahrzehnte ins Gefängnis!

Nur auf dieser Basis wäre der Kampf gegen den Schlendrian – »Ist ja nicht mein Geld« – und die Horden »überforderter« und korrupter Politiker glaubwürdig.

INKOMPETENZ IST KEIN KAVALIERSDELIKT

Fachliche Kompetenz ist das mindeste, was man erwarten kann: Ein Reisebusfahrer muss den Führerschein, ein Chirurg das Examen haben. Damit sind sie noch lange keine guten Fachkräfte, aber ohne Ausbildung *können* sie es nicht sein.

Dass aber die Politik Analphabeten als Lehrer verkauft, indem sie ganze Kohorten von Absolventen fachfremder Ausbildungen und in normalen Berufen vollständig unerfahrene Menschen in höchste Positionen hievt, zeugt von beharrlicher Geringschätzung der Wähler: Nur wer sie für eine durch Unterschichtenmedien verblödete und indoktrinierte Masse hält, wagt es, eine Elektrotechnikerin über Landwirtschaft, einen Müllermeister über Wirtschaftspolitik, einen Englischlehrer über Umweltschutz oder einen Theologen über Verkehrswege sinnieren und sogar mitreden zu lassen. Dass die Politik damit durchkommt, weil ihre Einschätzung des Volkes makabrerweise teilweise zutrifft, passt in die Rubrik: Jedes Volk hat die Regierung, die es verdient.

Andererseits ist nach neoliberaler Logik Fachkompetenz gar nicht nötig: Folgt man dem Marktwirtschaftspapst Milton Friedman, so besteht »kompetente« Politik sowieso im Heraushalten der Politik aus fast allen Bereichen und in ihrer Beschränkung auf »law and order«[447] – also die steinreichen Parasiten vor dem Volk zu schützen.

Zudem ist fachliche Inkompetenz für die Herrschenden äußerst nützlich. Je unfähiger ein Politiker, desto weniger Ärger macht er – stets in Angst, als Niete aufzufliegen und aussortiert zu werden. Besonders in der Epoche der Verwandlung der sozialen in eine moralfreie Marktwirtschaft »glänzen« viele von ihnen als neoliberale Marktschreier und dienen so als nützliche Idioten. Nur zu gern würde man diese großspurigen Lakaien bei einem Quiz erleben: Könnten sie wenigstens die 10-Euro-Frage nach dem Unterschied zwischen Konjunktur und Konjunktiv beantworten?

Die beängstigende Vermehrung der Stümper in der Spitzenpolitik erfordert also neben der Haftung eine weitere sofortige Maßnahme: Um wenigstens die größten Dilettanten und Scharlatane von wichtigen Posten fernzuhalten, dürfte ohne Mindestqualifikation oder Eignungsprüfung vor einem unabhängigen und gesellschaftlich anerkannten Gremium niemand mehr Fachverantwortung erhalten. Wieso nimmt man sich nicht ein Beispiel an der EU, wo die künftigen Kommissare den Abgeordneten des Europaparlaments Rede und Antwort über ihre Eignung stehen müssen?

Dies aber betrifft nur die reine Fachkompetenz. Würde man sich mit begnadeten Fachidioten zufriedengeben und nicht auch die moralische Kompetenz prüfen, so fiele man ja gerade auf das neoliberale Geschwätz vom »wertfreien Sachzwang« herein. Und ohne falsche und zynische Vergleiche herzustellen: Auch Hitlers Führungsriege war ja durchsetzt von echten »Experten«, von Goebbels bis Himmler.

DIE UNTERSCHIEDLICHEN GRUNDWERTE VON WIRTSCHAFT UND VOLK

Die Neoliberalen sehen die Welt und ihre Staaten und Regionen ausschließlich als *Standorte*. Dies aber bedeutet: Wo kann man das höchste leistungslose Einkommen erzielen? Deutschland oder Dänemark, Argentinien oder Zypern werden nur nach den Kapitalinteressen beurteilt: Kündigungsschutz oder Staatsverschuldung, Lohnnebenkosten oder Einkommensteuer.

> Politik ist nur der Spielraum, den die Wirtschaft ihr lässt.
>
> *Dieter Hildebrandt*

Für normale Menschen zählt beim Urteil über ihre Heimat und andere Länder dagegen die »Lebensqualität«: französischer Charme und türkische Gastfreundschaft, italienische Großfamilie und mexikanische Herzlichkeit, südafrikanische Feierfreude und britische Höflichkeit, norwegische Gelassenheit und deutsche Gemütlichkeit. Und bei der Wahl des Wohnortes achten sie auch darauf, wie man dort mit den Kindern und Alten, den Schülern und Studenten, den Kranken und Arbeitenden, den Arbeitslosen und sozial Schwächeren umgeht; es geht um grüne Innenstädte und Smog, um Tante-Emma-Läden und Spielplätze, um hektischen Lärm oder himmlische Ruhe, um verstopfte Straßen und Ausflugsziele.

Mit einem Wort: Es geht den meisten Bürgern letztlich nicht um Euro und Cent, sondern um *Gebrauchswert* und

Qualität. Sie arbeiten und verdienen Geld, um davon zu leben, nicht umgekehrt. Der Neoliberale aber pervertiert dies: Er investiert nur in das, produziert und verkauft nur, was den meisten Profit bringt. Ihm ist es völlig egal, ob ein Unternehmen Tretautos oder Tretminen, Biokost oder Biowaffen produziert.

Dass Lebensqualität erarbeitet und bezahlt sein will, versteht sich am Rande, aber zum einen sind national und global genug Ressourcen und Reichtümer vorhanden, und der Stand der Produktivität ermöglicht es, dass es auch künftig so sein wird. Zum anderen sind unsere Regierenden durch die Verfassung nicht nur nicht daran gehindert, sondern sogar dazu verpflichtet, den gesellschaftlichen Reichtum gerecht zu verteilen. Selbst die Marktwirtschaftsfans sagen ja, Leistung müsse sich lohnen.

Aus alledem folgt: »Kompetenz« darf nicht länger als die »wertfreie« Fähigkeit dargestellt werden, irgendwelche angeblich »alternativlosen Sachzwänge« kritiklos und willfährig zu erfüllen. Es ist eben nicht egal, ob ein begnadeter Chemiker einen Grippe-Impfstoff oder Giftgas entwickelt und ob ein brillanter Mechaniker einen Krankenwagen oder einen Kampfbomber flottmacht.

Nun mag es Situationen geben wie die im Nachkriegsdeutschland, als Bundeskanzler Konrad Adenauer große Teile der Nazi-Beamtenschaft als »unersetzliche Fachleute« in den bundesdeutschen öffentlichen Dienst übernahm. Aber die rheinische Frohnatur gab dies wenigstens offen zu: »Wer kein sauberes Wasser hat, sollte schmutziges Wasser nicht wegschütten.«[448] Daraus folgt aber – auch wenn es später ganz und gar nicht so geschah –, dass man schmutziges Wasser möglichst schnell durch sauberes ersetzt und entsorgt.

HUMANISMUS ALS WICHTIGSTE KOMPETENZ

Man kann die Qualifikation, die ein Politiker noch vor der Fachkompetenz mitbringen muss, auch *soziale* Kompetenz nennen: also den Willen und die Fähigkeit, das im Grundgesetz versprochene »Streben nach Glück« nicht auf die Freiheit zum Kauf eines Lotterieloses zu reduzieren.

In diesem Zusammenhang sei an den »Sozialismus im Grundgesetz« in Gestalt des Artikels 15 erinnert: »Grund und Boden, Naturschätze und Produktionsmittel können zum Zwecke der Vergesellschaftung … in Gemeineigentum oder in andere Formen der Gemeinwirtschaft überführt werden.« Dieser sei »kein Überbleibsel aus der DDR: Im Grundgesetz befasst sich ein Artikel mit Vergesellschaftung – und verdeutlicht das wirtschaftliche Spektrum, das in Deutschland möglich wäre.« Allerdings stehe dieser Artikel »immer noch genauso da, wie er 1949 hineingeschrieben wurde. Er ist so unbenutzt, dass man ihn eigentlich ins Ausland verkaufen könnte.« Und: »Man mag den Eindruck haben, dies sei schon geschehen, denn der in Deutschland unbenutzte Artikel trägt die Überschrift ›Vergesellschaftung‹. Und genau das haben die USA, Großbritannien und Island mit einer ganzen Reihe von Banken in ihren Ländern gemacht.«[449]

Witzigerweise praktizieren übrigens gerade die pathologisch neoliberalen Regierungen die verhasste keynesianische Politik der Staatsausgaben als Ausgleich für die fehlende private Nachfrage. Wenngleich dies nichts mit Sozialismus zu tun hat, so hat Keynes jedoch gegenüber den neoliberalen Päpsten einen »moralischen« Vorteil: Friedrich August von Hayek zum Beispiel, von dessen »bestechender Logik und überzeugenden Argumenten« unsere Kanzlerin hellauf begeistert ist, prahlte damit, er könne nicht sozial denken, denn er wisse gar nicht, was das sei. In den Augen Angela Merkels arbeitet dieser Mann »mit heraus, dass es dabei vor allem um die Gewährleistung individueller Freiheit als Voraussetzung für Fortschritt und Prosperität einer Gesellschaft geht«.[450]

»Das ganze Programm einer hemmungslosen Unterwerfung der Lebenswelt unter Imperative des Marktes muss auf den Prüfstand!«, fordert der Philosoph Jürgen Habermas: »Blamiert hat sich die Agenda, die Anlegerinteressen eine rücksichtslose Dominanz einräumt, die ungerührt wachsende soziale Ungleichheit, das Entstehen eines Prekariats, Kinderarmut, Niedriglöhne und so weiter in Kauf nimmt, die mit ihrem Privatisierungswahn Kernfunktionen des Staates aushöhlt, die die deliberativen Reste der politischen Öffentlichkeit an renditesteigernde Finanzinvestoren verscherbelt, Kultur und Bildung von den Interessen und Launen konjunkturempfindlicher Sponsoren abhängig macht.«[451]

Letztlich läuft auch bei der Politikerkompetenz alles auf die nur scheinbar abgedroschene Frage nach dem Sinn des Lebens hinaus. »Die Volksparteien haben ihren spezifischen Ethos verloren«, klagt Franz Walter. »Ihnen fehlen kreative Programmatiker, die neu über die Sinnfrage und Zielperspektive des politischen Tuns nachdenken.«[452]

Den Zusammenhang zwischen Neoliberalismus und einer der größten Wirtschaftskrisen aller Zeiten zu verschleiern oder aufzudecken – auch das unterscheidet einen verlogenen dilettantischen von einem integren kompetenten Politiker.

»Nach ihrer Façon selig werden« können die Menschen nämlich nur, wenn der Staat diese Freiheit des Einzelnen gegen den Missbrauch dieser Freiheit durch Wirtschaftsgangster verteidigt – und den Bürgern zumindest ein Minimum an materiellen Voraussetzungen für ihr Streben nach Glück ermöglicht.

So hat der Staat zum Beispiel für Bildung nicht deshalb zu sorgen, damit das »Humankapital« noch profitabler verwertbar wird und für den Ellbogenbürger Chancengleichheit beim skrupellosen Kampf um das Maximaleinkommen besteht, sondern weil Bildung ein Menschenrecht und der Einzelne eben mehr ist als seine Brauchbarkeit für die Marktwirtschaft und die Summe seiner Vermögenswerte.

Dass all dies aber keine nationale, sondern eine weltweite Frage ist, ergibt sich aus dem humanistischen Menschenbild. Die zusehende Verarmung der Mehrheit der Menschheit zugunsten des Reichtums einiger weniger und des Wohlstands einiger Teile der Industrienationen ist keineswegs ein »alternativloser Sachzwang der Globalisierung«. Vielmehr muss die Globalisierung der ungehemmten Märkte durch eine Globalisierung des Humanismus aufgehoben werden.

Nun wäre nichts verfehlter und dümmer, als die politische Klasse pauschal über einen Kamm zu scheren. Unzählige Volksvertreter – sogar im Bundestag – reißen sich tagtäglich den Allerwertesten auf, um nach bestem Wissen und Gewissen die Interessen des Volkes zu vertreten und den Artikel 1 des Grundgesetzes über die Menschenwürde von der Utopie zur Wirklichkeit zu machen. Die Frage ist nur, ob sie – ehrlichen Herzens zwar – nicht gegen Windmühlen kämpfen wie dereinst Don Quijote.

Dass die parlamentarische Demokratie ein Auslaufmodell ist, bedeutet aber noch lange nicht, dass der Kampf für eine humane Gesellschaft aussichtslos wäre, im Gegenteil: Schließ-

lich muss und wird ja etwas danach kommen. Was das sein wird, weiß kein Mensch. Wenn nicht in der Entwicklung der Menschheit – deren Entwicklung auch die klügsten Köpfe noch nie vorhersagen konnten –, wo dann galt und gilt der Satz: *Erstens kommt es anders, und zweitens, als man denkt?*
Im schlimmsten Fall droht ein Déjà-vu der Zeit von 1933 bis 1945. Dass dies nicht geschieht, haben sich einige aufrechte Politiker und der übergroße Teil unserer Mitbürger auf die Fahnen geschrieben. Und da gilt eine zweite Volksweisheit, und zwar beileibe nicht nur für das Häuflein aufrechter Politiker: »Es gibt nichts Gutes, außer man tut es.«
Oder um es mit einem über 2000 Jahre alten Satz des Römers Cicero zu sagen: *Salus populi suprema lex esto* – Das Heil des Volkes sei das höchste Gesetz.

Dies sollte das wichtigste Kriterium auch bei Bundestagswahlen sein.

DANK

Mein herzliches Dankeschön für die ebenso befruchtende wie erbauliche Mitarbeit durch Diskussionen, Hinweise und Ratschläge gilt besonders Klaus Peter Kisker, Helge Meves, Gisela Müller-Plath, Wolf-Dieter Narr, Ernst Röhl, Annie Roth, Peter Saalmüller, Uwe Schummer sowie den Organisationen Transparency International und LobbyControl, den im Bundestag vertretenen Parteien, vor allem aber Karin. Ebenso gilt mein Dank den zahllosen kleinen und großen »sachdienlichen Hinweisen aus der Bevölkerung«, ohne die dieses Buch nicht dieses Buch geworden wäre. Auch künftig bin ich für Kritik und Anregungen sehr dankbar. Ernst genommen und beantwortet werden sie in jedem Fall.

Adresse: wieczo72@t-online.de

LITERATUR

Alemann, Ulrich von: *Das Parteiensystem der Bundesrepublik Deutschland.* Leske + Budrich, Opladen 2001

Arnim, Hans Herbert von: *Das System.* Droemer, München 2001

Arnim, Hans Herbert von: *Politik Macht Geld.* Knaur, München 2001

Böckenförde, Ernst-Wolfgang: *Staat, Gesellschaft, Freiheit.* Suhrkamp, Frankfurt am Main 1976

Butterwegge, Christoph, u. a.: *Kritik des Neoliberalismus.* VS Verlag für Sozialwissenschaften, Wiesbaden 2007

Downs, Anthony: *Ökonomische Theorie der Demokratie.* J. C. B. Mohr (Paul Siebeck), Tübingen 1968

Geiling, Heiko (Hrsg.): *Die Krise der SPD – Autoritäre oder partizipatorische Demokratie.* Lit, Münster 2009

Geißler, Heiner: *Was würde Jesus heute sagen? Die politische Botschaft des Evangeliums.* Rowohlt, Reinbek 2003

Hayek, Friedrich August von: *Die Verfassung der Freiheit.* J. C. B. Mohr (Paul Siebeck), Tübingen 1991

Hayek, Friedrich August von: *Grundsätze einer liberalen Gesellschaftsordnung.* Aufsätze zur politischen Philosophie und Theorie. Bd. 5. J.C. B. Mohr (Paul Siebeck), Tübingen 2002

Ismayr, Wolfgang: *Der Deutsche Bundestag.* Leske + Budrich, Opladen 2000

Kempf, Udo / Merz, Hans Georg (Hrsg.): *Kanzler und Minister 1998–2005.* VS Verlag für Sozialwissenschaften, Wiesbaden 2008

Keynes, John Maynard: *Essays in Persuasion.* Macmillan, London 1933

Klumpp, Dieter u. a. (Hrsg.): *next generation information society? Notwendigkeit einer Neuorientierung.* Thalheimer Verlag, Mössingen-Thalheim 2003

Marx, Karl: *Das Kapital.* Erster Band, in: Karl Marx / Friedrich Engels: *Werke.* Band 23. Dietz Verlag, Berlin / DDR 1969

Montesquieu: *Vom Geist der Gesetze.* Reclam, Stuttgart 2003

Müller, Dirk: *Crashkurs.* Droemer, München 2009

Müller-Vogg, Hugo: *Beim Wort genommen. Roland Koch im Gespräch mit Hugo Müller-Vogg.* Societäts-Verlag, Frankfurt am Main 2002

Rickens, Christian: *Die neuen Spießer.* Ullstein, Berlin 2007

Sarcinelli, Ulrich: *Politikvermittlung und Demokratie.* Leske + Budrich, Opladen 1998

Steffani, Winfried: *Gewaltenteilung und Parteien im Wandel.* Westdeutscher Verlag, Opladen 1997

Steinbrück, Peer: *Unterm Strich.* Hoffmann und Campe, Hamburg 2010

Steinbrück, Peer / Schmidt, Helmut: *Zug um Zug.* Hoffmann und Campe, Hamburg 2011

Sturm, Daniel Friedrich: *Peer Steinbrück. Biografie.* Mit Karikaturen von Heiko Sakurai. Deutscher Taschenbuch Verlag, München 2012

Vester, Michael / Teiwes-Kügler, Christel / Lange-Vester, Andrea: *Die neuen Arbeitnehmer. Zunehmende Kompetenzen – wachsende Unsicherheit.* Vorwort von Berthold Huber. VSA, Hamburg 2007

Vorländer, Hans (Hrsg.): *Die Deutungsmacht der Verfassungsgerichtsbarkeit.* VS Verlag für Sozialwissenschaften, Wiesbaden 2006

Walter, Franz: *Die ziellose Republik. Gezeitenwechsel in Gesellschaft und Politik.* Kiepenheuer & Witsch, Köln 2006

Walter, Franz: *Träume von Jamaika. Wie Politik funktioniert und was die Gesellschaft verändert.* Kiepenheuer & Witsch, Köln 2006

Wieczorek, Thomas: *Das Koch-Buch.* Knaur, München 2005

Wieczorek, Thomas: *Die Dilettanten.* Knaur, München 2009

Wieczorek, Thomas: *Die geplünderte Republik.* Knaur, München 2010

Wieczorek, Thomas: *Die Profitgeier.* Knaur, München 2008

Wieczorek, Thomas: *Die verblödete Republik.* Knaur, München 2009

Wieczorek, Thomas: *Schwarzbuch Beamte.* Knaur, München 2010

ANMERKUNGEN

Einleitung: Eigennutz als Grundprinzip der Politik

1 Das Originalzitat lautet:»The world is governed by very different personages from what is imagined by those who are not behind the scenes.«

2 Sead Husic:»Der unaufhaltsame Aufstieg des Roland K.«, in: *Freitag,* Online-Ausgabe, Nr. 5, 24. Januar 2003

3 »Politiker sind so unbeliebt wie nie zuvor«, in: *WAZ,* 17. Juni 2011

4 Statistisches Bundesamt:»Bevölkerung in Deutschland nach Altersgruppen zum 31. Dezember 2010 (in Millionen)«

5 »Helmut Schmidt«, in: Wikipedia

6 Heribert Prantl:»Das letzte Gefecht der Volksparteien«, in: *sueddeutsche.de,* 28. Juni 2008

7 Franz Walter:»Wenn Volksparteien zur Allerweltspartei werden«, in: *Spiegel Online,* 4. Oktober 2008

8 Heribert Prantl:»Das letzte Gefecht«, a. a. O.

9 Franz Walter:»Wenn Volksparteien zur Allerweltspartei werden«, a. a. O.

10 Heribert Prantl:»Das letzte Gefecht«, a. a. O

11 Robert Misik:»Der überforderte Kapitalismus«, in: *taz.de,* 12. Februar 2009

12 Helmut Schmidt:»Wie entkommen wir der Depressionsfalle?«, in: *Die Zeit,* Nr. 4, 15. Januar 2009, S. 19

13 »Was der Rettungsschirm kann und was er kostet«, in: *sueddeutsche.de,* 11. September 2012

14 »Fidelity Marktkommentar: ESM-Urteil fördert Wachstum in Deutschland«, in: *finanzen.net,* 13. September 2012

15 Heribert Prantl:»Euro-Rettung ohne Solidarität mit den Armen«, in: *sueddeutsche.de,* 24. Dezember 2012

16 »Schäubles Plan stößt auf Widerstand«, in: *Spiegel Online,* 16. Oktober 2012

17 »Rechnungshof sieht Sparpotential von 25 Milliarden Euro«, in: *Spiegel Online,* 9. Februar 2013

18 Wirklich ohne jede Leistung? Haben nicht gerade diese »Eliten« angeblich einen 28-Stunden-Tag? Andererseits: Auch Roulette-Marathons in Monte Carlo, Auswendiglernen des Bochumer Telefonbuchs, Schampus-Komasaufen, das Verschachteln betrügerischer Scheinfirmensysteme oder der Aufbau einer korrupten

Beziehung zwischen Minister und Manager brauchen Zeit und Energie, ebenso wie ein Kunstraub im Louvre, die Produktion von Falschgeld oder die tägliche Hatz zwischen Wellnesspalast, Golfplatz, Swimmingpool und Edelbordell. Selbst das Fälschen einer Doktorarbeit oder eine Flugzeugentführung machen sich ja nicht von allein ...

Die glorreichen Sieben:
Pest, Cholera oder diesmal Malaria?

19 Anthony Downs: *Ökonomische Theorie der Demokratie.* J.C.B Mohr (Paul Siebeck), Tübingen 1968, S. 290. Als Vorteile nennt Downs »Einkünfte, Prestige und Macht« (S. 34).

20 Ebd., S. 50

21 Heribert Prantl: »Das letzte Gefecht der Volksparteien«, in: *sueddeutsche.de* 28. Juni 2008

22 Franz Walter: »Im Herbst der Volksparteien«, in: *Spiegel Online,* 21. Januar 2009

23 »Das große Großstadt-Problem der CDU«, in: *stern.de,* 29. November 2012

24 »Das Problem der CDU heißt Großstadt«, in: *Tagesspiegel Online,* 4. Dezember 2012

25 »Abgeordnete fordern Modernisierung der CDU«, in: *sueddeutsche.de,* 13. November 2012

26 Franz Walter: »Warum der Union die Wähler weglaufen«, in: *Spiegel Online,* 22. Oktober 2008

27 Heribert Prantl: »Merkels Melissengeist«, in: *sueddeutsche.de,* 1. Dezember 2008

28 »Koalition streitet über eigenen NPD-Verbotsantrag«, in: *Focus Online,* 26. Februar 2013

29 »Warum die CSU die Homo-Ehe nicht will«, in: *Bild.de,* 27. Februar 2013

30 »Mollath hofft auf die Freiheit«, in: *Spiegel Online,* 5. Februar 2013

31 „Seehofers Amigo-Truppe wird zur Gefahr für Merkel", in: Spiegel Online, vom 5. Mai 2013. URL: http://www.spiegel.de/politik/deutschland/die-verwandtenaffaere-der-csu-belastet-den-wahlkampf-von-angela-merkel-a-898175.html

32 »Edmund Stoibers unsterbliche Transrapid-Rede«, in: *Welt Online,* 27. März 2008

33 »Oberbayern: Jugendliche terrorisieren 900-Seelen-Dorf«, in: *sueddeutsche.de,* 28. Februar 2013

34 Franz Walter: »Kandidat der Verunsicherten«, in: *sueddeutsche.de,* 2. Oktober 2012

35 Ebd.

36 »Grillo nennt Steinbrück-Äußerung schwachköpfig«, in: *Spiegel Online,* 28. Februar 2012

37 Evelyn Roll: »Ich und er. Oskar Lafontaine und Gerhard Schröder: Höchste Zeit,

dass sich die zwei Kontrahenten aussprechen. Doch zum Treffen kam nur einer«, in: *Süddeutsche Zeitung Magazin,* Heft 49/2012

38 Martin Mertens: »SPD: Wählerschaft und Mitglieder«, in: *bpb.de,* 22. Februar 2010

39 Reinhard Blomert: »Applaus auf dem Zauberberg«, in: *Berliner Zeitung,* 2. April 2005, Magazin, S. M01

40 Franz Walter: »Neigt sich die Ära der Volksparteien ihrem Ende zu?«, in: *Martfelder Schlossgespräche,* Nr. 12, S. 24

41 »Der SPD-Genosse denkt, was Lafontaine sagt«, in: *Welt Online,* 4. Juli 2007

42 Franz Walter: »Linkspartei in ergrauender Gesellschaft«, in: *rls standpunkte,* 18/2005, S. 4

43 Franz Walter: »So kommen die Sozialdemokraten endlich aus der Krise«, in: *Spiegel Online,* 17. Juni 2008

44 »Rösler buhlt um CDU-Wähler«, in: *sueddeutsche.de,* 12. Januar 2012

45 »Die Billionen-Bombe«, in: *Der Spiegel,* Nr. 39, 25. September 2006, S. 92

46 Franz Walter: »Hindernis Westerwelle«, in: *taz.de,* 4. Januar 2008

47 Ebd.

48 »Schaut her, wie schön«, in: *Spiegel Online,* 23. November 2009

49 »Die Zarte und der Harte«, in: *sueddeutsche.de,* 16. November 2012

50 »Brüderle fordert Baustopp für Solaranlagen«, in: *sueddeutsche.de,* 29. Oktober 2012

51 »So bürgerlich waren die Grünen nie«, in: *sueddeutsche.de,* 16. November 2012

52 Anthony Downs, a. a. O., S. 289

53 Franz Walter: »Wie sich die Grünen neu erfunden haben«, in: *Spiegel Online,* 13. November 2008

54 Ebd.

55 »Grüne fordern Werbeverbot für Süßigkeiten«, in: *RP Online,* 11. Januar 2011

56 Ebd.

57 Franz Walter: »Jauch statt Bütikofer«, in: *Spiegel Online,* 25. November 2007

58 Insgesamt lief die Koalition bis 2011.

59 »Herzog wettert gegen dilettantische Politiker«, in: *Spiegel Online,* 15. April 2008

60 »Pirat zahlt 22 000 Euro Zulagen zurück«, in: *Spiegel Online,* 17. Januar 2013

61 »Zwei Welten treffen aufeinander«, in: Deutschlandfunk, *DLF-Magazin,* 10. Dezember 2012

Die Partei als Anfang und Ende von allem

62 … die allerdings für die Zeit des Bundestagswahlkampfes ihr Amt ruhenlässt.

63 Winfried Steffani: *Gewaltenteilung und Parteien im Wandel.* Westdeutscher Verlag, Opladen 1997, S. 167

64 Ulrich von Alemann: *Das Parteiensystem der Bundesrepublik Deutschland.* Leske + Budrich, Opladen 2001, S. 143

65 Anthony Downs, a. a. O., S. 289

66 Michael J. Inacker: »Kumpanei statt Kompetenz«, in: *welt.de,* 7. April 2000

Unbelastet von jeder Kompetenz: Unsere Politmacher

67 Konrad Paul Liessmann, *Theorie der Unbildung,* Zsolnay, Wien 2006, S. 53

68 siehe Internetseite der Gert Postel Gesellschaft im Werner-Fuß-Zentrum, www. gert-postel.de

69 »Bei welcher Partei vermuten Sie am ehesten Wirtschaftskompetenz?«, in: *statista.com,* 2013

70 Hans Herbert von Arnim: *Das System.* Droemer, München 2001, S. 41

71 Ulrich von Alemann, a. a. O., S. 121–124.

72 »Kanzler Schröder boykottiert ›Bild‹«, in: *netzeitung.de,* 3. März 2004

73 Konrad Adam: »Politische Kompetenz? Aber für was eigentlich?«, in: *Die Welt,* 3. Juli 2002, S. 3

74 »Steinbrück setzt auf Imageberater« in: *netzeitung.de,* 19. Februar 2006

75 »Bundesregierung gibt mehr Geld für PR aus«, in: *w&v,* 1. Juni 2011

76 Jens Tenscher: »Politik für das Fernsehen – Politik im Fernsehen. Theorien, Trends und Perspektiven«, in: Ulrich Sarcinelli: *Politikvermittlung. und Demokratie.* Westdeutscher Verlag, Opladen 1998, S. 184 ff.

77 Jens Jessen: »Symbolische Politik«, in: *Aus Politik und Zeitgeschichte,* Nr. 20, 15. Mai 2006

78 Der letzte Satz ist freigestellt.

79 Harry G. Frankfurt: *Bullshit.* Suhrkamp, Frankfurt / M. 2006, S. 63

80 Gunter Hofmann / Werner A. Perger: *Richard von Weizsäcker im Gespräch.* Eichborn, Frankfurt / M. 1992, S. 150

81 »Diese ganze Generation ist eine Fehlbesetzung.« Interview mit Wilhelm Hennis, in: *stern.de,* 28. Januar 2004. Hennis (geboren 1923) war Assistent bei der SPD-Ikone Carlo Schmid und später Professor für Politikwissenschaft in Hamburg.

82 »Grundberufe nach Berufsklassen«, in: *bundestag.de*

83 Wolfgang Ismayr (siehe »Literatur«), S. 84

84 Florian Diekmann / Michael Kröger / Anna Reimann: »Wie die Politik die Bürger täuscht«, in: *Spiegel Online,* 9. Januar 2013

85 Ebd.

86 Ebd.

87 Ebd.

88 »Staat verschwendet 25 Milliarden jährlich«, in: *sueddeutsche.de,* 9. Februar 2013

89 »Erzbischof Marx prangert Spekulanten-Exzesse an«, in: *Welt Online,* 30. Oktober 2008

Bundesrechnungshof: *Bemerkungen,* 2007

90 »Bundeswehr verschwendet Millionen«, in: *Spiegel Online,* 13. Dezember 2012

91 www.welt.de/finanzen/article2851128/Wo-der-Bund-am-meisten-Geld-ver-brennt.html

92 Bundesrechnungshof: *Bemerkungen,* 2008

93 Bund der Steuerzahler: *Die öffentliche Verschwendung. 36. Schwarzbuch des Bundes der Steuerzahler.* Berlin 2008, S. 29

94 Thomas Straubhaar: »Die Teilprivatisierung des Staates ist zu halbherzig«, in: *Welt Online,* 13. Januar 2008

95 Mathias Döpfner: »So werden mit Steuergeld Arbeitsplätze vernichtet«, in: *Welt Online,* 10. Januar 2009

96 Diese und die folgenden Angaben: Bund der Steuerzahler, a. a. O.

97 »Rechnungsprüfer kritisieren Leichtfertigkeit der Ministerien«, in: *Spiegel Online,* 31. März 2011

98 Stefan Berg/Michael Fröhlingsdorf/Felix Kurz/Gunther Latsch/Cordula Meyer/Harald Schumann: »Im Reich der Träume«, in: *Der Spiegel,* Nr. 6, 2. Februar 2004, S. 60

99 »Diese ganze Generation ist eine Fehlbesetzung.« Interview mit Wilhelm Hennis, in: *stern.de,* 28. Januar 2004

100 Reinhard Blomert: »Applaus auf dem Zauberberg«, in: *Berliner Zeitung,* 2. April 2005, Magazin, S. M01

101 Franz Walter: »Neigt sich die Ära der Volksparteien ihrem Ende zu?«, in: *Martfelder Schlossgespräche,* Nr. 12, S. 24

Und so was regiert uns

102 Heribert Prantl: »Die heilige Inquisition der SPD«, in: *sueddeutsche.de,* 2. August 2008

103 Alexander Osang: »Das eiserne Mädchen – Teil 2«, in: *Spiegel Online,* 5. Juli 2001

104 »Merkel gegen Freigabe von Foto«, in: *Spiegel Online,* 30. September 2005

105 »Merkel als Hausbesetzerin: ›Ich bin einfach rein‹«, in: *sueddeutsche.de,* 27. Februar 2008

106 Zitiert nach: Ludwig Niethammer: »Wer ist Angela Merkel?« in: Internetzeitung *World Socialist Web Site (www.wsws.org.),* 20. April 2000

107 »Ich wollte Eiskunstläuferin werden«, in: *stern.de,* 13. Mai 2004

108 Christoph Schwennicke: »Merkels Patzer lassen Unions-Strategen zittern«, in: *Spiegel Online,* 16. Dezember 2007

109 Holger Schmale: »Herrgottsakra!«, in: *Berlin Online,* 29. September 2008

110 Heribert Prantl: »Merkels Melissengeist«, in: *sueddeutsche.de,* 1. Dezember 2008

111 Franz Walter: »Kandidat der Verunsicherten«, in: *sueddeutsche.de,* 2. Oktober 2012

112 »Wähler strafen Brüderle nach Dirndl-Spruch ab«, in: *Focus Online,* 1. Februar 2013

113 »Merkel bleibt mächtigste Frau der Welt«, in: *Zeit Online,* 22. August 2012

114 »›Tochter Hitlers – raus du Schlampe‹«, in: *taz.de,* 9. Oktober 2012

115 Heribert Prantl: »Merkels Melissengeist«, in: *sueddeutsche.de,* 1. Dezember 2008

116 Christoph Schwennicke: »Die Frau an ihrer Seite«, in: *sueddeutsche.de,* 10. Juni 2007

117 Ebd.

118 Andreas Austilat: »Die Frau hinter … Angela Merkel«, in: *tagesspiegel.de,* 22. Dezember 2002

119 »Ich, Merkel«, in: *Der Spiegel,* Nr. 26, 22. Juni 2009, S. 34–36

120 Ralf Neukirch: »Merkels Milieu«, in: *Der Spiegel,* Nr. 2, 2. Januar 2008, S. 43

121 Dörthe Hein/Ulrich Scharlack (dpa): »Volker Kauder im Porträt«, in: *heute.de,* 22. Dezember/2004

122 »Oettinger spielte Kauder«, in: *sueddeutsche.de,* vom 22. April 2007

123 »Planet der Waffen«, in: *Die Zeit,* Nr. 19, 3. Mai 2007, S. 17

124 »Volker Kauder hält Altersarmut für eine Mär«, in: *Welt Online,* 2. Mai 2008

125 »Jugendliche und Alkohol: Junge Menschen haben einen Anspruch auf Erziehung«, in: Internetseite der CDU/CSU-Bundestagsfraktion, 8. Oktober 2008

126 »Kauder will arbeitslose Akademiker zur Feldarbeit einsetzen«, in: *Spiegel Online,* 30. Mai 2006

127 »Kinder wollen keine homosexuellen Eltern«, in: *Frankfurter Rundschau online,* 19. Dezember 2010

128 »Die religiöse Zumutung«, in: *taz.de,* 21. Dezember 2010

129 Ebd.

130 Mariam Lau: »Evangelikale als eine Macht in der deutschen Politik«, in: *Welt Online,* 11. August 2009

131 »Kauders Bierbeichte«, in: *Berliner Kurier online,* 16. September 2010

132 *Mittrinken gilt als normal,* NDR-Dokumentation vom 15. August 2011

133 »Krücke zum Leben«, in: *Der Spiegel,* Nr. 36, 31. August 1970, S. 100

134 »Volker Kauder«, in: Wikipedia

135 »Planet der Waffen«, in: *Die Zeit,* Nr. 19, 3. Mai 2007, S. 17, 18 und 20

136 Markus Dettmer/Ralf Neukirch/René Pfister/Barbara Schmid/Christoph Schult/Gabor Steingart: »General wider Willen«, in: *Der Spiegel,* Nr. 53, 2004, S. 24 Außerdem: »Volker Kauder«, in: Wikipedia

137 Andreas Müller: »Justiz prüft Parteispende von Waffenfirma«, in: *Stuttgarter Zeitung,* 11. November 2011, S. 6

138 »Fraktionsfotzen«, in: *freitag.de,* 1. September 2012

139 »SPD schöpft neuen Mut für Rot-Grün«, in: *stern.de,* 27. Januar 2013

140 »Mehr Frührentner: Gabriel wirft Regierung Missachtung alter Menschen vor«, in: *Spiegel Online,* 31. Januar 2013

141 »SPD-Chef: Gabriel will Betreuungsgeld verhindern«, in: *Spiegel Online*, 22. Januar 2013

142 »Die verdrängten Sünden der Heuschrecken-Bändiger«, in: *Spiegel Online*, 4. März 2009

143 »Die Billionen-Bombe«, in: *Der Spiegel*, Nr. 39, 25. September 2006, S. 92

144 »Der Staat kapituliert vor den Banken«, in: *telepolis*, 19. August 2009

145 »Peer Steinbrück stellt alle Ämter zur Verfügung«, in: *Welt Online*, 29. September 2012

146 »Steinbrück warnt SPD vor Linkskurs«, in: *ftd.de*, 26. September 2010

147 »Ökonomen-Ohrfeige für Steinbrück«, in: *Manager Magazin Online*, 14. April 2009

148 »Transparency International tadelt Steinbrück«, in: *Zeit Online*, 5. Oktober 2012

149 »Politiker aller Parteien attackieren Steinbrück«, in: *tagesschau.de*, 4. Oktober 2012

150 »Schwarz-Gelb schießt sich auf Steinbrück ein«, in: *stern.de*, 4. Oktober 2012

151 »Steinbrück erhielt 14 000 Euro von Borussia Dortmund«, in: *Focus Online*, 6. November 2011

152 »Steinbrück findet Kanzler-Gehalt zu niedrig«, in: *Zeit Online*, 29. Dezember 2012

153 »›Wenn Sozialdemokraten regieren, geht es dem Land besser‹«, in: *Spiegel Online*, 9. Dezember 2012

154 Franz Walter: »Kandidat der Verunsicherten«, in: *sueddeutsche.de*, 2. Oktober 2012

155 »Die Billionen-Bombe«, in: *Der Spiegel*, Nr. 39, 25. September 2006, S. 92

156 »Teure Fahrt für freie Bürger«, in: *sueddeutsche.de*, 16. Oktober 2005

157 »Steinbrück pflegte Nähe zu Bankenlobbyisten«, in: *Spiegel Online*, 6. Oktober 2012

158 »SPD-Politiker fordert Aufklärung von Steinbrück«, in: *sueddeutsche.de*, 3. Oktober 2012

159 Ebd.

160 »Steinbrück stellt Einkünfte aus Vorträgen ins Internet«, in: *sueddeutsche.de*, 30. Oktober 2012

161 Susanne Höll: »Sozi mit Vermögen«, in: *sueddeutsche.de*, 30. Oktober 2012

162 »Empörung über Sarrazins Pulli-Provokation«, in: *Spiegel Online*, 29. August 2008

163 »Steinbrück im Verschiss«, in: *sueddeutsche.de*, 12. Januar 2013

164 »Wie geht es uns, Herr Küppersbusch«, in: *taz.de*, 8. September 2008

165 Hans Peter Schütz: »Der Kanzler-Flüsterer«, in: *stern.de*, 8. Juli 2004

166 »Berlin steuerte Kampagne gegen Kurnaz' Rückkehr«, in: *Spiegel Online*, 8. März 2007

167 http://daserste.ndr.de/panorama/aktuell/steinmeier114.html

168 Heribert Prantl: »Steinmeiers Schuld«, in: *sueddeutsche.de*, 24. Januar 2007

169 Stephan-Andreas Casdorff: »Wo es hinfegt«, in: *tagesspiegel.de*, 21. September 2008

170 »›Europa braucht einen Finanzminister‹«, in: *RP Online*, 15. Juli 2011

171 Wladimir Iljitsch Lenin: »Staat und Revolution«, in: Wladimir Iljitsch Lenin: *Werke*, Band 25, Berlin/DDR 1972, S. 393–507

172 »›Wir haben dieses Land aufgeklärter gemacht‹ – Vor 25 Jahren startete die Kampagne ›Gib Aids keine Chance‹ – zu einer Zeit, da Politiker Infizierte einfach nur wegsperren wollten«, in: *Süddeutsche Zeitung*, Nr. 167, 21./22. Juli 2012, S. 11

173 »Wirtschaftsminister Brüderle torpediert Mindestlohn«, in: *Spiegel Online*, 8. Mai 2010

174 »Brüderle will Griechenland Schulden erlassen«, in: *Welt Online*, 10. Oktober 2012

175 Rainer Brüderle: »Ich bin stolz, ein Neoliberaler zu sein«, in: *Cicero* 9/2005, S. 112

176 Severin Weiland: »Wirbel um ›Stern‹-Vorwürfe gegen Brüderle«, in: *stern.de*, 23. Januar 2013

177 Ebd.

178 »Chefredakteur verteidigt Portrait und Autorin«, in: *sueddeutsche.de*, 24. Januar 2013

179 »›Nachts an der Hoteltür einer Journalistin zu klopfen wäre kein Skandal‹«, in: *Spiegel Online*, 27. Januar 2013

180 »Liberale wollen sich klar von Union abgrenzen«, in: Deutschlandfunk, 27. März 2012

181 »Basis zerpflückt Lindners Grundsatzprogramm«, in: *Zeit Online*, 10. September 2011

182 »Piraten sind eine Linkspartei mit Internetanschluss«, in: *faz.net*, 14. April 2012

183 »FDP-Hoffnungsträger: NRW-Spitzenkandidat Lindner setzt sich von Rösler ab«, in: *Spiegel Online*, 3. April 2012

184 »Christian Lindners Wikipedia-Eintrag aus Landtag und Bundestag geschönt – Wirtschaftswoche«, in: *deutschland.net*, 5. Januar 2013

185 »Christian Lindner«, in: Wikipedia

186 Jutta Ditfurth: »Zahltag, Junker Joschka! Teil 5: Trittin – und die Fischer-Chöre«, in: *Neue Revue*, Nr. 46, 11. November 1999

187 Hans-Werner Kuhn: »Trittin, Jürgen«, in: Udo Kempf/Hans Georg Merz (Hrsg): *Kanzler und Minister 1998–2005*. VS Verlag für Sozialwissenschaften, Wiesbaden 2008, S. 361

188 Ebd.

189 Hannes Koch: »Fällt Trittin, fallen die Grünen«, in: *tageszeitung*, 10. Juli 1999, S. 12

190 »Jürgen Trittin: Verhältnismäßigkeit und Augenmaß«, in: Internetseite der Grünen, 24. November 2001

191 Christoph Seils: »Machtkampf der Realos«, in: *Zeit Online*, 3. Juni 2008

192 »Grüne wollen Künast und Trittin ins Rennen schicken«, in: *tagesschau.de*, 29. Februar 2008

193 Marco Carini: »Der Rechtsweg ist nicht ausgeschlossen«, in: *Freitag*, Nr. 13, 26. März 1999, Online-Ausgabe

194 »›Die Koalition steht nicht infrage‹«, in: *tagesschau.de*, 1. Oktober 2008

195 »Trittin sieht Schwarz-Grün skeptisch«, in: *Focus Online*, 1. März 2008

196 »Lafontaine nennt Merkel ›Kurtisane der Reichen‹«, in: *Welt Online*, 13. März 2013

197 »Spiegel-Gespräch – Es geht mit Schröder nicht mehr«, in: *Der Spiegel*, Nr. 33, 9. August 2004, S. 38

198 »Wäre ich nur Kanzler geworden«, in: *Cicero* 6/2005, S. 66f.

199 Jürgen Leinemann: »Die Achse des Guten«, in: *Der Spiegel*, Nr. 11, 10. März 2003, S. 73

200 Peter Dausend: »Theaterspieler, verpanzert in Ideologie: Oskar Lafontaine«, in: *Welt Online*, 10. August 2004

201 Werner A. Perger: »Der Schattenmann«, in: *Die Zeit*, Nr. 18, 24. April 2003, S. 2

202 Ebd.

203 »Spiegel Gespräch – Es geht mit Schröder nicht mehr«, a. a. O., S. 38

204 Ebd., S. 39

205 Hannes Koch: »Lafontaine ist kein Politiker, sondern Unternehmer in eigener Sache«, in: *tageszeitung*, Nr. 7433, 12. August 2004, S. 14

206 »Der SPD-Genosse denkt …«, a. a. O.

207 Peter Dausend, a. a. O.

208 Gunter Hofmann: »Die SPD vor der Drei-Länder-Wahl«, in: *Die Zeit*, Nr. 11/1996, S. 3

209 Peter Dausend, a. a. O.

210 »Der Legenden-Stricker«, in: *Frankfurter Allgemeine Sonntagszeitung*, 30. April 2006, S. 6

211 »Kleinkarierte Eitelkeit«, in: *Focus Online*, 10. August 2004

212 Frank Stenglein: »Oskar Lafontaine: Die Wutmaschine«, in: *Neue Ruhr Zeitung*, 17. September 2008

213 »Der Spiegel«, in: Wikipedia

214 »Der Oskar-Lafontaine-Komplex«, in: *Spiegel Online*, 21. September 2008

215 Gustav Seibt: »Die Rückkehr der Wut«, in: *sueddeutsche.de*, 15. Juli 2007

216 Werner A. Perger: »Der Schattenmann«, in: *Die Zeit*, Nr. 18, 24. April 2003, S. 2

217 URL: www.tagesschau.de/inland/schmidt102.html

218 Björn Hengst: »Erst draufhauen, dann wegducken«, in: *Spiegel Online*, 6. März 2006

219 »Oskar Lafontaine, König der Linkspartei«, in: *stern.de*, 24. Mai 2008

220 Dietrich Krauß: »Welche Schuld trägt die Politik?«, in: *plusminus*, 14. Oktober 2008

221 »Wowereit: Lafontaine gefährdet Rot-Rot in Berlin«, in: *tagesspiegel.de,* 24. Mai 2008

222 »Niedersachsen zahlt bald wieder Blindengeld«, in: *wiwo.de,* 23. Mai 2006

223 Thomas Öchsner:»Ursula von der Leyen – Die entzauberte Ministerin«, in: *sued-deutsche.de,* 19. April 2011

224 Ebd.

225 Ebd.

226 »Schlecker-Mitarbeiterinnen sollen nun Kinder erziehen«, in: *Berliner Morgen-post,* 8. Juni 2012

227 »Union grenzt sich von FDP ab«, in: *Spiegel Online,* 27. Januar 2013

228 »Regierung tilgte kritische Passagen aus Armutsbericht«, in: *Spiegel Online,* 28. November 2012

229 Hannelore Tümpel:»Florettfechter gegen Phrasendrescher«, in: *Die Zeit,* Nr. 3, 12. Januar 2006, S. 18

230 »Aber Norbert, das ist doch Lyrik!«, in: *Die Zeit,* Nr. 1, 29. Dezember 2005, S. 4

231 »Henkel und Rogowski legen nach«, in: *Spiegel Online,* 19. Juli 2006

232 »Klassenkampf gegen die Heuschrecken«, in: *Berliner Zeitung Online,* 19. April 2005

233 http://www.ksta.de/html/artikel/1222924697628.shtml

234 »Der menschliche Makel«, in: *Rheinischer Merkur,* 9. November 2006

235 »Merkel entlässt Röttgen – Altmaier wird Nachfolger«, in: *faz.net,* 16. Mai 2012

236 Jörg Brandscheid:»Merkel könnte in die Machtfalle tappen«, in: *tagesschau.de,* 17. März 2012

237 Ulrich Reitz:»Merkel meuchelt Minister«, in: *WAZ,* 18. Mai 2012, S. 1

238 Laut Abgeordnetengesetz vom Oktober 2005 müssen die Nebenverdienste nach Stufen angegeben werden: Stufe 1 umfasst einmalige oder regelmäßige monatli-che Einkünfte von 1000 bis 3500 Euro, Stufe 2 bis 7000 und Stufe 3 über 7000 Euro.

239 »Post-Mindestlohn trifft die Schwachen«, in: Internetseite von Guido Westerwel-le, 11. Dezember 2007

240 Franz Walter:»Hindernis Westerwelle«, in: *taz.de,* 4. Januar 2008

241 Mariam Lau:»Evangelikale als eine Macht in der deutschen Politik«, in: *Welt Online,* 11. August 2009

242 »Gröhe stichelt gegen Grüne«, in: *Spiegel Online,* 26. November 2012

243 Eckart Lohse:»Der Sekretär«, in: *faz.net,* 15. Juni 2008

244 Ebd.

245 Stefan Braun:»Merkel macht keine Fehler«, in: *sueddeutsche.de,* 3. Mai 2008

246 Ebd.

247 Ebd.

248 Simone Meyer:»Büroklammer – mit Hang zur Nicht-Inszenierung«, in: *Welt Online,* 2. März 2012

249 »De Maizière und die Drohnen-Debatte: »Der Tabubrecher«, in: *Spiegel Online,* 31. Januar 2013

250 Jan Fleischhauer/Christoph Schmitz: »Hit und Top, Tipp und Stopp«, in: *Der Spiegel,* Nr. 1, 2. Januar 2006, S. 132

251 »Aufstieg in die Machtlosigkeit«, in: *Spiegel Online,* 14. Februar 2013

252 Hartmut Palmer: »Twittern und Kochen für die Kanzlerin«, in: *Cicero Online,* 19. Dezember 2011

253 Ebd.

254 »Bundesregierung will Ausbauziele für Erneuerbare Energien zurückschrauben/Altmaier auf Bremserkurs«, in: Internetseite von Bundesverband Erneuerbare Energie (BEE), 17. September 2012

255 »Energie – Bundesregierung: Altmaier: Amtsvorgänger haben Hausaufgaben nicht gemacht«, in: *sueddeutsche.de,* 14. März 2013

256 »Döring muss 1500 Euro Strafe wegen Fahrerflucht zahlen«, in: *Spiegel Online,* 29. Dezember 2011

257 »Dörings Tyrannei-Vergleich empört die Piraten«, in: *Spiegel Online,* 26. März 2012

258 »FDP-Zirkel planen die Zeit nach Westerwelle«, in: *Zeit Online,* 16. Dezember 2010

259 »Kubicki fordert Entschuldigung von Parteifreund Döring«, in: *Spiegel Online,* 19. Oktober 2012

260 »Das ist der neue FDP-General«, in: *stern.de,* 14. Dezember 2011

261 Christoph Seils: »Machtkampf der Realos«, in: *Zeit Online,* 3. Juni 2008

262 Hans-Erich Bilges: »Vom Kanzler, dem die Fachkompetenz wenig gilt«, in: *Die Welt,* 26. Juli 2002, S. 2

263 »Burgerbewegung gegen McDonald's«, in: *Spiegel Online,* 16. April 2004

264 »Tiermehlverbot: Künast warnt vor Verbraucher-Verwirrung«, in: *Spiegel Online,* 19. Juni 2001

265 »Aktion Verbandsklage! Bisherige Aktivitäten – Eine Übersicht«, in: Internetseite von Menschen für Tierrechte – Bundesverband der Tierversuchsgegner e. V., 8. März 2004

266 Renate Künast: »Im Zentrum steht der Verbraucher«, in: *European Business Network*

267 »Künast und Kuhn führen die Grünen-Fraktion«, in: *faz.net,* 27. September 2005

268 Renate Künast: »Zeit für einen Paradigmenwechsel in der Familienpolitik«, in: *faz.net,* 7. Februar 2013

269 »Schwarz-Gelb gefährdet die deutsche Autoindustrie«, in: *Welt Online,* 16. Mai 2012

270 »Zu Gast: Die Politikerin Renate Künast«. RBB, 9. September 2008

271 »Der Junge und der Müllbaron«, in: *Der Spiegel,* Nr. 44, 25. Oktober 2004, S. 36

272 »Merkels Pannen-Maschinist«, in: *Spiegel Online,* 17. Juni 2010

273 »Eklat wegen Pofalla«. in: *Der Spiegel,* Nr. 20, 15. Mai 2000, S. 19

274 »Kanzleramtsminister Pofalla: Strippenzieher mit Startproblemen«, in: *Spiegel Online*, 2. Februar 2010

275 »Minister Pofalla holt Ex-Topmodel ins Kanzleramt«, in: *bild.de*, 3. Januar 2010

276 »Rückhalt für Kanzleramtschef Pofalla schwindet«, in: *Spiegel Online*, 4. Oktober 2011. Und: »Bosbach spricht von ›schwersten Momenten‹ seiner Karriere«, in: *Spiegel Online*, 5. Oktober 2011

277 »Steinmeier zieht ohne Stars in den Wahlkampf«, in: *Spiegel Online*, 30. Juli 2009

278 »Gabriel und Nahles sollen es richten«, Deutsche Welle, 5. Oktober 2009

279 »Aufstand gegen Schröder«, in: *Focus Online*, 10. Juli 2000

280 Der Bundeswahlleiter: Endgültiges Endergebnis der Bundestagswahl 2002

281 »Jusos wollen Scharping abservieren«, in: *Spiegel Online*, 5. Oktober 2002

282 Alwin Schröder: »Gottesgeschenk, Spalterin«, in: *Spiegel Online*, 1. November 2005

283 »Köhler fordert Entschuldigung von Bank-Managern«, in: *Spiegel Online*, 11. Oktober 2008

284 »Nahles: Manager sollen mit Privatvermögen haften«, in: *sueddeutsche.de*, 5. Oktober 2008

285 »Andrea Nahles – im roten Dirndl auf dem Oktoberfest«, in: *bild.de*, 18. September 2008

286 »Die Geheimwaffe der SPD gegen Oskar Lafontaine«, in: *Welt Online*, 17. Juli 2007

287 Bundestags-Drucksache 16/5846 vom 9. November 2007

288 Bundesverfassungsgericht: »Eilantrag in Sachen Vorratsspeicherung teilweise erfolgreich.« Beschluss vom 11. März 2008. Aktenzeichen 1 BvR 256/08, in: *Pressemitteilung* Nr. 37/2008 vom 19. März 2008

289 »SPD verlangt Erklärung von Brüderle«, in: *Spiegel Online*, 29. Januar 2013

290 Wegen der damals noch geltenden Unvereinbarkeit von Amt und Mandat kandidiert sie nicht erneut als Vorsitzende.

291 Franz Walter: »Die Protest-Beamten«, in: *Spiegel Online*, 12. Januar 2010

292 Richard Wagner: »Junge Mitte«, in: *FR online*, 30. Dezember 2004

293 »Mit Herzblut und Leidenschaft«, in: *zdf.de*, 10. Februar 2002

294 »Schwere Schlappe für Renate Künast und Claudia Roth«, in: *Welt Online*, 10. November 2012

295 »Gut so, Frau Roth!«, in: *Zeit Online*, 12. November 2012

296 »Roth soll sich bei Bischof Mixa entschuldigen«, in: *Spiegel Online*, 22. Oktober 2007

297 »CDU-Europaparlamentarier wettert gegen EU-Thesen der CSU«, in: *sueddeutsche.de*, 16. Juni 2011

298 »Unionsparteien streiten über Dobrindts Thesen«, in: *faz.net*, 17. Juni 2011

299 »Wer den Schaden hat«, in: *sueddeutsche.de*, 8. November 2012

300 Ebd.

301 Quelle: CSU-Parteitag, 29. Oktober 2010

302 »CSU wollte Bericht über SPD-Parteitag verhindern«, in: *Spiegel Online,* 24. Oktober 2012

303 »CSU-General Dobrindt: Seehofers Pannensekretär«, in: *Spiegel Online,* 26. Oktober 2012

304 Daniel Friedrich Sturm: »Der heimliche General der Sozialdemokratie«, in: *Welt Online,* 20. Juli 2012

305 Zu Göring-Eckardts Biografie: A) »Vita«, in Internetseite von Katrin Göring-Eckardt. Internetadresse: www.goering-eckardt.de. B) Mariam Lau: »Katrin Göring-Eckardt soll die Grünen-Fraktion bei der Stange halten«, in: *Die Welt,* 15. November 2002, S. 9. C) Bernd Ulrich »Auf dem Schleichweg zur Macht«, in: *Der Tagesspiegel,* 15. Oktober 2002, S. 3

306 Florian Gathmann: »Die Unsichtbare«, in: *Spiegel Online,* 11. Januar 2013

307 Ebd.

308 Petra Bornhoft / Tina Hildebrand / Gerd Rosenkranz / Christoph Schult: »Pragmatismus pur«, in: *Spiegel Online,* 1. März 2003

309 »Ich bin nicht die Quotentante für den Osten«, in: *Die Welt kompakt,* 1. Juni 2004, S. 3

310 »Die Zarte und der Harte«, in: *sueddeutsche.de,* 16. November 2012

311 Ebd.

312 Carsten Matthäus: »Zwitschern müsste man können«, in: *sueddeutsche.de,* 26. August 2008

313 Ebd.

314 »Ökos verlieren«, in: *Spiegel Online,* 31. Dezember 2012

315 »Brot für die Welt kritisiert FDP-Minister Niebel«, in: *Welt Online,* 4. Januar 2010

316 Dirk Niebel: »Der Staat hat versagt, nicht die Politik«, in: Internetblog der FDP, 8. Oktober 2008

317 Ebd.

318 »Staatsanwälte schalten sich in Teppich-Affäre ein«, in: *Welt Online,* 10. Juni 2012

319 »Merkel sieht Versäumnisse bei Niebel«, in: *Tagesspiegel Online,* 8. Juni 2012

320 New American Century: »An Open Letter to the Heads of State and Government of the European Union and NATO«, 28. September 2004

321 »Wie geht es uns, Herr Küppersbusch?«, in: *taz.de,* 7. September 2008

322 »Zurück auf die deutsche Politbühne«, in: *ntv.de,* 4. September 2008

323 »Özdemir warnt Grüne vor Linksruck«, in: *Spiegel Online,* 16. November 2012

324 Ebd.

325 »Gesetz gegen Sinnlos-Medikamente«, in: *Spiegel Online,* 30. Januar 2012

326 Aus Sicht der Konzernmanager sind Mitarbeiter natürlich keine Menschen im Sinne des Grundgesetzes, sondern ein Produktionsfaktor wie Rohstoffe oder Maschinen, die möglichst wenig kosten und möglichst viel Profit einbringen sollen.

Deshalb werden gerade die Unternehmen, die wegen der menschenunwürdigen Behandlung (Mobbing, Bespitzelung, Hungerlöhne) ihres »Humankapitals« ins Gerede kommen, dem Führungsnachwuchs als leuchtende Vorbilder präsentiert.

327 Diese Wortschöpfung des damaligen Verwaltungsratspräsidenten von Nestlé, Helmut Maucher, wurde 1997 Unwort des Jahres. »Im Höhenrausch«, in: *Der Spiegel*, Nr. 11, 9. März 1998, S. 112

328 Antje Sirleschtov: »Eine Sternstunde der Politikverdrossenheit«, in: *Tagesspiegel Online*, 31. März 2012

329 »Fünf, die sich im Kreis drehen«, in: *sueddeutsche.de*, 2. November 2012

330 Jan Wehrheim: *Die überwachte Stadt*. Budrich, Opladen 2006, S. 97

331 »Sein erstes Nein«, in: *Zeit Online*, 10. September 2009

332 »Bosbach spricht von ›schwersten Momenten‹ seiner Karriere«, a. a. O.

333 David Schraven: »Wie eine SPD-Spitze ihre Geschichte verändert, in: *ruhrbarone.de*

334 »SPD-Politikerin erzürnt Blogosphäre«, in: *Spiegel Online*, 29. Juni 2009

335 »Kraft hängt Steinbrück locker ab«, in: *Spiegel Online*, 30. Dezember 2012

336 »Hannelore Kraft – ›Mutti‹ Merkel bald weg«, in: *Welt Online*, 16. Februar 2013

337 »Hessischer Innenminister muss Geldbuße zahlen«, in: *berliner-zeitung.de*, 10. August 1999

338 Christoph Maria Fröhder/Hans Leyendecker: *Maulkorb für den Staatsanwalt – Wie Politiker die Justiz behindern*. ARD-exclusiv-Reportage, 25. September 2002

339 »Kochs treuester Mitstreiter wird Nachfolger«, in: N24, 25. Mai 2010

340 Gericht stoppt Rasterfahndung in Hessen«, in: *netzeitung.de*, 7. Februar 2002

341 Bundesverfassungsgericht: Leitsätze zum Beschluss des Ersten Senats vom 4. April 2006 –1 BvR 518/02

342 Ebd.

343 »Volker Bouffier«, in: Wikipedia

344 »Brauner Terror – Blinder Staat«, in: *Frontal21*, 5. März 2013

345 Christine Richter: »Klare Sache in Berlin«, in: *Berliner Zeitung Online*, 20. September 2005

346 »Wowereits neue Bedeutung«, in: *Berliner Zeitung Online*, 18. September 2006

347 »Wowereit: ›Mobbingkultur in der SPD‹«, in: *tagesspiegel.de*, 19. September 2007

348 Christiane Hoffmann: »Es brennt am Berliner Flughafen«, in: *Frankfurter Allgemeine Sonntagszeitung*, 8. Juli 2012, S. 6

349 »Wowereit stürzt in Umfrage dramatisch ab«, in: *Spiegel Online*, 4. Februar 2013

350 »Keine Schuld, ganze Verantwortung«, in: *sueddeutsche.de*, 8. Januar 2012

351 »Moses aus Sigmaringen«, in: *Zeit Online*, 28. März 2011

352 »Kretschmann will 11 600 Lehrer-Stellen streichen«, in: *Spiegel Online*, 10. Juli 2012

353 »›Die CDU brauchen wir nicht‹«, in: *Der Spiegel*, Nr. 47, 19. November 2012, S. 26

354 »›Kruzifixe statt Kopftücher‹«, in: *Spiegel Online*, 12. April 2004

355 Mariam Lau: »Die Integrations-Euphorie ist verflogen«, in: *Welt Online,* 29. April 2007

356 »›Söder will Arbeitslose zu Leibeigenen machen‹«, in: *Spiegel Online,* 25. August 2006

357 »MTV zieht Werbung für ›Popetown‹ zurück«, in: *RP Online,* 20. April 2006

358 »Söder (CSU) fordert: Griechenland raus aus Eurozone noch 2012! Deutschland nicht länger Zahlmeister!«, in: *saz-aktuell.com,* 5. August 2012

359 »Söder intervenierte mehrfach beim ZDF«, in: *Spiegel Online,* 3. November 2012

360 Schröders damaliger Name. Im Februar 2010 heiratete sie Ole Schröder, Parlamentarischer Staatssekretär im Bundesinnenminsterium.

361 Thorsten Denkler: »Das schwarze Netz von Frau Doktor«, in: *sueddeutsche.de,* 21. März 2012

362 Ebd.

363 »Dr. Kristina Schröder und ihre Helfer«, in: *FR Online,* 16. Januar 2010

364 »Aktuelle Sitzung des Fakultätsrats der Philosophischen Fakultät und Presseerklärung vom 05. 02. 2013«, in: Presseerklärung des Dekans der Philosophischen Fakultät der Heinrich-Heine-Universität Düsseldorf, Prof. Dr. B. Bleckmann, 5. Februar 2013

365 Das Zitat im Wortlaut: »Audacter calumniare, semper aliquid haeret« – »Verleumde nur dreist, etwas bleibt immer hängen«.

366 »Das Grauen des Merkel'schen Vertrauens«, in: *sueddeutsche.de,* 7. Februar 2013

367 »Rechtsprofessor empfiehlt Verjährungsfrist«, in: *Tagesspiegel Online,* 8. Mai 2012

368 »Liberale lehnen Friedrichs Wunsch nach Vorratsdaten ab«, in: *Zeit Online,* 5. April 2011

369 »Kanzlerin rügt, Innenminister Friedrich knickt ein«, in: *Welt Online,* 27. Februar 2012

370 »Friedrich fordert schärfere Anti-Terror-Gesetze«, in: *Spiegel Online,* 28. Januar 2013

371 »Integrations-Studie entfacht Streit zwischen Parteien«, in *sueddeutsche.de,* 1. März 2012

372 Heribert Prantl: »Damals ermordet, heute verfolgt«, in: *sueddeutsche.de,* 24. Oktober 2012

373 »Wolfgang Schäuble«, in: Wikipedia

374 Vortrag von Wolfgang Schäuble, »Global Governance und Grenzen nationaler Politik«, mit Diskussion an der Universität Basel, 22. September 2008

375 »Schäuble fordert Handy- und Internetverbot für Terrorverdächtige«, in: *Spiegel Online,* 7. Juli 2007

376 »Zehn-Minuten-Brüllerei zwischen Schäuble und Kahrs«, in: *Welt Online,* 2. Dezember 2012

377 Ebd.

378 Severin Weiland: »Absage an Schäubles Superkontrolleur«, in: *Spiegel Online*, 17. Oktober 2012

379 »Karlsruhe erklärt Vorratsdatenspeicherung für verfassungswidrig«, in: *Zeit Online*, 2. März 2010

380 http://www.geis-kritik.de/

381 »CSU-Politiker Geis liefert Rot-Grün Wahlkampfmunition«, in: *Spiegel Online*, 6. Februar 2002

382 »CSU-Politiker geißelt Aufhebung von NS-Urteilen«, in: *Spiegel Online*, 1. März 2002

383 »Baumanns letzter Kampf«, in: *sueddeutsche.de*, 5. Mai 2008

384 »Geis: Merkel ist eine Getriebene«, in: *sueddeutsche.de*, 12. November 2003

385 »Geis hält Freiheitsentzug ohne Prozess für gerechtfertigt«, Interview im Deutschlandfunk am 9. Juli 2007

386 www.focus.de/politik/diverses/csu-strauss-der-uebervater-der-bayern_aid_317460.html

387 Stefan Mappus, MdL/Markus Söder, MdL/Philipp Mißfelder, MdB/Hendrik Wüst, MdL: *Moderner bürgerlicher Konservatismus.* Strategiepapier vom September 2007. Zitiert in *FR Online.de*, 6. September 2007

388 »Union macht ›Oettinger-Delle‹ in Umfrage wieder wett«, in: *handelsblatt.com*, 2. Mai 2007

389 »CSU-Politiker unterstützt Wolffs Bio-Schöpfungslehre«, in: *Welt Online*, 7. Juli 2007

Die Hintermänner der Politik

390 »Ihr Wort wird Gesetz«, in: *Zeit Online*, 6. Oktober 2005

391 Helmuth Frauendorfer/Katja Schlesinger: »Kandidaten-Test«, in: *Fakt*, 12. August 2002

392 »Steinbrück provoziert britischen Premier«, in: *Spiegel Online*, 11. Dezember 2008

393 Thomas Leif/Rudolf Speth: »Die fünfte Gewalt«, in: *Zeit Online*, 2. März 2006

394 »Lobbyistin ebnete Hedgefonds den Weg«, in: *stern.de*, 4. April 2008

395 »Lobbyisten regieren mit«, in: 3Sat, 18. August 2008

396 »Lobbyisten nach Ministerien«, in: Lobbypedia, Internetseite von LobbyControl, Dezember 2012

397 »Mehr Geld für Merkel und ihre Minister«, in: *t-online-nachrichten*, 16. Mai 2012

398 Internetseite des Bundes der Steuerzahler, 19. Mai 2008

399 siehe dazu: Hans Herbert von Arnim: *Politik Macht Geld.* Knaur, München 2001, S. 36 ff.

400 Abgeordneter Peter Müller, Landtag des Saarlandes, 10. Wahlperiode, 51. Sitzung am 7. Juli 1993, Protokoll, S. 2834

401 Für die Parteiliste (meist Zweitstimme)

402 Nach § 34 g des Einkommensteuergesetzes (EstG)

403 Rechnung Spender: −1500 + 337,50 + 1616,25 = 453,75. Rechnung Partei: +1500 + 570 − 1616,25 = 453,75

404 Der Ausdruck geht zurück auf den Waffenhändler Karlheinz Schreiber, siehe: »›Der Schaden für Deutschland steht noch bevor‹«, 11. Januar 2000

405 Christian Bauschke: »Zuwendungen an Politiker sind doch nichts Ungewöhnliches«, in: *Welt Online,* 13. Oktober 2000

406 »Elegante Tricks«, in: *Spiegel Online,* 7. Januar 2013

407 *»Vierter Bericht des Innenministeriums über die Sponsoringleistungen an die Bundesverwaltung für die Jahre 2009 und 2010«,* 7. Juni 2011

408 In erster Linie für Veranstaltungen der Auslandsvertretungen

409 Für die Ausrichtung von Messen. Im Rahmen der Expo 2005 in Hannover stellte etwa der Printenhersteller Lambertz 1000 Kilogramm Feingebäck im Wert von mehr als 6000 Euro zur Verfügung. Die Waldemar Behn GmbH steuerte zur selben Veranstaltung »5 Europaletten à 12 000 Likörfläschchen à 20 ml« bei. Zu den Marken des Unternehmens gehören unter anderem »Kleiner Feigling« und »Küstennebel«.

410 Vornehmlich für Ausrüstungen des Technischen Hilfswerks

411 Berichtszeitraum: 1. Januar 2009 bis 31. Dezember 2010
Az.: BMI O 4 013 103 / 8

412 http://www.lobbycontrol.de/2007/07/sponsoringbericht-veroffentlicht/

413 »Interesse am Gutachten zur Abgeordnetenkorruption?«, in: *netzpolitik.org,* 20. Februar 2012

414 Patrik Schwarz: »Nach der Macht«, in: *Die Zeit,* Nr. 47, 17. November 2005, S. 69

415 Ebd.

416 Petra Bornhöft/Frank Dohmen/Konstantin von Hammerstein/Wolfgang Reuter: »In der Grauzone«, in: *Der Spiegel,* Nr. 38, 13. September 2004, S. 22 f.

417 »Die Autoindustrie hat einen neuen Cheflobbyisten«, in: *Welt Online,* 26. März 2007

418 »Schröder und Co. gut versorgt«, in: *manager-magazin.de,* 16. November 2007

419 Wolfgang K. Albrecht-Schoeck in: *Der Spiegel,* Nr. 1, 3. Januar 2005, S. 12

420 Christian Esser/Herbert Klar/Dana Nowak/Ulrich Stoll: »Angereicherte Diäten – Die Nebeneinkünfte der Politiker«, in: *Frontal 21,* 11. Januar 2005

421 Internetseite des Bundestages, Stichwort »Abgeordnete«

422 Stufe 1 umfasst einmalige oder regelmäßige monatliche Einkünfte von 1000 bis 3500 Euro, Stufe 2 bis 7000 und Stufe 3 über 7000 Euro.

423 »Auskunft über Einkünfte verärgert Politiker«, in: *Spiegel Online,* 5. Juli 2007

424 Hans Herbert von Arnim: »Gastkommentar: Diener zweier Herren«, in: *Financial Times Deutschland,* 13. Januar 2005, S. 26

425 Ebd.

426 »Spitzenverdiener im Parlament«, in: *abgeordnetenwatch.de,* 8. Oktober 2012

427 Laut *abgeordnetenwatch.de* mindestens 1,2 Millionen Euro

428 Siehe dazu Karsten Mause: »Die Nebentätigkeiten der Bundestagsabgeordneten: Was offenbaren die veröffentlichten Daten?«, Europäische Akademie Bad Neuenahr-Ahrweiler, Januar 2008

429 »Nebenjob Abgeordneter«, in: *Spiegel Online,* 1. März 2010

430 »Interesse am Gutachten zur Abgeordnetenkorruption?«, in: *netzpolitik.org,* 20. Februar 2012

431 Wolfgang Ismayr (siehe »Literatur«), 167

432 BverfGE 80, 188, 221, zitiert bei Wolfgang Ismayr, ebd.

433 Bei den Rechtsanwälten weiß man das ja wegen der Schweigepflicht nicht so genau.

Der Wähler: Volkssouverän oder Stimmvieh?

434 »FDP-Forderung: Wähler sollen in Zukunft nach Kompetenz ausgewählt werden«, in: *Eine Zeitung,* 2. Dezember 2012

435 Thorsten Denkler: »Zu dumm für die FDP«, in: *sueddeutsche.de,* 27. September 2011

436 »Demokratie kann laut US-Studie nicht funktionieren: Wähler sind zu dumm«, in: *ShortNews,* 1. März 2012

437 »Merkel verteidigt Partnerschaft mit Saudi-Arabien«, in: *Spiegel Online,* 3. Dezember 2012

438 »Merkel lehnt Kurskorrektur ab«, in: *Focus Online,* 29. August 2006

439 Jakob Augstein: »Verdient gescheitert – die SPD«, in: *Spiegel Online,* 26. März 2012

440 Ernst-Wolfgang Böckenförde: *Staat, Gesellschaft, Freiheit.* Suhrkamp, Frankfurt / M. 1976, S. 60

441 »Demokratie als Regierungsform«, Umfrage von Infratest dimap, in: *Monitor Special,* 8. Januar 2008

442 »Die fünf größten Gefahren für die Piraten«, in: *Spiegel Online,* 28. März 2012

443 »Die große Kluft«, in: *Manager Magazin Online,* 18. September 2007

Schluss: Die Zukunft unserer Demokratie – ein Auslaufmodell?

444 von Arnim 2001 (siehe »Literatur«), S. 20. Weiter heißt es: »In einer echten Demokratie geht der nächstliegende Weg zur Realisierung von Gemeinwohl dahin, den Willen des Volkes zur Geltung zu bringen; zugrunde liegt die Überzeugung, die Bürger wüssten selbst immer noch am besten, was gut für sie ist. Hier läuft Regieren für das Volk also auf Regieren durch das Volk hinaus. Dazu ist es nötig, den Willen der Bürger insgesamt zum Ausdruck und zur politischen

Wirksamkeit zu bringen. Das ist das Konzept der direkten Demokratie, wie es schon im alten Griechenland für Städte und Kleinstaaten mit übersichtlichen Verhältnissen entwickelt worden ist.«

445 Hervorhebung von Arnim

446 von Arnim 2001, S. 21. Er zieht historische Parallelen zum »Standpunkt des auf-geklärten Absolutismus (Friedrich der Große: ›Ich bin der erste Diener meines Staates‹) und schon der Römischen Republik (›salus publica suprema lex‹ – das öffentliche Wohl ist das höchste Ziel). Einen ähnlichen Grundgedanken enthält bis zu einem gewissen Grad auch das Grundgesetz. Danach sind alle Amtsträger auf das Gemeinwohl verpflichtet (Gemeinwohlprinzip). Das preußische Pflich-ten- und Beamtenethos und das US-amerikanische Trust-Konzept sind aus die-sem Gedanken heraus entstanden.«

447 Milton Friedman: *Capitalism and Freedom.* Chicago und London 1962, S. 14

448 »Die Affäre Fischer oder: Der Aufstand der Diplomaten«, in: *Monitor,* Nr. 531, 7. April 2005

449 Heribert Prantl: »Sozialismus im Grundgesetz«, in: *sueddeutsche.de,* 10. Okto-ber 2008

450 Angela Merkel: »Das Prinzip individuelle Freiheit«, in: *Financial Times Deutschland,* 29. Januar 2005, S. 26

451 »Nach dem Bankrott«, in: *Die Zeit,* Nr. 46, 6. November 2008, S. 53

452 Franz Walter: »Im Herbst der Volksparteien«, in: *Spiegel Online,* 21. Januar 2009

REGISTER

THOMAS WIECZOREK

ABGEWIRTSCHAFTET

**Warum unser Land verkommt
und wer daran verdient**

Es ist nicht zu fassen: Wahlkampfversprechen werden nach
der Regierungsbildung auf unbestimmt vertagt, Arbeitsplatz-
garantien werden über Nacht zu Aprilscherzen und Eltern
müssen die Kita in Zukunft selbst renovieren. Kurz: Deutschland verkommt. Schonungslos prangert Thomas Wieczorek
die Profiteure der Misere an und tritt die längst fällige Debatte
über die bürgerfernen Interessen von Politik und Wirtschaft
los.
Ein Buch für alle, die sich nicht mit »alternativlosen Sach-
zwängen« abspeisen lassen.

THOMAS WIECZOREK

DIE GESCHMIERTE REPUBLIK

**Wie Politiker, Beamte und Wirtschafts-
bosse sich kaufen lassen**

Es ist etwas faul in Deutschland, Korruption wohin man schaut:
Ob es um systematische Schmiergeldzahlungen von Pharma-
und Baukonzernen geht oder die bestens vergütete Zustimmung von Betriebsräten zum Stellenabbau, um Schiebereien
im Sport oder lukrative Steuergeschenke gegen üppige Parteispenden – es gibt keinen gesellschaftlichen Bereich, in dem
nicht durch Bestechung von Menschen in Schlüsselpositionen
kräftig nachgeholfen wird. Thomas Wieczorek deckt die ekla-
tanten Missstände auf. Sein Fazit: Der Kampf gegen die Korruption ist aussichtslos, solange die Mächtigen aus Politik, Wirtschaft und den Verbänden an diesen Machenschaften nichts
ändern können – und wollen.